Unchained Memories:

True Stories of Traumatic Memories, Lost and Found

儿童创伤记忆的遗忘与再现

七个扣人心弦的真实故事

【美】Lenore Terr　著
王建玉　等　译
李晓驷　审校

中国轻工业出版社

图书在版编目（CIP）数据

儿童创伤记忆的遗忘与再现：七个扣人心弦的真实故事／（美）莉诺·泰若（Lenore Terr）著；王建玉等译. —北京：中国轻工业出版社，2018.10

ISBN 978-7-5184-2043-8

Ⅰ. ①儿…　Ⅱ. ①莉…　②王…　Ⅲ. ①心理学－通俗读物　Ⅳ. ①B84-49

中国版本图书馆CIP数据核字（2018）第166095号

总 策 划：石　铁
策划编辑：戴　婕　　　　责任终审：杜文勇
责任编辑：戴　婕　　　　责任监印：刘志颖

出版发行：中国轻工业出版社（北京东长安街6号，邮编：100740）
印　　刷：三河市鑫金马印装有限公司
经　　销：各地新华书店
版　　次：2018年10月第1版第1次印刷
开　　本：710×1000　1/16　印张：19.50
字　　数：222千字
书　　号：ISBN 978-7-5184-2043-8　　定价：62.00元
著作权合同登记　图字：01-2016-9472
读者服务部邮购热线电话：010-65125990，65262933　传真：010-65181109
发行电话：010-85119832　传真：010-85113293
网　　址：http://www.wqedu.com
电子信箱：1012305542@qq.com
如发现图书残缺请直接与我社读者服务部（邮购）联系调换
180499Y2X101ZYW

献给我的童年家庭

Esther Cagen Raiken（1908—）

Samuel Cagen（1909—1982）

Barbara Cagen（1941—1972）

Robert Cagen（1945—）

“没有任何人，也没有任何一种力量能够消除记忆！”

——富兰克林·德拉诺·罗斯福（Franklin Delano Roosevelt）

/ 推荐序一 /

作为一名德国精神分析师、国际精神分析协会（International Psychoanalytical Association，简称 IPA）的培训分析师和心理动力取向的教师，我在中国已经工作了 12 年。我感到非常开心，也非常荣幸，能有机会为莉诺·泰若（Lenore Terr）教授的著作《儿童创伤记忆的遗忘与再现》（*Unchained Memories*，1994）的中文版写这篇短序。

莉诺·泰若教授是儿童青少年精神病学专家，曾任美国加州大学医学院临床精神病学教授，因创伤与记忆领域的杰出成就闻名于世。她的临床研究和治疗工作对象是那些曾遭受严重创伤的儿童和青少年，例如被绑架者、躯体暴力和性暴力幸存者、家庭暴力甚至谋杀案件的目击者等，正如她在著作《吓到哭不出来》（*Too Scared to Cry*，1990）和本书，以及大量的论文中描述的那样——她的研究帮助我们在与创伤经历患者相处时，深刻理解他们的经历对他们的心理（乃至大脑）发展的影响，理解我们的工作疗效。

我是采用精神分析方式与成年人工作的，对我来说本书尤为重要。因为作者在书中的焦点不仅是创伤经历造成的直接影响，还包括它们被存储在记忆中的方式。通常，在很长的一段时间里这些记忆被压抑或解离在意识之外，然后在成人时期因生活环境的改变（“背景”，例如，自己的孩子成长到自己经历创伤的相同的年纪时）加上当前的一些“线索”（比如某种特别的感觉，正“契合”被遗忘的创伤记忆并触发它在记忆中重现），突然被激活。

莉诺·泰若博士在书中描述了七个故事，每一个都引人入胜又扣人心弦，甚至令人目瞪口呆。书中她以非凡的才华引导我们生动地想象和感受生活在这样的经历及记忆中意味着什么——然后，回到临床教师和科学家的角度，用这些案例来解释什么研究已经发现了复杂的记忆结构和编码、存储和检索过程，例如采用抑制、压抑、解离、分裂、否认、投射认同等记忆扭曲的防御策略开展记忆工作。这种在生动的描述与细致的心理分析之间轻松转换观点的方式非常高超，展示了作者丰富的临床经验和对人类的深刻理解。

本书既是为广大的心理学爱好者所写的（包括一些可能会想起自己故事的人），也是一本专业著作。我们可以从书中学习到很多关于不同记忆系统的知识（例如，短时记忆和长时记忆、隐性记忆和显性记忆、情境性记忆和特殊性记忆），关于记忆的存储和检索，以及它们如何受到防御方式（诸如压抑、解离、分裂、否认等）的影响（促进、扭曲或阻断），甚至包括大脑记忆的神经解剖学和神经化学等知识。

还有一点也很重要，莉诺·泰若博士还详细地讨论了一个问题：那些因为压抑或解离而“被遗忘”多年又突然重现的记忆，是否和在多大程度上可以被信任为是“真实的”或“诚实的”——或者因为某些想象或者植入他人的建议而必须怀疑其可能是“错误的”。在本书的第六个故事中，作者考察了不同的观点，包括所谓的“错误记忆辩论”之后，得出一个平衡性的结论，她的做法在临床和法医学评估中仍然是有效的。这个故事的女主角是一位10岁的女孩，她起诉说被自己的治疗师性虐待，结果证明这完全是受其母亲以洗脑方式植入记忆形成的虚假指控。

对于译者来说，为了翻译这样一本深具可读性和科学性的专业书籍，光有流利的英语和中文是不够的，还需要从他们的专业经历中了解书中描述的究竟是什么。本书五位翻译中的的四位我都认识——王建玉、史靖宇、李滢和柳娜。在 2014—2016 年间，她们跟随我学习，我很欣赏她们的才华，而且她们都是具有科学背景的临床经验丰富的心理治疗师。我要对她们的辛勤工作表示真挚的感激和赞赏，也希望本书能得到广泛的关注和认可！

Hermann Schultz 医学博士

IPA 精神病学家和精神分析师

中国上海 / 德国法兰克福

/ 推荐序二 /

一位年轻妈妈，因为感到自己小时候没有得到妈妈很好的照顾，所以她最大的愿望就是做一个完美妈妈。某个下午，这位母亲在自家充满阳光的客厅，给几个年幼的孩子喂食并放着优美的音乐，悠闲舒适，任思绪信马由缰。突然，目前的画面触动了自己什么，她像是灵魂出窍，瞬间进入了解离状态，脑海中浮现出幼年时的零星的创伤画面，生动鲜明地闪回，惊恐万分。接下来的数月里，她的各种躯体化症状也不断出现……幼年的创伤事件被回忆起来了，并深深地折磨着她，该如何应对呢？是大胆站出来指认自己的父亲是当年强奸并杀害自己幼年同伴的凶手，还是继续将记忆尘封起来？这是个人意志能决定的吗？几十年前发生的事情，仅仅靠回忆，没有任何证据，会有人相信吗？

看这本书时，有时候会感觉是在看侦探恐怖小说，非常引人入胜，也有看到人性极其丑陋的一面所引发的愤怒和无力。但是，心理分析，并不仅仅是无节制地深挖伤口，这样就会陷入施受虐的移情反移情中而没有觉察。我们可以看到，作为一个专业人员，作者努力地在以下两者中寻找平衡：既要探索并理解受害者的痛苦，又要保护受害者的自主权和尊严。

一个个这样的根据真实个案加工后的童年创伤故事，以独特的方式，活生生地呈现在我们面前。

创伤，因为太过痛苦，尤其当这些痛苦是由我们的亲人造成的时，都是我们试图要竭力遗忘的，因为生活还要继续，但是，生活不可能像什么事都没有发生过一样，而是会受到既往创伤经历的巨大影响，有时候甚至是毁灭性的。

作为心理治疗师，我经常会思考，对于那些经历和目睹创伤性事件的幸存者，我们到底能做些什么？哀伤，是一段个人成长和自我医治的历程，压抑与逃避无助于它的消失，经历过程中的种种痛苦有助于将哀伤的力量升华。

我们需要重视的是，一个创伤事件是不是把原来更早期心理背景中的许多冲突引发出来了，个体对创伤的感知和认知，特别是内心的一些非理性的解释，毫无疑问受到一个人过去生命体验的影响。一个人如果遭受过重大创伤，情感上就不再会相信别人，这并非理智层面的。绝望的时候没有任何人帮助他，绝望过后再去对他进行关怀，他是不会有信任感的，不要想当然以为对方会轻易地打开心扉，有些案例是很困难的，因为防御完全被打碎。创伤不仅击溃了抵抗焦虑的防御，更确认了内心深处的焦虑。被害、不安全感是人内心深处的基本感觉。在个体经历创伤后，他的内在好客体会变成粗心、冷漠、甚至心怀不轨的内在客体。我们无法改变客观的现实，我们能做的就是理解并帮助创伤者转换或调整内在的客体关系及对应的心理内在状态。

本书的译者都是在家庭动力学和创伤治疗领域很有经验的心理治疗师，能够很好地理解和把握作者莉诺·泰若的大量翔实的材料、多角度的描述和分析，使我们看到儿童在遭遇巨大心理创伤后，是如何使用压抑、解离、见诸行动等方式对无法承受的痛苦进行防御，并同时深深地影响他们的生活的。

本书既有精神分析的重要核心理论，也有关于记忆加工处理的神经科学和创伤治疗的丰富知识，非常值得一读！

张海音

医学博士，主任医师

上海市精神卫生中心临床心理科主任

2018 年 6 月

/ 译者序 /

致永远的小三小四班

2016 年 5 月 22—29 日是中德精神分析连续培训项目第六期第四轮培训的日子，结束在即，离别已经不远。从第一天开始，离愁别绪就成了每一道精神分析珍馐中不可或缺的佐料。

22 日的晨间演讲是赫尔曼·舒尔茨（Hermann Schultz）教授的《创伤后障碍及解离障碍》，由张冰老师翻译，小三小四班（对，我们就这么拽，有一个这么拽的班名！）的同学们就像事先说好了一样，整整齐齐地坐在大教室的前排。台上是我们的德方舒尔茨教授，跟我们并排而坐的是中方教员李晓驷教授；耳朵里听到的是关于人类普遍意义上的 I 型创伤和 II 型创伤的专业知识，内心体验到此时此刻被激活的分离焦虑。在舒尔茨教授介绍莉诺·泰若（Lenore Terr）教授的书籍时，我突然灵光一闪，向晓驷老师提议在毕业后的时间里组织同学共同翻译一本关于创伤的书籍，作为我们相聚的证据、成长的印记。晓驷老师立即赞同，并且主动提出承担审校任务。晨间演讲结束后，舒尔茨教授也对这个提议非常激动，他表示可以提供全程的指导。小三小四班的同学们没有提出任何异议，一致支持并表示根据各自的特点为翻译本书添砖加瓦。

在经过几个月的筹备后，翻译小组正式成立，由 5 位成员组成：李滢、柳娜、史靖宇、李璐和我。具体分工如下：李滢负责序和第 5 章，柳娜负责第 3 章，史靖宇负责第 7 章、李璐是史靖宇的朋友，她负责第 8 章，我负责第 1 章、第 2 章、第 4 章和第 6 章。经过一年的努力，我们终于将莉诺·泰若教授这本集可读性与科学性于一体的专业书籍的初稿交到晓驷老师手里，经过多轮审校和修改于 2018 年初提交给出版社戴婕老师。

在本书的翻译过程中，我要真诚地感谢张海音老师给予的支持和指导，还要衷心感谢我的两位旅居美国的大学同学李峥和贺凤兰，她们成为我随时随地讨教英文翻译中疑难问题的良师益友。当然还有我们的翻译后援团——整个小三小四班的同学们：王云霈、王玲玲、叶祯、李恒、刘娜、李艳、李新力、张庆吉、张翌、郭霞、徐倩、程小花（根据笔顺排名，不分先后），感谢大家全心全意的信任和鼓励，我们可以骄傲地说，这是我们深情厚谊的象征，也是我们的专业成长和个人成长中的一个里程碑！

从个人立场来说，我需要深深感谢老师和同学们愿意陪伴我走过这两年。在一个分离的时刻选择翻译一本创伤领域的书籍显然另有深意。正如书中那些引人入胜的故事所揭示的那样，过去的某些经历，无论我们记得还是不记得，都会在之后的人生中若隐若现地影响我们的生活。艾琳在恢复记忆之前认为“棒球棍砸碎鸡蛋的声音”是最糟糕的声音，帕特里夏则没有理由地只能淋浴，不能盆浴。正巧，离别于我也是一件难以言表又无法面对的难题。

六岁那年父亲毫无征兆地把我从外婆家带回父母身边后，再回外婆家已经是很多年后，那时已物是人非！走在已然陌生的街道上被我不认识的人们亲切招呼留下的心悸让我从此选择“离开即是永远”，拒绝告别，也不留任何纪念品。这样的模式一路陪伴着我，从小学到大学，概莫能外。在学习心理学的过程中，我慢慢觉察到，这是我应对一段美好关系“终将失去”的心理防御策略，在面临分离的刹那给关系判了死刑，从此不再渴望、不再想念。然而我仍是珍惜的，有那么多不能用语言表达的遗憾就是证明。

感谢大家愿意陪伴我用时间去面对分离，慢慢体会“人不在眼前，情谊在心中”的踏实与喜悦，这是一段收获与疗愈的岁月！情不知其所起而一往情深，致永远的小三小四班！

王建玉

心理学硕士、心理咨询师

一沙心理咨询创始人

2018 年 6 月

/序/

有时病人会把他们的医生引入新的领域，我的两位女病人就是这样。第一位病人是我职业生涯中经我治疗的第一个精神疾病患者，她是一位年轻的女士。在我们相互介绍完姓名后她对我说的第一句话是："如果你不阻止我，我就会把我的孩子杀了。"她是美国密歇根大学医学院精神科的住院病人。那是1962年的9月，我刚休完两个月的产假便开始我住院医师的工作。她的话让我这位毫无经验的精神科医生和初为人母的妈妈很害怕，我不确定我能否应对这个挑战。同样让我感到震惊的是，我完全相信她这么说了就会这么做，但在此之前，她对很多训练有素的专业人士说过类似的话，却没人把她的话当真。有一次她把还在学步期的女儿浸在浴缸里，所幸在她女儿咳得快要窒息时，她把女儿送到当地一家医院的急诊室。她向医生承认是她把女儿弄成这样的，医生听完却说："哦，这没什么，小孩子经常会自己滑到浴缸里去。"一年后她又用滚烫的水壶打她女儿，当她把女儿送到另一家医院急诊室时，医护人员说这就是个“意外”。

我问她我可以见你女儿吗，那时她女儿已经 3 岁，她同意了。我的职业习惯是，一旦某个人成为我的来访者，我就还会见他 / 她的孩子，这样我能同时从孩子的视角来看这个故事。我发现她女儿异常愤怒，她在家里的所作所为已经接近于破坏行为。现在我知道这是心理创伤反应，但在那时我还很难确定是这个女孩的行为把她妈妈逼成了凶手，还是她妈妈的行为迫使她愤而反击。随着咨询的进行，我对这位妈妈了解了更多，我意识到问题的根源在她身上。就在这时科罗拉多大学一个由儿科医生亨利·肯普带领的研究小组在美国医学协会杂志上发表了一篇他们称之为受虐儿童综合征的最新情况的论文，这对我帮助很大。该综合征与我个案的情况几乎一模一样，唯一不同的是美国医学协会杂志上的这篇论文说施虐的父母极少提供和他们的孩子所遭受的人身伤害一致的历史故事，而我这个个案却特别愿意提供相关内容。那时儿童虐待对医生来说是个很新的领域，所以这位女士告诉我的任何内容和我对她进行的任何干预都是全新的。如果我对她的女儿进行随访的话——实际上我的确随访了她女儿好几年，那么这孩子向我展示的所有内容几乎也都是我所陌生的。

我告诉医疗中心，如果有虐待儿童的个案我愿意接诊。此后四年内我先后接诊了十个这样的个案，这和当今医院逐年上升的虐待儿童接诊数量相比并不多。从那时起我就专注于研究童年创伤。在我和那位女士进行咨询的那些年，她的情况有所改善，她的孩子也从那段特别脆弱且容易受伤的发展阶段挺了过来。然而，直至多年后，我感到我才真正理解作为一个孩子受到创伤意味着什么。

第二位把我引入精神病学新领域的病人是另一位女性。1990 年夏天她来到我旧金山的办公室。她让我开始思考那些成年人记住的抑或是再次体验到的早年创伤记忆。这位女士是艾琳·富兰克林·利普斯卡，在她 8 岁时她目睹了父亲乔治·富兰克林行凶的过程，但随后她就失去了这段记忆。在这宗谋杀案过去二十年后她恢复了记忆，她是以司法鉴定或涉法个案的身份来见我的。我是起诉她父亲的专家证人。然而在会谈过程中，艾琳对我提出的问题远比给我的答案多。当一个孩子长大后那些曾经的创伤记忆会发生什么呢？为什么有些创伤记忆深埋于心？如果这些记忆一直被隐藏，它会对人的一生产生什么影响呢？从那时起，我想对我之前做过的关于儿童创伤记忆的研究数据重新回顾和整理，并决定对记忆本身进行一项新的研究。儿童的长时记忆是一个特别吸引人的研究主题，尤其是创伤性记忆。创伤发展史的研究已经积累了丰厚的成果，通过追踪创伤发展的历程可以对记忆的结构了解更多，从而使这项研究变得相对容易。

一个偶然的机会，我获得了很大的帮助。1990 年夏天，铺天盖地的信快把我的桌子堆满了。这都是看过我第一本书《吓到哭不出来》（*Too Scared to Cry*）的读者写给我的，那本书主要讲述了儿童创伤的影响。这些信全部来自陌生人，他们告诉了我一个个童年时期曾经遗忘而又再现的生命故事。这些读者教会我很多，他们向我展示成年人是如何动用一系列的防御机制来阻挡他们回忆起孩童时遭受的可怕经历的；同时，他们也让我看到这些回忆又是如何以各种方式被记起的。这些读者还让我看到整个生命是如何被早年创伤记忆所塑造的，不管这些记忆是被记住还是被遗忘。一位女性写信告诉我她做了八年修女，其实是以此潜意识的方式来压抑她童年时被性侵的记忆。一位男性写信告诉我他被误诊为精神分裂症，他丢失的记忆导致他的行为完全不能被他的治疗师所理解，他的治疗师对导致他行为异常的早年事件一无所知。另一位男性读者写道，他在一次马拉松长跑过程中边跑边回顾了他的一生，他发现许多早年记忆不仅可以解释他持续一生的恐惧，还可以解释他的职业选择。有些信件描述了早年记忆是如何通过对梦境的观察、写诗、绘画和写日记来重现的；也有些读者变得热衷于“侦探”工作，他们向老友或家庭成员询问，查阅过期刊物和区域地图；还有一些人回到他们原来的住处，想再看看他们的记忆源自何处。

我开始意识到通过三项已经完成了的关于创伤儿童的研究已经让我对童年创伤的记忆有了一些了解。研究中发现的一些处理儿童创伤的方法在我成年读者的信中可以看到。我也知道，心理学的科学文献和脑研究中有大量关于记忆的信息可以和我们所观察的在童年时受到创伤的成年人的信息整合。实际上通过这些途径我可以获得比我以为的多得多的信息。

这本书的成型源于一宗谋杀案和许许多多热心的读者的推动，也得益于那些关于心灵和大脑的文献。1992 年 2 月，美国大学的精神科医生召开了一年一度为期四天的会议，我是 1991—1992 年这届的执行主席。会议主题由我和我的委员会所决定，我们选择了“记忆”作为这期的主题，并邀请知名生物学家、心理学家、发展心理学专家和临床医生来发言。我们也邀请了大量的作者来讲述他们的童年记忆是如何渗透进他们的工作的。诗人戴安·米德布鲁克、小说家琳达·塞克斯顿、弗兰克·康罗和托拜厄斯·沃尔夫出席了会议。富兰克林案的检察官伊莲娜·提普顿和主要目击者艾琳也来了，并在会议上发言。著名的法医精神病学家保罗·阿佩尔鲍姆讨论了被恢复的记忆提交给法院后带来的困境。这本书在会议前已经成型，通过这次会议又使其内容得到了丰富和提升。

我决定用短篇小说的形式写这本书，这种体裁既有趣味性也相对易懂。我一直喜欢看心理学和医学方面基于真人真事写的“短篇小说”，像罗伯特·M. 林德纳写的《一小时只有五十分钟》（*The Fifty Minute Hour*）和伯顿·瑞旭写的《十一个蓝色的男人》（*Eleven Blue Men*）在很长一段时间都是我最爱的书。所以我也用这种形式写了本书，在书中收集了那些回忆起童年创伤的人的故事。这是一本回忆集，里面记录了人们从早年经历和重大创伤事件中保留下来的一些记忆片段，并且大部分记忆都是曾被遗忘的记忆片段。

这本书每个章节都是一个独立完整的故事，所以可以按任意顺序阅读，但是我建议读者尽量按顺序阅读，因为这本书是根据记忆的科学信息来组织的。在本书末尾我附上了大量附加信息，提供给对此感兴趣的读者，也为对此感兴趣的专业人士提供第一手资料。

书中所有人物都不是我的来访者。我没有亲自访谈过《童星的故事》(*Child Star*)中的洛·格里尼(她的名字和其他可识别的信息我都做了匿名处理),但是我看过和听过她被其他人采访的录像带和录音。玛丽莲·范德伯是本书的另一个主人公,她的故事是我根据她在电视上的形象、她的演讲、她姐姐的观察和大量的报纸及杂志报道所写成的。非常幸运的是书中有六位记忆故事的主人因为我是他们参与的法律诉讼的证人,或是他们愿意而接受我的访谈。书中我结合了新闻报道和精神科医生案例报告的形式。我对其中三位主人公艾琳·富兰克林·利普斯卡、格温·米歇尔和詹姆斯·艾尔罗伊的真实姓名、个人特征,以及会涉及他们身边的人的名字做了匿名处理。对于另外三位主人公帕特里夏·巴特利特、加里·贝克和罗斯·哈里曼,我也使用了匿名的方法,并隐去了可识别的特征性信息,如他们的外表、职业和居住地。这三位故事中的其他人,如为他们打官司的律师我也进行了匿名处理。在《银晃晃的水面》(*The Silver at the Surface of the Water*)和《童星的故事》这两个故事中,除了伊丽安娜·雅各伯和爱德华·莱利因为显而易见的原因匿名外,其他出现或提及的所有研究人员和心理健康专家的信息都是真实的。

非常感谢在这个项目中给我提出建议和帮助的行为科学家们。我在"美国精神病学和神经病学第二部分考试委员会"的团队由三十位非常优秀的精神病专家组成,他们每年四次去美国各个中心为精神科医生面试。他们为我提供了大量科学文献,并给我介绍了本书中几个案例的情况,极大地丰富了本书的内容。1992 年我任主席那届美国大学精神病专家会议项目委员会的成员罗伯特·黑尔、斯图尔特·开尔、琳达·罗格斯、伊丽莎白·思瑁、戴维·西格尔、斯特凡·斯坦、约翰·陶伯和雷蒙德·魏根等也不遗余力地为我提供了大量的文献资料,充实了本书的内容。我也非常感谢记忆心理学家罗伯特·比约克、斯蒂芬·塞西、盖尔·古德曼和拉里·斯夸尔,他们认真地读了本书部分章节并给我提供了帮助。同时我也很感谢神经系统科学家提姆·塔利、艾瑞克·坎德尔和莫蒂默·米什金读了部分章节。特别感谢圣马特奥县的助理地区检察官伊莲娜·提普顿和俄克拉荷马州的律师汤姆·布莱克本，他们帮我审查了第一章、第二章和第六章的相关法律信息。我要向三位接受精神病治疗的读者罗伯特·米歇尔、查尔斯·内梅洛夫和乔治·维兰特致以深深的敬意，他们读了整本书的手稿并提供了真诚的建议。还有我的两位朋友读了这本书的第一版手稿，他们分别是教授和创作写作艺术的罗斯玛丽·帕顿，以及在德国凯姆尼茨教美国文学的伊芙琳·凯特尔。

这本书写好交给出版商后，我的老友 Basic Books 出版社的乔·安·米勒为这本书的早期编辑投入了常人难以想象的工作热情。在《纽约客》（*The New Yorker*）做编辑多年的萨拉·利平科特为本书的最终编辑做了大量卓有成效的工作。与此同时我的助理乔伊·哈里斯也给我提供了很多帮助。在此我对他们每一位送上最诚挚的谢意。

本书提及的两项研究——加利福尼亚州乔奇拉校车绑架案和儿童对挑战者号航天飞机爆炸的反应——分别由罗森伯格基金会和威廉·T. 格兰特基金会提供资助。洛克菲勒基金会为我提供了充足的时间和空间来完成这些研究。本书所有录入和编辑工作都由我的助理玛莎·贝塞尔完成，与此同时她还为一家业务繁忙的医疗公司做所有办公室工作，在此我要特别感谢她。最后，我把最深的谢意送给我的先生 Abba——他是一位过敏症专科医师和免疫学家，他在这本书完善之前通读了整本手稿，我要特别感谢他，他永远是我最值得信赖的顾问和朋友。

/ 目录 /

1

置身陈年谋杀旧案现场

与旅行海报让你信以为真的情形相反，加利福尼亚的女孩们并不总是在外面玩耍。南方郊区的小姑娘们一年到头皮肤都是淡淡的小麦色，仅仅因为她们毫不在意地走路上学放学，偶尔在下午去附近的游泳池游泳，周末去趟迪斯尼或者海滩。所以大多数放学后的时间里，西海岸的女孩们像杰西卡·利普斯卡一样更喜欢待在家，她们吃着饼干，看着电视，和朋友们玩过家家，或者随手在纸上涂画那种拉起了窗帘、有一扇大红门的房子，而不是在万里无云的天空下暴晒。

那个不同寻常的1月下午，天空清澈明亮得没有一丝云雾，杰西卡和她的两个小伙伴刚从幼儿园回来，她们冲进了杰西卡家的客厅，那是一幢位于卡诺加公园的房子。三个孩子中一个是金发，一个是黑发，杰西卡坐在她们中间顶着一头红发，红发下的颧骨上爬满了雀斑，一直延伸到鼻梁。杰西卡的妈妈——艾琳·富兰克林·利普斯卡坐在沙发里，三个小女孩蜷缩在她脚边的地板上。她是在给她们讲故事吗？哦，不！她正忙着喂她1岁的儿子艾伦，两只手都没闲着。录音机里循环播放着童谣“燕麦、豌豆、蚕豆、大麦生长”、一首法语歌曲、一首意大利语的，还有儿童版的“黄色潜水艇”。“你知道吗，”几个月后当我第一次见到她时，她说：“我想做一个完美母亲，完美母亲会在下午给孩子们播放儿童音乐。”

艾琳是一位非常细心的母亲。在她 28 岁的“愿望清单”上的第一条就是“做一个好妈妈”。艾琳认为，她自己的妈妈没有好好地照料过她。而杰西卡虽然才 5 岁多，但看起来已经像 7 岁的女孩，这让艾琳感到很满足。尽管与年长丈夫的婚姻生活维持得很艰难，但她还是为孩子们的优秀表现感到自豪。

女孩们可以画画吗？“当然，为什么不呢？画吧！”只要艾伦能安静，艾琳就可以放松下来，静静地享受透过百叶窗的阳光，这可是加利福尼亚一月下旬的阳光。

小杰西卡——大家都称呼她西卡，似乎决心做愉快的女主人。她毫无抱怨地与朋友们共享一整套昂贵的马克笔，不争不抢。孩子们坐在艾琳的脚边，画着穿漂亮礼服的姑娘，也可能是公主。艾琳静静地看着，任思绪信马由缰。这时，西卡偶然地瞥向沙发，她清澈的蓝眼睛在午后的阳光下闪闪发光。就这一眼，让艾琳内心深处的一些东西浮现了出来。[1]

“当时——我是说，实际上，像是灵魂出窍，”她后来跟我说，“我脑子里一片空白。这个——你看——当时是下午，孩子们都在家，晚餐时间快到了，只是无聊、平凡、无所事事。阳光穿过百叶窗的板缝照进屋子里，暖洋洋的。谁知道呢？因为那个温度？或者阳光？反正有些事就这样鬼使神差地发生了。”

有那么一瞬，艾琳可能在想：“今天西卡看起来大了很多”，不过她现在已经不记得这个转瞬即逝的念头了。也许，是那些爬满颧骨的小雀斑，也许是那一头比平时更为艳丽的红头发刺激到了艾琳的潜意识，有一种奇怪的感觉，会是什么呢？电光火石般在她脑子里闪现又消失。

一头细密的金红色，女孩的头发在阳光里闪闪发光。杰西卡扭过头看着妈妈，想要问什么吗？她抬起下巴向上看去，目光从母亲肩膀上方越过。她的眼睛亮亮的。真奇怪！她的身体保持着原来的姿势，头转过来微微抬起。这时，母亲和孩子的眼神相遇了。女孩的目光那么清澈，那么蓝！

就在这一刻，艾琳回忆起了一些事情。她想起了一个画面。她看见了她的红发女友苏珊·内森正向上看着，她的头扭了过来，试图捕捉艾琳的眼神。

艾琳，当时 8 岁，站在门外，比她最好的朋友坐着的地方稍微高一点。那是 1969 年，20 年前。阳光明晃晃地照射在苏珊的眼睛上。艾琳能看出来苏珊非常害怕。她吓坏了。

苏珊的蓝眼睛是艾琳见过的最蓝最清澈的眼睛。突然艾琳感觉到有什么东西移到了一边。她把目光从那双引人注目的眼睛上移开，然后，她看到了父亲的身影。乔治·富兰克林，他的两只手高高地举过头顶，正在抓取一块石头。只见他稳了一下身形，把石头拽了下来，而目标正是苏珊。

“不！”艾琳觉得尖叫声就要冲破了喉咙，然而 1989 年 1 月的这个下午，却没有任何声音干扰到她家里的孩子们。这喊叫声就这样一直滞留在她的脑海里。“我打了一个寒战”，几个月后她跟我说，“这画面是那么地强烈，我对自己非常清晰且响亮地说了声‘不’，好像我有能力阻止这归来的记忆。”

但是艾琳深埋的记忆一旦浮出水面，就一发不可收拾，再也阻止不了了。她想起了尖叫声冲破喉咙的感觉。她想起了苏珊——再过 4 天就满 9 岁的她，意识到了乔治·富兰克林的攻击，并举起右手试图避开他。“啪！”艾琳听到了这声音，一种像用棒球棍砸碎鸡蛋的声音——艾琳此生所听到的最糟糕的声音。“不要！”她在脑海里大声喊着，“我必须让这种记忆停下来。”“啪！”又是一声，然后，世界安静了。血，苏珊头上到处都是血！一些与血伴随流出的“白色的东西”，以及“一些不再与身体相连的头发”。[2] 血，覆盖了苏珊的脸，她的手也被砸碎了。

在这个 1989 年宁静的冬日下午，住在城郊的家庭主妇的大脑却因超负荷运转几乎短路。她的心脏在胸腔里狠狠地冲撞着，在那一刻艾琳认定自己一定是疯了。

虽然这些记忆缺席了多年，但她并没有质疑它们的真实性。她不能理解的是，为什么这段记忆藏了这么多年，它们在等什么？后来她告诉我说，“我苦思冥想，‘如果我让这个（记忆）显露了出来，如果有人发现了它们，如果有人看到了，如果我告诉了任何人——那么，你知道的，就这样——再见了孩子们’，你懂的，我就会失去我的孩子们”。

在1989年冬天的这个下午，艾琳静静地坐了很久，看着阳光从不同的角度穿过百叶窗照射进屋子。她对压抑的心理防御方式一无所知，也不明白刚刚发生了什么。当杰西卡的小客人终于回家去了，艾琳从沙发上站起来，把艾伦放到围栏里，开始准备晚餐。

艾琳并没有意识到某些非常重要的感受——甚至整个经历——会从意识中消除，仅以影响自己的态度和行为的方式存在，或者在某些时刻又被完整地回忆起来。她只知道当她低头看见女儿扬起的下巴、倾斜的脑袋和蓝色的眼睛时，一段20年前的记忆侵入了她的意识，而她几乎被这揭示真相的力量摧毁。

之后的几个月里，艾琳严防死守着新发现的回忆，没有告诉任何人。她试图迫使这段回忆“回到自己的小抽屉里，密封好”，[3]它们给她带来了太多的焦虑，她开始出现胃疼、心慌、心悸等症状。但几经努力，艾琳的“抽屉”始终打开着，她再也无法忘掉曾经如此成功地遗忘了20年的记忆。

20年前艾琳和苏珊是好朋友，也是校友，她们居住在福斯特市——旧金山的郊区——位于城南30公里左右。艾琳知道苏珊是被谋杀的——这一点，她一直都知道。跟其他人一样，当苏珊的尸体在离小镇数公里外的高速路边被发现后，她单纯地认为，这案子也成了那种破不了的案件之一。

一段回忆带出另一段回忆。接下来的几个月里，艾琳又想起了很多小的细节。有视觉的，有听觉的，还有一些只是简单的想法。艾琳发现自己被淹没在缓慢而无法回避的记忆洪流中了。

有时候艾琳努力地集中精神，能回忆起苏珊谋杀案的一些新片段，比如一只被扔掉的童鞋的图像。然而，更常见的情况是当她在跑步机上运动或者慢跑过邻居家院子时，回忆便在脑海中浮现出来。她记起了父亲为安置苏珊的尸体临时挖掘的坟墓。她还想起了一枚破碎的、没有镶嵌宝石的儿童银戒指。[4]

孩提时期，苏珊和艾琳都曾因为雀斑和红头发被人嘲笑过。艾琳还记得当时她们为彼此长得如此相似而欣喜不已，她们就这样成了好朋友。在她8岁那年的一个9月的下午，艾琳跟着她爸爸沿着放学后常走的路离开了学校“玩逃学游戏”。在她爸爸提议玩这个游戏之前，艾琳并不知道“逃学”是什么意思。一旦记忆的闸门打开，她几乎可以在大脑中听到他说这个词时发出的声音。在回家路上，他们看见苏珊正在他们家附近的一片空地上玩耍，艾琳恳求她跟着一起走。她不确定那个时候姐姐珍妮丝·富兰克林是不是也跟他们在一起。不过艾琳记得面包车里只有他们三个人：苏珊、艾琳和爸爸。

乔治·富兰克林有一辆“老嬉皮面包车”，车后座备有床垫，车窗上挂着窗帘。作为一名消防员，下午他经常可以溜走。他驾车带着两个女孩离开乡间，经过一个依山环绕的湖泊——艾琳一直觉得这是世界上最美的地方，一路上车帘低垂，然而美丽可以在瞬间变成丑恶。乔治停下车，苏珊和艾琳把床垫想象成蹦床，使劲地蹦上蹦下，玩得可带劲儿了。乔治在外面转了一圈，抽抽烟，喝喝啤酒，然后他也加入到后车厢跟女孩们一起玩。

突然，乔治·富兰克林要艾琳到前面去。孩子觉得奇怪，转身偷看。她看见了白色的袜子和白色的儿童内衣。她还听到微弱的哭声。富兰克林8岁的女儿知道这是强奸。28岁的她并不清楚自己为什么知道这是强奸，但是她记得当看到她爸爸的身体向苏珊的身体冲撞时，她吓坏了，紧紧地把自己团成一个小球躲在前排座椅下。

过了一会儿，乔治·富兰克林带着苏珊·内森离开面包车，艾琳记得自己也跟着他们一起出去了。她站在一个土墩上面，比他们俩稍微高一点。苏珊在她生命的最后刹那，扭过头向上看着艾琳。她们的目光相遇，阳光照射在苏珊的虹膜上，亮晶晶的。“救救我”，她心里肯定闪过这样的念头。可是艾琳什么都做不了。现在她能意识到，她的父亲为了不让她说出去而必须杀死苏珊，但她对是否听到父亲做过什么解释毫无印象。

艾琳的记忆像小瀑布一样喷涌而来，包括杀戮发生后的那些画面。当看到好朋友身体瘫软下来，头上和手上都是非常可怕的伤口时，她尖叫着向远离面包车的方向逃跑。但是，父亲追上来从后面抓住她，把她摔在地上。“一切都结束了”，他说。乔治·富兰克林命令艾琳“把刚才发生的事情全都忘掉”。他说，“没有人会相信你”，如果她胆敢说出去，她就会“被带走”，因为是她让苏珊上的车。艾琳想起来，当她不停哭泣的时候，她父亲咆哮道：“不许哭！再哭，我就杀了你！”

乔治命令他 8 岁的女儿跟他一起把床垫拉出车。当艾琳做不到或者不想做时，他变得更加狂暴。他从后备箱拿了一把小铲子，走到艾琳看不见的地方。艾琳记得能听到他在“下面”用铲子挖土，就在她最后看到苏珊的地方。当他们开车离开时艾琳感到“可怕的……完全的孤独”。到家后她开始浑身发抖，她被自己看到的一切和她父亲接下来可能会做的事情吓坏了。那天晚上珍妮斯·富兰克林让艾琳睡在她的床上。可怜的小女孩颤抖了整整一个晚上。[5]

作为成年人，艾琳想不起来自己是怎么“忘记”这起谋杀案的。事实上，这段记忆——关于失去记忆的过程—— 一直毫无头绪。不过，艾琳确切地知道，她的压抑始于苏珊被杀那一天的夜晚。当她的老师对四年级的学生讲述有同学失踪时，她已经不再能有意识地想起发生了什么。那时她为苏珊感到悲伤，她的童年再也没有最好的朋友了。

尽管压抑记忆的概念还没有完全被实验验证，但大部分临床医生接受西格蒙多·弗洛伊德创立于 19 世纪 90 年代的压抑理论。人们可以在朋友或者他们自己身上反复看到压抑记忆的证据。在弗洛伊德之前，哲学家亚瑟·叔本华和约翰·弗里德里希·赫尔巴特指出，人们不愿意面对那些会损害我们利益的情景和念头。而弗洛伊德，基于他和约瑟夫·布洛伊尔医生关于歇斯底里患者的工作，将该理论向前推进了一步，他的结论是人们会主动地、故意地将那些承载着重要而又痛苦的情感的记忆，推入无意识记忆范畴。在艾琳的案例中，记忆抑制意味着不再承受丧失和毁灭的威胁。弗洛伊德断言，无论搁置与否，被压抑的记忆都会影响到个体的行为、思维和情绪，并且产生精神症状。他还认为，抑制作为一种防御机制，不仅与精神疾病有关，也塑造着正常的心理特征。[6]

轻度的记忆抑制比你想象的更普遍。这里有一个例子，9 月份的第一个星期，一位伯克利大学的新研究生忘记了出席在图书馆的活动。“我只是忘了，”他说。但是，过了一会儿他的故事听着变得复杂起来。他回忆说，三位小学同学在学校图书馆里抛纸团玩，后来他被自己不恰当地抛了出去。所以说，他是压抑了出席学校图书馆的活动，而不是忘记了。早期屈辱经历的情感含义干扰了他记住在图书馆有活动的能力。尽管这位年轻人的经历并不像艾琳深深压抑住的经历那样惊世骇俗，但两者的运作机制是相同的。很多记忆的消退和回归都与那些饱含深意的人或事件有关。

简单的遗忘与压抑不同。我们不可能把经历过的每一件事都归档保存在记忆里，事实上我们必须放弃很多新的信息。一些信息不会完全进入大脑，也不会进入记忆储存库。而有一些信息被保存后也不会保留很久。比如，我现在已经想不起上周某频道的早晨电视节目里面那位新接任的新闻主持人叫什么，也不记得节目说了什么；我也记不起几个星期前旅行时住的宾馆房间号。除了琐事收藏癖，大部分的人每天都要甩掉成吨无意义的信息。即便琐事收藏癖也同样会丢掉那些他认为不必要的记忆。

在艾琳 8 岁那年，她通过内摄埋藏了一段可怕的记忆，那是她最糟糕的人生片段。然后，因巧合的知觉线索（红头发的女儿转过头来，用需求关注的眼神看着她，阳光穿过头发，脸上的雀斑和蓝眼睛在阳光下闪闪发光），陈旧的记忆浮现出来——在 8 岁时，她目睹了好朋友的被谋杀案。而在她 28 岁时，她将挺身而出作为证人指证自己的父亲。

行文至此，我需要先介绍自己。我是一名儿童精神病学家，从接受精神病学的培训伊始，就一直研究经历可怕事件的儿童的状况，也就是儿童创伤研究。刚开始的时候我关心反复遭受家暴的孩子如何康复，接着研究正常孩子经历单一可怕事件后创伤会给他们的心理留下什么，我发现他们往往会清楚地记得这一事件。创伤经验蚀刻在他们的记忆里就好像窗楣上的艺术雕刻一样醒目清晰。单一可怕事件凸显出人生的恐怖，深深地镌刻在孩子的心灵里。

我曾经跟踪研究过加利福尼亚乔奇拉校车绑架案的孩子们。在绑架案发生后的7~13个月里我访谈过他们；4~5年后进行了回访。在该案件中，绑架者把他们锁在漆黑的车厢内开车乱转，然后把他们连着拖车活埋在低于地面的采石场里。在“挑战者”号航天器爆炸后第5周和第14个月，我两次访谈了另一群儿童，总共有153位。在这两次事件中，每一位儿童都记得发生了什么。诸如此类令人震惊的事件是很难被压抑的。[7]

但是，当我对儿童进行了多年的研究，并仔细记录了约400份相互独立的儿童创伤故事——这些都是我在精神科诊室中听取的，我渐渐发现有部分孩子确实“忘记”了创伤经历。现如今有一个极大的争议是那些童年时的记忆是否会毫无扭曲地在成年期完全恢复，尤其是被抑制多年之后。问题是埋藏已久的记忆复苏后的精确度如何？很多成年人会再次忆起往事，包括疏忽、殴打甚至谋杀。他们之中的一些人因为恢复的乱伦记忆而起诉他们的父母。还有一些人声称曾目击过谋杀案件。因此心理健康领域的专家们也行动起来，为这些失而复得的记忆的有效性提供意见，而他们的意见往往是截然相反的。

艾琳接下来一段时间的行为将会加剧有关恢复的创伤记忆的争论。艾琳根本不了解什么是抑制。所以在找回这些记忆后的几个月里，她什么都没有做。有时候，她甚至希望记忆可以再次消失。她知道的是在那个1月份的下午击垮心理屏障的这些记忆非常危险，她害怕极了。“我从来没有遇到过压抑记忆的人。”她告诉我，“而且，当然啦，我以前认为，我爸爸没有杀死苏姗，否则我会记得的。”

抑制，而不是简单的遗忘，是一个主动的过程。在这个过程中对相同的内容很可能会进行不只一次的抑制活动。例如，有一位35岁的律师耶利米，在几周内自发地回忆起他在6岁时经历的一系列性虐待事件。有一位成年男子多次鸡奸他，他说。但是他记不清这个男人究竟是家庭成员、老师或是其他人。一个晚上，耶利米在梦中看到了施虐者的脸，他带着“啊哈”那样突然明白的神情在凌晨3点醒来，接着又睡着了。第二天早晨，他完全“忘记”了他梦中看到的那张脸。也就是说，他还记得他的梦却再也想不起那个男人是谁了。

在恢复记忆后整整10个月，艾琳独自承担着压力，没有向当局举报。在这段时间里，新的记忆接踵而至，她想起了在苏珊被害的那天，乔治·富兰克林喝的是什么牌子的啤酒，抽了什么牌子的香烟。她还想起来他扔啤酒罐的那个垃圾桶，他用来杀死苏珊的那块石头的大小和形状。艾琳反复地质疑这些记忆的有效性。然而对记忆的体验让她认识到它们是“不可否认的和无法磨灭的”。她苦苦思索着接下来该做什么，她在采取行动的紧迫感和一旦采取行动将面对其后果的恐惧感之间踌躇不安、徘徊忐忑。

弗洛伊德在1897年前的有关精神疾病的著作中假设，我们之所以要压抑，是因为这些记忆会导致人痛苦的冲突。在他早期职业生涯中，弗洛伊德指出儿童期的性虐待是引发抑制的冲突事件。但是在1897年之后，他改变了观点，认为不是患者的真实性虐待事件，而是儿童被引诱的幻想以及与此相关的内部冲突，也就是这些大脑中想象的诱惑造成了人们的抑制。从某种意义上来说，艾琳的故事在实际上支持了弗洛伊德的早期观点，但结果他却改变了他自己的观点。

没有人能说清楚为什么弗洛伊德做出了这样的改变——精神分析学家杰

弗里·莫塞伊夫·梅森宣称弗洛伊德是害怕其他医生和心理学家反对——弗洛伊德并没有直接表明过他放弃这个理论的原因。[8]然而，他1897年之前和之后的理论，都是正确的。内部冲突或者外部冲突都可以激发抑制过程。但此后弗洛伊德在他的新观点的基础上进一步发展出俄狄浦斯冲突、移情、梦的解析以及防御的理论。他的追随者们也紧随他的步伐。1897年后，直到20世纪中叶，只有法国的独立精神病学家皮亚杰，以及远在纽约的弗洛伊德精神分析的弟子菲利斯·格里纳克，针对儿童创伤记忆恢复进行过大量的思考和写作。让内认为创伤事件是以“解离”的精神状态来表达的——即与一般心理过程的区别在于失去与意识性思考之间的联系。格里纳克在他的著作中写道：这些经历被压抑了，埋藏于很难意识到的狭窄的区域。但是在20世纪上半叶，几乎所有的后弗洛伊德时代的精神科医生都认为不存在真实的儿童创伤。[9]

然而，到20世纪中叶，事情开始发生了变化。纽约精神病学家大卫·利维通过与第二次世界大战中士兵所遭受的战争创伤的比较研究，对童年创伤产生了新的兴趣。在20世纪70年代早期，威尔士的精神病学家盖纳·莱西和辛辛那提大学的儿童精神病学家珍妮特·纽曼报告了由两次重大自然灾害（威尔士学校雪崩灾难形成的破坏和布法罗克里克洪水导致的几个西弗吉尼亚数个城镇的毁灭事件）引起了不少孩子的精神变化。莱西和纽曼在孩子们身上看到了一些新东西。

20世纪70年代初我认识到的真正的“新东西”，是一项对一个相对较大的遭受了显而易见的创伤经验的正常儿童群体进行的研究，通过对他们长时间的随访，我们渐渐能够理解在他们的脑海中那些恐怖的经验到底是什么。所以，当1976年7月15日发生了乔奇拉校车绑架案，案件中26位孩子乘坐校车被绑架，并且在27小时后毫发无损地回来时，我知道我有研究的对象了。我希望他们的“体征”（他们被观察到的行为）和症状（他们所抱怨的）能用于定义童年创伤综合征。1977年，我采访了其中的23位，1980年和 1981 年采访了其中的 25 位。研究中与之匹配的正常对照组则选择了住在麦克法兰和波特维尔的孩子们，这两个镇相隔数百公里。

我发现每一个被绑架孩子都能详细而精确地回忆发生了什么，即使在后期的研究中也不例外。大多数记忆中的细节与其他被绑架孩子的记忆高度相关。乔奇拉事件中的记忆现象就像黑夜中的一道强光，点燃的镁光灯瞬间照亮了整个现场。没有抑制，没有遗忘。孩子们对事件回忆的大致轮廓与警方和美国联邦调查局（Federal Bureau of Investigation，FBI）收集的证据也相互契合。他们就是我后来定义为 I 型创伤的受害者——仅遭受单次创伤事件的儿童。[10]

乔奇拉校车绑架案受害者与艾琳·富兰克林在保留记忆的完整性上存在非常大的差异。乔奇拉的孩子们一直记得发生的每一件事。但是，艾琳在目睹最好的朋友被害那一天的晚上就开始压抑她的记忆。就在 1988 年 1 月，艾琳在大脑中“看见”谋杀回忆的前一年，我发表了一份临床研究，研究对象是 20 位非常年轻的创伤受害者，他们或者是由警察陪着或者带着写满了他们痛苦经历的目击者文件来见我。这些孩子们都在 5 岁前遭受过各种各样的创伤。我发现这些反复遭受创伤的孩子们不能像那些只经历过一次创伤的孩子那样尽可能完整地回忆发生的事件。这是不是意味着在艾琳身上发生的创伤事件不止一次？

1990 年初，艾琳的故事被搬上电视，我开始对她感兴趣，不仅仅是因为她的记忆故事具有异乎寻常的戏剧性，也因为一场迟到的谋杀指控本身也是罕见的。在见到她后，我意识到艾琳是被我定义为Ⅱ型创伤的受害者——一个反复遭遇创伤的孩子。比如她始终记得她爸爸是一个不可预知的暴力型酒鬼，对这一点她始终没有忘记。他会把她和其他的四个孩子拎起来往墙上撞；他会狠狠地揍她，这样的情况持续到她 8 岁左右。然后，尽管他还继续殴打她妈妈和哥哥姐姐们，却再也没有打过她。甚至有好几次，艾琳确信妈妈会当着她的面被打死。而且，富兰克林太太曾因为精神病住过几次院。关于妈妈生病的记忆可能也是非常可怕的。所有这些痛苦叠加在一起，促使艾琳成功地扮演了一个生活在恐惧中的儿童——孩子们总是倾向于丢掉痛苦的回忆。[11]

这些经历很可能足够多，也足够可怕，事实上，艾琳已经发现自动压抑痛苦回忆的窍门。等到 8 岁时她已经把“遗忘术”练得炉火纯青，有需要就能压抑。经历多重恐惧的孩子用这样的方法保护自己。他们调集了大量的防御来抵抗记忆，因为这是他们安然度过可怕童年的唯一方式。

当我第一次听到这个案例时，我不知道还有什么可怕的事件能够教会艾琳如此有效地抑制记忆。那时候还没有线索证明她曾经遭受性虐待。但是艾琳突然找回记忆的一个原因是清晰的，我想，她人生的第三个十年的生活开始变得舒适了。

被抑制的记忆重见天日，是需要合适的环境的——那就是，一般的情绪状态和一条线索。离开原生家庭后的舒适生活是记忆重排的沃土。大多数的人会在二十多岁离开原生家庭，建立自己的小家。然后孩子们出生、成长，这些过程不断刺激我们重新思考自己的童年。

28 岁的艾琳终于获得了幸福感，她几乎拥有了所有她想要的。在我作为观众第一次从电视上看到她的案例后的很长一段时间后，她对身为精神科医生的我说：“我有两个聪明漂亮的孩子，一套可爱的房子，还有美丽的衣服，车库里停着我自己的奔驰汽车。”我想，很显然在艾琳的愿望清单上，“丈夫”可能并不在列。但是，至少艾琳学会了放松。艾琳的思绪松弛下来，曾经阻碍记忆的强大的抑制力也一样放松下来，所以有关谋杀的记忆才有机会醒过来。由此可见记忆回归的环境已经有了。多年来，艾琳的大脑必定发出了一系列的“停止”警告，迫使可怕的记忆深埋在记忆库里。现在这些警告功能暂时睡着了。

然而，仅有舒适的环境基础，记忆不会自行回归。记忆恢复还常需要一些强烈的知觉刺激—— 一个提示信号。有时候提示信号就是那些与记忆所处环境相似的内容。在更多的情况下，提示信号是一种迅速而强烈的觉知，偶尔也可能是一个梦。

当个体的初始情绪或状态与记忆输入的信息重新建立联系时，记忆往往被逼着解开枷锁。这叫作状态–依赖（state-dependent）型或情绪依赖（mood-dependent）型记忆。例如，如果一名潜水员在水下学习单词，那么在相似的环境里他对这些单词记忆更牢固，比如穿戴上他的潜水设备或者干脆回到水下。又比如，如果一个人在大麻的影响下进行学习，那么在相同的情况下他对该学习材料的再认能力更好。1991 年 11 月 23 日，有一篇发表于英国著名的医学杂志《柳叶刀》（*The Lancet*）上的文章注意到了这一现象，文章指出："对于以狩猎–采集为生活方式的祖先来说，如果在采集时满脑子都是关于狩猎的记忆，反之狩猎的时候满脑子都是关于采集的记忆，那么他们将不能适应环境生存下来。"

但是创伤记忆回归的最强触发因素并非是情绪或状态，而是一些非常简单的知觉或者说提示信号。孩子脸上的雀斑、扭曲的头、正向下看的姿态，等等。五种感官的任何一种都能做到。看起来，对于这些过去的丢失的记忆来说，视觉信号往往是最强烈的即时刺激。当然，这并不是说其他感觉不能作为记忆的线索。比如，普鲁斯特笔下的玛德琳（《追忆似水年华》中的经典描写）；帕特里克·聚斯金德的小说《香水》中对凶手来说清白无辜的香味；沃克珀西的小说《最后的绅士》，年轻的男主角自从父亲自杀后就患上了健忘症，直到听到了一段音乐，他的记忆才恢复过来——那是由勃拉姆斯创作的室内乐的一个片段，也正是父亲去世时留声机上正播放的那段音乐。[12]

视觉是促使艾琳回想起苏珊谋杀案的知觉线索。杰西卡长得和苏珊那么像，简直让人以为她们是同一个孩子。把 5 岁半的杰西卡的照片和快要 9 岁的苏珊的肖像放在一起时，会让看到的人不由自主地惊呼。对于唤起艾琳深度抑制的记忆来说，两个女孩的相似性宛如天赐，但是直到艾琳的女儿在加利福尼亚的阳光中扭过头看向她的那一刻，这种相似性才让她反应过来。

1989年6月，在最初的记忆回归六个月后，艾琳觉得有必要把自己的故事告诉别人。她向柯克·巴雷特（一位当地的心理治疗师，在她出现婚姻困境后为她提供婚姻治疗）说出了心中的疑惑，“一个人是否有可能回忆起以前不曾回忆起的确实非常可怕的记忆”。接着她讲述了苏珊谋杀案，而她的父亲是涉案人员。巴雷特以中立的态度说，他不能确定艾琳的记忆是不是真实的。[13]

接着她带着回忆找了她哥哥——乔治·富兰克林。乔治觉得这一切如此不可思议，艾琳突然感觉到需要为自己的故事增加一些额外的可信度。“我是在催眠下恢复的记忆”，她对哥哥说。不知道怎么的，在艾琳的意识里，她觉得这个谎言比自发回归的记忆更有说服力。但是，乔治仍然持怀疑态度，然后艾琳转向了她的妈妈。

在艾琳14岁那年，利亚跟丈夫离了婚，她对于乔治·富兰克林是一个杀人凶手这种想法一点都不吃惊。在孩子们的成长阶段，利亚曾经入住精神病院数月，自从她离开乔治后精神疾病也完全治好了。后来她再婚、进入法学院学习，并开设了一家法律事务所。听了艾琳的故事后，她说乔治擅长杀人。她说，她没有在那场暴风雨般的婚姻中被杀死，可以算是一个奇迹。可是为什么艾琳的记忆回来得这么晚呢？“是催眠，”艾琳回答说，她再次借用一个听起来较为神奇的方式增加可信度。在把故事讲给家人听的时候，艾琳已经意识到，对于这段记忆，她已经无法躲避。[14]

后来在案件审理的几个星期也可能是几个月里，利亚在法庭上作证说在内森谋杀案期间，她丈夫曾经让她洗过一件染血的衬衣，他声称那些血迹其实是打翻的颜料。1978年——在苏珊死后9年——乔治·富兰克林告诉利亚，他书写了一些回忆，用塑料袋装好封上腊，埋在了圣马特奥县的某个地方。当时，利亚便有了论断，“是你杀了苏珊·内森？”她问道。乔治反问：“为什么把我跟那种事联想在一起？”[15]

6年后，富兰克林家的另一位成员也得到了相似的结论。1984年，珍妮斯·富兰克林前往福斯特市警察局控告她父亲杀死了苏珊。珍妮斯对警察说她完全没有证据，只有“预感”。后来她和艾琳数次宣誓，她们从来没有一起谈论过苏珊谋杀案。珍妮斯从苏珊失踪的那个晚上就开始怀疑了。那天晚上，一位自称警察的来电者要跟珍妮斯通话。珍妮斯正准备接过话筒，乔治从背后狠狠地踹了她一脚，以致她脊柱受伤痛了几个星期。珍妮斯认为这一脚是在警告她“闭嘴”，她照做了。

艾琳的心理治疗师柯克·巴雷特，从没有试图证实或否认艾琳的谋杀记忆。他只见了她几个月时间。他没有为她做过催眠，她也没有找任何其他人做过催眠。巴雷特无法解释艾琳记忆恢复的过程。不过他告诉艾琳，记忆抑制是因为冲突。[16]

冲突是抑制的关键。弗洛伊德认为，冲突源于患者的本能冲动与恐惧。今天这个解释仍然有效，同时增添了同样重要的冲突类型。你可能经历过这样的冲突，一方面你陷入可怕的事件中而感受到彻底的无助，另一方面你希望自己可以作为一个有自主能力的人去应对该事件。你也可能因父母截然不同的形象，感受内心的撕裂——他们既是怪物又是深爱着你的成年人。艾琳的抑制与这两种动机都有关系。她想拼命地感受获得一些掌控感，而且她仍希望去爱她可怕的父亲。

像艾琳这样的孩子往往或者至少部分决定采用抑制（repress）的方式来面对痛苦。开始的时候，他们暂时地将一些痛苦放置于意识之外。也就是被弗洛伊德的学生们命名为压制（suppression）的防御机制。弗洛伊德称之为unterdruckung（意大利语，意思是“下压”）。压制机制（suppression）是一种暂时的、有意识的行动，其意图是将痛苦问题暂时搁置一边。从理论上来说，压制者（suppressor）可以随时回来思考这个困境。根据精神病学家、防御理论权威乔治·威廉特（George Vaillants）的理论，健康的男性和女性经常采用压制机制（suppression）来应对冲突。事实上威廉特博士发现，这是高功能人群最常见的防御方式。尽管精神分析理论认为防御机制总是无意识的，威廉特和其他专业人员已经将防御理论扩展到包括故意的、有意识的防御领域。[17]

但对于孩子来说，压制机制（suppression）往往是压抑（repression）的一种表述方式。弗洛伊德将抑制（repression）称为 Verdrängung（剥夺），故意让记忆搁置一旁的行为，导致其易于永久地从意识中移除。对于一些年轻人来说，这个转换过程很简单，几乎可以自动完成，尤其是那些经历过创伤的人。艾琳似乎就是这样的孩子。到 8 岁那年，抑制机制（suppression）不再是一种临时动作，直接成为抑制（repression）。不需要任何的思考和计划，艾琳似乎就能够将记忆放置到意识之外。

“我是爸爸的最爱，”艾琳告诉我，“我排行正中间，也是兄弟姐妹中长得最丑的那个，但是他认为我漂亮又聪明。”导致艾琳压抑内森谋杀记忆的原因之一是她爸爸威胁要杀了她，但是她对他的爱是一个更令人信服的理由。当艾琳对我提起乔治·富兰克林时，她脸上神采奕奕，像点燃了一百支蜡烛似的亮堂。爸爸是她生命中第一个发现她的美丽的人。

1989 年 11 月中旬，谋杀记忆回归 10 个月后，艾琳对她丈夫脱口说出了这个故事。巴利·利普斯卡不需要假借催眠的借口，立即相信了她。难道不是因为乔治对西卡的行为太古怪了他们才在最近几年中与他断绝来往的吗？巴利认为，乔治·富兰克林是恋童癖，这一点多少是明确的。巴利本能地发现了艾琳被抑制的记忆回归的另一个原因是：她完全断绝了与父亲的联系。这也是艾琳生命中第一次完全从他的掌控中脱离出来，她是完全自由的了。[18]

当艾琳把记忆故事告诉巴利时，他向艾琳保证不会泄露给其他人。在此之前，艾琳曾向一位刑事律师咨询是否可以匿名举报犯罪事实。对方建议她前往其办公室向法庭书记员做出陈述，然后将该陈述移交警察局。这位律师已同意担任临时代理人，在警方与艾琳之间传递信息。艾琳计划在 1989 年假期结束后去做这个陈述。

但是巴利是一个极端控制的男人。在他们的婚姻关系中，他比艾琳成熟得多，他就像成功经营他的计算机业务一样掌控着艾琳的生活（创伤受害者的生活重复，艾琳以无意识的方式与她势不可挡的父亲保持了联系）。在没有知会艾琳、更没有获得艾琳同意的情况下，巴利致电圣马特奥当局，询问是否可以匿名举报？接听电话的是侦探查尔斯·埃特尔，他鼓励巴利，但没有给什么承诺。埃特尔意识到这既不是“傻瓜”来电也不是“假警报”。“保持通话，”他说，“每天都打。”巴利·利普斯卡听从他的话，后来又打了5次。[19]

伊莲娜·提普顿是圣马特奥县的助理检察官。1989年11月17日，她正在夏威夷海滩上度假，缓解一年来的辛苦。她接到来自地区检察官办公室的电话，一名自称“巴利”的男人提及了本县一桩20年悬而未决的谋杀案——一个孩子的谋杀案。伊莲娜顿感不安，这正是她负责的工作领域，起诉儿童谋杀案凶手，而这个匿名电话标志着她职业生涯中最具挑战性的案件拉开了序幕。

伊莲娜的专长不可思议。她两眼盯着警察提供的死亡孩子或被强暴孩子的照片，然后提交他们的衣服、体液或者伤口作为证据。她是一位金发、苗条、美丽，看起来有些脆弱的女子。如果忽略这些脆弱感，你会留意到她嘴边的严肃、眼角的细线和灰蓝色眼睛中的坚毅。当你听她说话的时候，马上就能了解她是多么聪明、条理清晰，几乎没有什么细节可以逃脱她那睿智的眼睛。

案件发生在1969年9月22日，当时的福斯特市还是一座非常年轻的市镇，建立在一个垃圾填埋场上。该市镇因名为杰克·福斯特的男人从这里跳入旧金山湾而得名。当艾琳和苏珊两家人搬过来时，福斯特市到处都是新来的孩子，以至于来不及建学校，小学是由一系列拖车组成的。

在温暖晴朗的9月的一天，苏珊失踪了，有邻居们报告说她去找住在拐角处的四年级同学给她送网球鞋，自那以后再没有人看到苏珊了。苏珊最好的朋友艾琳住在另一个拐角。

福斯特市的警察和市民展开了大规模的搜寻活动，邻居们找遍了私人住所和公园。警察们一次又一次向任何可能见过她的人核查信息。有传闻说曾有一辆陌生的蓝色旅行车经过市镇。但是，再多的努力都无法推动案件有所进展。日子一天天过去，唐和玛格丽特・内森以及他们 10 岁的女儿雪莉承受着难以形容的痛苦。

苏珊失踪后，内森一家和警方收到了很多虚假信息。用心良苦的通灵者打电话来声称知道女孩的下落。一个最终被证明没有苏珊案件第一手资料的男人威胁说，如果内森没有将 1 万美元送到三藩市指定的位置，他将把苏珊的手指寄回来，一次寄一个手指。FBI（美国联邦调查局）介入并很快带走了这个男人。

苏珊失踪十个星期后的 12 月 2 日，一位水源区的工人在距离苏珊最后的目击场所大约 11 公里处，发现了孩子的尸体。在 92 号公路岔路下的一条小道上，小道蜿蜒通向沿海小镇月亮湾，这个工人发现小孩的尸体就藏在一些松掉的刷子和旧弹簧床下，那里灌木丛生。尸体距离水晶温泉水库（the Crystal Springs Reservoir）大约 1.6 公里，那是为三藩市提供饮用水源的人工湖。

尸体几乎完全腐烂了。警方找到的组织、骨骼并不比木乃伊更多，头骨与身体已经分离。右耳后的头骨有一个大缺损。尸体仍然穿着小苏珊失踪时的蓝色印花衣服。在尸体附近有"一小戳头发"和"一块上面有头发的石头"。孩子一只脚穿着袜子，另一只袜子在附近的灌木上。一只鞋在尸体边上，另一只鞋再也没有找到。孩子的牙齿完好无损，很快确定了身份，尽管消息令人悲伤，但好歹有了一个结果。

苏珊右手中指上带着一个坏掉的银戒指。她的左手完好无损，而右手几乎全毁了。看起来有一些攻击性的动物袭击过这只手，有可能因为死亡前这只手曾受过伤。[20]

但是，关于苏珊究竟发生了什么的解释报告并没有因为发现尸体如期而至。失踪和死亡事件无法准确地推测出在她身上到底发生了什么。没有人看到她离开福斯特市，也没人看到她跟谁在一起。福斯特市警察局和圣马特奥县警长办公室定期重启案件调查。但是毫无进展，连新的假设都没有。所有侦探无法探明的真相被锁在两个大脑中——凶手的大脑，以及后来慢慢变得清晰的他的孩子的大脑里。

接到巴利·利普斯卡匿名电话的埃特尔侦探，耐心且直觉敏锐。他经验丰富几乎能嗅到所有匿名者的可疑之处。他鼓励巴利，试图给他一些他寻求的保证，但是也告诉巴利圣马特奥县地区检察官办公室不会承诺为巴利夫人提供完全匿名或安全保证。当地方检察官的工作人员开始给巴利夫人打电话的时候，她是否可以在不提及杀人凶手的情况下接听电话呢？此后地方检察官办公室开始搜索档案确定是哪个案件，如果有的话，就开始寻找案件记录和证据。基于评估结果，如果该案件可能提起诉讼，办公室将在此时提到"巴利先生和太太"。侦探埃特尔说，只有到了这个时候，"巴利太太"才不得不打破匿名状态，指证凶手。

在决定向当局报告谋杀案时，艾琳曾权衡过个人和孩子们的安全，她对此很害怕；她爱着她的父亲，同时又认为，"这个决定是内森应得的权利"[21]。她曾希望拖到假期结束后再来披露真相，但是在 11 月 20 日那天，巴利打出去一个电话，通话过程中，他说："现在，我太太将跟你说话"，在完全没有知会艾琳的情况下，巴利突然把话筒递给了她。以下就是艾琳与侦探埃特尔之间的谈话摘要。这也是艾琳首次与当局有关人士提及苏珊事件：虽然她们俩是好朋友，但警方并没有在苏珊失踪时询问过艾琳。

艾琳并不知道通话是在录音的，后来她留在这盘录音带上的很多信息，经过了反复多次盘问。人们可以从艾琳的叙述中听到那些导致她抑制的冲突，它们就在那盘录音里。[22]

艾琳：嗨。

侦探：您好。

艾琳：你们已经靠自己弄明白是哪个案子了吗？（这是艾琳一种打趣式的试探，是她在某些压力状态下采用的应对策略）

侦探：没呢，还没有。

艾琳：这事发生在福斯特市。

侦探：嗯。

艾琳：她的名字是苏珊·内森。

侦探：嗯。那么，这事发生时苏珊多大呢？

艾琳：嗯，8 岁或 9 岁。我没法告诉你准确的……

侦探：好的，好的。再多说一些，告诉我们有什么，发生了什么，还有，可能之后我会问你一些问题，可以吗？

艾琳：嗯，我不知道。为什么呢？

侦探：嗯。

艾琳：你能看看吗（现在）？也许还能在那里找到些什么？

侦探：嗯，你看，我手头没有（福斯特市的）卷宗。

艾琳：是的，我明白。

侦探：我理解您丈夫的意思是，您会告诉我们发生了什么。

艾琳：那个，我，是啊。（对她丈夫）为什么你要告诉他们我会跟他们说出细节，说出所有的事情？我不想这样。（接着是一小段艾琳与巴利之间的争吵，听起来离话筒有些远）。好吧。案件发生的时候，我跟那个人一起待在一辆车上。

侦探：嗯。

艾琳：然后，我们抬起了苏珊……然后，我们走出树林。我知道听起来挺奇怪的。就好像，嗯，我想好像是在半月湾方向，在那个方向。

侦探：好的。

艾琳：然后，林子开始更茂密了？（这里，艾琳弄错了。谋杀案不是发生在树林里的。）

侦探：嗯。

艾琳：然后，嗯，那个人强奸她。（当提到“强奸”这个词的时候，艾琳发出了破嗓音）这事发生的时候，我就在那里，然后，嗯（她的声音颤抖）然后，嗯……之后，我们都出去了。离开了车子——

侦探：啊–哈。

艾琳：然后，嗯，苏珊坐下了，我站在车边。她坐着——我，我没办法告诉你实际相差多远。我猜大概离车有五六米的距离。她坐着，就像，一个小小的山包。或者，就是一块岩石。她坐着一个稍微凸起的什么东西上面。（这看起来非常神奇，一段过去的创伤记忆满是关于姿势和位置的细节，但是对位置感觉是抑制的创伤记忆最后留下的内容，也是最先回归的记忆。）然后他，他打了她的脑袋。（她又破嗓了。）

侦探：啊–哈。

艾琳：用一块石头。（她嗓音仍在颤抖）。然后，她举手捂住了脑袋，他又打她，然后她——哪儿都是血。她手上带着一个戒指，他把戒指也砸坏了。

侦探：在这个问题上，你还有任何想补充的吗？

艾琳：嗯，我想，这不是——如果这是你们想要的，我就多说些。我的意思是，要我描述这些实在是不容易……

侦探：当时她穿了什么，你还记得吗?

艾琳：让我想一会儿，好吗？这个不是很清晰。因为我想说她穿着连衣裙……我不知道了。我觉得有一件毛衣或者夹克，可能是薰衣草色或者蓝色的。（其实既没有毛衣也没有夹克。）

侦探：啊–哈。

艾琳：但是我想不起来具体是什么衣服了。

侦探：然后他做了什么？在打了苏珊之后?

艾琳：嗯，那个，这部分真的让我很迷惑，因为这一部分我只有很小一段记忆。

侦探：唔唔。

艾琳：他要我帮他用什么东西盖住她。嗯，床垫或者是什么。

侦探：他把尸体留在那里了？

艾琳：是的。

侦探：就留在他打她的同一个地方吗？

艾琳：是的（错了。后来艾琳想起来，她父亲把尸体运到了另一个地方。）

侦探：好的，接着又发生了什么呢？

艾琳：那个，我开始尖叫（埋好苏珊后），然后他推我。

侦探：你开始尖叫？

艾琳：然后他把我推倒在地上，按住我，然后他对我说他要杀了我。

侦探：唔唔。

艾琳：他说没人会相信我。就算有人会相信我，他们也会认为我是谋杀事件的帮凶。他们就会把我带走，为此斥责我。如果我跟人说起这件事，他就会杀了我。

侦探：那个时候你多大？

艾琳：8岁……

侦探：还有吗？

艾琳：嗯，我有很多，你知道，细节……，但是，你知道，很多小细节说明不了什么。

侦探：你是怎么到他车里的？事情是怎么开始的？

艾琳：嗯，因为这个人我认识。

侦探：我明白。那么，你上他的车就不是奇怪的事情。

艾琳：是的。

侦探：我明白。好的。在这个点上，你还有什么想要补充的吗？……

艾琳：是的。她应该穿了连衣裙，事实上，因为他强奸她的时候没有脱衣服。他只是把她的衣服推上去了。（这是一个抑制记忆。描述中有明确的强奸的心理画面，但这个画面与苏珊的衣服几乎没有任何关联。是艾琳将之推论为“一条连衣裙”，并不是说在她心理意象中苏珊就穿着裙子。）

侦探：我明白。你在现场目击了强奸？

艾琳：是的，嗯，我没有站在那里盯着看。我的意思是，过了一小会儿，我就低下头了，但是，我看到了。我想说，对于一个孩子来说这实在太令人恐怖了，我希望你能明白。

侦探：哦，明白。作为一个成年人，你也正在跟成年人说话，那么现在这个时间点上你是否认为他实际上在插入年轻的女——小女孩？（此处埃特尔侦探发生了不幸的口误。当人们听到年轻女孩被性虐待时，可能倾向于选择“女人”或“女士”来称呼她们。）

艾琳：嗯，我感觉不是，这真的非常奇怪。我不知道为什么会有那种感受。（原因是艾琳对父亲冲突的爱。）

侦探：啊–哈。

艾琳：但是他确实在她上面，他确实做了，你知道，一种身体插入。

侦探：嗯。

艾琳：一种性行为。但我不能说那种插入是做出来的。（苏珊的阴道中有精液。）

侦探：嗯……这个点，你还有什么想补充的吗？

艾琳：是。这句话你问过无数遍了吧……你们这些家伙还监听电话吧？

侦探：好吧，这事大家都知道，不过我们没有监听过你的电话。

艾琳：好吧。

侦探：如果这能让你感到安慰。

艾琳：嗯，这，这因为我刚刚真的很害怕。如果这个案子处理不当，或者因为在谋杀和发现尸体之间这段时间，所有的证据都会被雨水或其他东西冲洗掉。然后，除了我的证词什么都没有，那基本上意味着什么都不是。

艾琳认为她的证词什么都不是，显然她错了。随着案件的发展，艾琳的证词证明了每一件事。在谋杀现场和其他与乔治·富兰克林谋杀案有关的地方，伊莲娜没有找到任何实物证据。检察官调查了老富兰克林的大众车，但是车已经绝对“干净”，甚至在显微镜下，没有头发、纤维、血迹、指纹、轮胎印——没有具体的证据指向乔治·富兰克林。只有乔治的女儿——他的目击者——可以提供足以定罪的证词。但是艾琳的证词如此沉重让她不知所措，刚开始时她几乎没办法大声说出来。在她提供了匿名证词的第二天，当埃特尔来电询问苏珊谋杀案凶手的名字时，她“呛到了，开始哭泣”。[23] 她把听筒递给巴利，让他说。他照做了。

伊莲娜第一次听这段录音时，她并不清楚一个事实，即这么多年来艾琳并没有故意向警方隐瞒这个可怕的秘密。巴利在第一次电话中说：“我猜她再也不能带着秘密活下去了。”[23] 但是这一说法是个误导。二十年来，艾琳在不知不觉中保持了自己的记忆。

让检察院提起对乔治·富兰克林的犯罪指控并不容易。尽管没有针对谋杀案的限制法令，但伊莲娜·提普顿明白要指控某人在 20 年前犯下谋杀罪是一项多么艰巨的任务。试图寻找证人、整理证据、统筹 20 年前写在书上的法律规条（因为这个案子适用控制法）——所有这些都是拦在公诉人面前的大障碍。因为起诉需基于“疑罪从无”，最大的、唯一的挑战就是艾琳抑制记忆的问题。

“首先”，审判结束后，伊莲娜对我说，“在选择陪审团的时候，我要找到 12 位愿意、能够，并准备好接受抑制记忆概念的人。他们必须能理解并且愿意接受这个概念。他们不得不准备好接受这样的说法，一个孩子目击了可怕事件，如最好的朋友被性骚扰和杀害，然后整整 20 年对此没有有意识的记忆。他们甚至必须明白孩子的记忆是不完美的——她可能会犯错。我很清楚，为了教育陪审团，我必须要呈现出强有力的、和记忆相关的精神病专家的证词。这就是你进入该案件的地方，但是美好的事是留到最后的事，如果我有一个陪审团，他们能接受抑制记忆的概念，那么他们就很可能相信艾琳的证词——相信她所说的见证真相。因为，如我了解的，艾琳是一位非常令人信服的、可信的人。”

在 1989—1990 年期间，乔治·富兰克林被捕入狱。圣马特奥县的检察官们发现乔治退休后生活在一间小小的萨克拉门托公寓里，房间里充斥着儿童尺寸的假阳具、儿童类的色情和乱伦书籍。只要在初审时提到乔治可怕的爱好，就会给他的谋杀案审判带来极大的成见。当侦探们来到乔治的公寓向他宣布重启苏珊被杀一案时，他立即问了一个问题：“你们跟我女儿谈过了？”[24] 然后，他就再没有澄清过他指的是哪个女儿。

富兰克林的辩护团由道格拉斯·霍恩格拉德领导，他是一名来自三藩市的聪明又合格的律师，从一开始就着手质疑艾琳的“记忆”问题。霍恩格拉德指控说，艾琳报告的内容可能是她从谋杀案期间的新闻报道上了解到的。他推测说，苏珊谋杀案报道非常详尽，艾琳完全有可能将她阅读到的内容“编织”成了记忆，然后出于一些不可告人的原因报复她爸爸或者是为了获得名声和财富，她可能进一步制造了一整段“回忆”。而且之前她曾向家人撒谎说是通过催眠唤回了记忆，尽管后来做了纠正。这也表明，有可能她说的每一件事其实都是谎言。更何况，艾琳的记忆太详细，与前期证据过于吻合以至于难以相信其真实性。

道格拉斯的辩护词中关于记忆细节不可信这一条，在一定程度上是对的。而艾琳的描述中的细节描述往往是一个非常有说服力的表现也是对的。3 岁以上的孩子经历了单一的可怕事件后，他们几乎总能够详细叙述他们的经验。我采访过乔奇拉校车绑架案中的儿童，他们也能详细地描述各种细节。在

1986年1月28日的挑战者号爆炸发生后5—7周，我的研究团队发现，62名8岁和15岁的东海岸儿童通过当天的电视直播，11名西海岸的儿童则站在卡纳维拉尔角目睹了该灾难性事故，他们几乎高度还原了事故细节。更小的研究对象组——西海岸的孩子们，他们在看到新闻片段之前已经听到爆炸——他们中的4/5记忆中有非常生动的细节。

但是知道这次爆炸的细节并不能保证孩子们不犯错误。爆炸案发生的5—7周内，有1/3的孩子，他们的描述暴露了一些不切实际的想法，这显示记忆出现了错误，比如是否有宇航员逃生，接下来又发生了什么，等等。甚至在爆炸案1年后，研究员向这些孩子们重放了电视实况并描述了事件细节后，大约有1/3的儿童至少报告了一项关于事故的不切实际的想法。

尽管存在这些偶然错误，但这些研究仍然表明儿童对惊人事件的记忆是持久的。挑战者号爆炸14个月后，仍有超过4/5的儿童受访者记得与该事故相关的一个个人事件，内容足够丰富并可以复述出来——例如某人在当时说了什么，或者他们自己当时做了什么。当艾琳的记忆回归后，该研究领域拓展到了20年。

这意味着正常儿童对于单一重大事故中的普遍记忆和个人记忆都保存着有意义的细节——对于艾琳的谋杀记忆来说，一旦抑制解除就可能与挑战者号爆炸案研究中的儿童一样，具有丰富的细节。但是那项研究也表明即使记忆存在细节和个人内容，仍可能犯错。细节或者个人事件，都不能证明儿童记忆的真实性。[25]

检察机关在审前听证会上获得了一场重要的胜利，当时是质证辩护人是否可以带着记载有案件报道文章的旧报纸进入法庭的审前听证会上，以解释艾琳高度详细的回忆内容。道格拉斯和他的搭档认为，艾琳无法提供报纸上没有提到过的细节。主审法官裁定二十年前的旧报纸和电视新闻不被采信。还在传讯期间已经证明无论时孩提时期还是成年后，艾琳都没有阅读过任何与案件相关的报纸。伊莲娜辩论道，有太多的图书馆、太多微缩胶片和录像带，一个检察官是否能反驳目击者曾访问过历史信息的细节，为了证明这个，检察官不得不找到报纸上每一条错误的细节以证明艾琳没有在她的陈述中提到这些特定的细节，这是不可能做到的。法官采信并做出了裁定。事后证明，与法庭上呈现出来的偏见和混乱相比，相关文章与案件的相关性简直微不足道。

但是关于细节的疑问并没有随着斯密斯法官的初审裁定的新闻报道而消失。伊莲娜确信，艾琳抑制记忆的细节惊人地准确。在赢得新闻报道的支持后，她建立了这个案件中艾琳记忆细节可信度的基础。

当新闻报道不利于他之后，道格拉斯放弃了“太好以致不是真的”的辩护策略。他转而采用一个复合问题（a double-barreled）攻击艾琳的可信度，把重点放到艾琳过于详细的记忆的矛盾和错误上。他抗议说，她既然说过催眠的谎，就可能在任何地方说谎。就算她没有说谎，记忆也可能是错的。而且，艾琳在最初的时候弄错了谋杀案发生的时间，例如，在电话录音上说是在早上或下午的早些时候遇到的苏珊。同时，对于她和她爸爸注意到苏珊并且邀请她加入他们时，姐姐珍妮斯究竟在车里还是在附近玩耍这一点也很混乱，而珍妮斯本人对此毫无印象。刚开始，艾琳认为她父亲从车上拽下一块床垫用来掩盖尸体，但是事实上苏珊的尸体藏在一张旧弹簧床下。艾琳还说乔治就地埋了苏珊，但后来又想起来尸体并不在苏珊被杀死的地方，而是挪了几米。此类问题还有很多，只要有疑问的，就深入挖掘。例如，艾琳甚至在嫁给巴利后还跟着她父亲单独外出度假、旅行。根据她自己的目击证人的陈述，她有独自跟随乔治·富兰克林的愿望，还有乔治曾威胁她，等等。

但是，无数细节和一些错误同时存在并不矛盾。在这方面，艾琳的记忆非常典型。当人们出于极端压力时，不一定能正确地看到一切。他们会同时保留那些令人印象深刻的知觉，包括正确的和错误的。他们的记忆可能同时既是“对的”，也是“错的”。

1977 年以来，我开始采访乔奇拉的儿童，从研究中我也观察到记忆细节的精度与准确度的不一致性，与艾琳一样。L 案件中的表现是同一类情况。我对话过的每一位乔奇拉儿童的记忆都很精确，有精彩的细节描述。但是，即使是在早期访谈中，他们中的八位还是做出了错误的描述。当时警察逮捕了3个相对瘦削的年轻男子，因为在他们中的某一位家中发现了赎金票据。然而有5个孩子向我报告说是一个“黑人”、“秃子”、“女人”、“一个用猎枪做拐杖支撑独腿的老人”和“一个大胖子”。另外三个孩子报告了他们的幻觉：看见面包车上还有额外的一个绑架者；看到绑架者将他们埋了后，在“洞上”吃午饭；看到在现场的绑架者住在活动房里（没有发现）。在极短事件的压力下，这种错误必然会发生。他们加入了额外的细节，并且都变成了“记忆”。

在绑架案后4~5年里，我回访了25名儿童，对于那些当初报告时带着痛苦的内容，一半的孩子做了错误的描述或者记住了误解的内容，而原先报告错误的8个孩子中有3个在回访时放弃了原先的错误或环境。但是另外有8个孩子，其中7位最初提供了正确的陈述却在本次犯错，他们描述了一个新的“长鼻子的男人”，一个“将枕头塞进裤子里的男人”，另一对“女绑架者”，一个全新的“黑人”，和一辆“浅蓝色面包车”。

有人会问：“对于一个特定的记忆来说，怎么可能既精确、详细，同时又是错误的呢？”这种不一致性源于单一创伤事件中可怕的压力与惊奇并存。面对突如其来的冲击的第一时间，儿童容易不正确地理解事件。在这些错误认知中，有一部分具有内在意义。例如，乔奇拉案件中有一位女孩，我称呼她赛莱斯特吧，在她被绑架前的早晨跟她妈妈发生了争吵。当她和姐姐走出家门时，姐姐喊道：“你是这世上最小气的妈妈！”赛莱斯特描述了一位漂亮的女绑架者，如果警方根据她描述的身高、体重、发色和肤色抓人的话，她妈妈就会被逮捕。赛莱斯特早晨时对妈妈的愤怒导致了午后的误解。但是也有一些误解是没有意义的。一位我称呼为比利的小伙子看到一辆“浅蓝色面包车”。警方和其他与案件有关的人都知道使用的两辆面包车是白色的和深绿色。也许这个简单的感知错误没有多大意义。[26]

尽管艾琳是Ⅱ型创伤受害者，她犯了跟乔奇拉绑架案中的Ⅰ型受害者一样的感觉错误，因为苏珊。苏珊谋杀案是她唯一的谋杀经历。艾琳可以像Ⅱ型儿童一样抑制记忆，但是她的谋杀记忆错误像Ⅰ型儿童。例如，她曾告诉埃特尔侦探，在谋杀案发地有树，事实上并没有。她记住了苏珊白色的内衣和袜子，但是记错了苏珊穿的衣服，她认为苏珊穿了夹克或毛衣。最终，艾琳的误解都清除了。但在当时，他们证实的是她在电话中和首次听证会上的陈述。在审判时，她可能会因为这些错误而被质疑。对于检察官来说，艾琳没有看过关于她故事的电视节目或者阅读报刊信息，从而避免记忆"被强化"至关重要。尽管艾琳努力地遵守这一指示，巴利·利普斯卡却在制作案件的剪报，还安排了他的一个朋友为"今天"栏目制作艾琳的录像带。审判时，艾琳作证说她只看了几秒钟的"今天"，没有阅读过巴利的剪报。关于这一点，她在法庭上受到了强烈的质疑，但最终坚持住了。[27]

时间感是另一种经常被"关闭"在儿童创伤记忆中的感觉。艾琳的时间感也被关闭了。[28]艾琳在电话录音和初次证词里说谋杀发生在下午的早些时候，直到后来她自己纠正说，是在接近晚餐的时间。对时间的感知是新的进化表现，有可能是所有人类进化中最新的领域。即使动物们总是在特定的季节交配和迁徙，它们对时间的感知依靠本能，诸如对偏振光、一天的长度等的觉察能力。然而，人类对过去和未来的线性感觉——比如先后秩序、因果关系，以及当时间延伸远超出其存在本身等内容已经发展得很先进。但是因为是最新的进化，所以非常脆弱。酒精或者毒品就能破坏一个人的时间感。当创伤过后产生的混乱自然更多。

乔奇拉儿童绑架案中的英雄"鲍勃"，他回忆说第一次从"洞里"出去的时候不是黄昏就是黎明。事实上，孩子们是在下午被救出去的。他犯的错误跟艾琳所犯的错误几乎一样。对于孩子来说，从可怕环境中逃脱的时间记忆太容易出错了。

尽管存在这些认知错误或时间错误，创伤儿童叙述的故事仍非常接近他们经历的事件。他们的描述基本上可以经由其他证据证实。我们可以把回归的儿童记忆看作一件由积极发展的心理活动生产的有轻微瑕疵的产品。有些需要把它与其他的证据进行比较；有些依赖于侦探工作；有些需要其他目击证人的合作。但是，我们仍需对它们留有一定的余地，去思考什么是“真实的”，什么是“虚假的”。

遭受重复创伤的儿童很少像单一创伤儿童那样在施虐者的感知方面犯那么多错。剑桥大学马萨诸塞州的精神病学家朱迪思·赫尔曼（Judith Herman）在发表于1992年的《创伤与复原》（*Trauma and Recovery*）一书中着力强调，反复的施虐者就像集中营的看守、监狱长。儿童性侵受害者被看守着，无法逃脱。这就是Ⅰ型（单一事件）和Ⅱ型（多重事件）儿童期创伤的显著差异。Ⅱ型儿童一般不会混淆他们幼儿园老师、他们的主管、日间看护者的丈夫、汽车司机、杰拉尔德叔叔或者他们的父亲——那些有很多机会伤害他们的人。只要行凶者作恶时没有伪装，创伤儿童恢复记忆时几乎都知道是谁干的。艾琳作为一名Ⅱ型儿童，她目睹和经历了家庭中持续进行的暴力事件，如果要将她爸爸和其他杀死苏珊的真凶混淆起来，她将不得不进行错综复杂的烧脑把戏（mind-bending）。

但是，如果孩子经历了重复的创伤，他们就可能“忘掉”很多发生过的事情。记忆空洞产生于防御措施，比如非常普遍的抑制防御。当抑制被提走，记忆有可能相应地恢复原状。

这就是我介入富兰克林故事的地方。伊莲娜需要一位专家证人解释“抑制”和“抑制记忆回归”。她需要一个人能理解经历了生命中可怕时刻的孩子们所会犯的错误。她非常渴望一位儿童精神病专家，也想要一位研究者。

当时，抑制记忆已经引起了我的兴趣，而且我正在研究儿童创伤的成人表现。我和渐渐长大的乔奇拉儿童保持联系，期待完成一个20年或者25年的跟踪研究。尽管他们是Ⅰ型受害者，我想知道最终他们是否会抑制部分记忆。但是我也有不去作证的理由。这起案件将引起争议并公之于众，这两个潜在的因素都不利于我和精神病学。现在回想起来，我想是伊莲娜的话说服我加入富兰克林案件中。她完全信任她的目击证人。当她向我说明艾琳决定作证所面临的风险时那种明显的钦佩之情，使我确信并加入证人队伍里。

因此我答应了伊莲娜，回家对丈夫说，我肯定是疯了。

注释

1. The circumstances surrounding Eileen Franklin Lipsker' s first recollection of the murder of Susan Nason are described in E. Franklin and W. Wright, *Sins of the Father* (New York: Crown,1991. This book, about Eileen' s childhood and her adult adjustment, includes a report on the trial. See also the opinion (not for official publication) of Justice William Newsom, Division One, California Court of Appeal, in the case of *The People of the State of California v. George Thomas Franklin, Sr.,* April 2, 1993.
2. "Something whitish" ; "some hair that was no longer attached to her body" : see the opinion of the California Court of Appeal, p. 8.
3. Eileen' s attempts to force her memories "back into a little drawer" are from a personal interview with Eileen. I conducted two two- hour interviews with Eileen Lipsker on August 16 and 17, 1990, and a third interview a year later, September 11, 1991.

   The effects of Eileen' s memories on her stomach and heart were told to me in her August 1990 interviews, and are also based on my own observations of her.
4. Eileen' s memory cascade is recounted in *Sins of the Father;* see especially pp. 107-12. Some details also come from my personal interviews with her.

5. The details of Eileen' s first murder memories were recounted to me in interviews and are also included in the opinion of the California Court of Appeal, p. 3. She also discussed her murder memories in a speech before the American College of Psychiatrists, Annual Meeting, February 12-16, 1992, San Francisco.
6. For the initiation of Eileen' s repression on the night of the murder, see the opinion of the California Court of Appeal, p. 9.

   Freud stated his theory of repression in J. Breuer and S. Freud, "Studies on Hysteria" [1893—95], in *The Standard Edition of the Complete Psychological Works of Sigmund Freud* (hereafter, *Standard Edition),* vol. 2, trans. and ed. J. Strachey (London: Hogarth Press, 1955).

   Schopenhauer' s and Herbart' s contributions to the understanding of repressed memory are cited in G. Vaillant, ed., *Ego Mechanisms of Defense: A Guide for Clinicians and Researchers* (Washington, D.C.: American Psychiatric Press, 1992).
7. Evidence of clear memory of single-event trauma was first found in the Chowchilla study of 1976-77: L. Terr, "Children of Chowchilla: A Study of Psychic Trauma," *Psychoanalytic Study of the Child* 34 (1979): 547-623.

   The *Challenger* study, "Children' s Responses to the *Challenger* Spacecraft Disaster," which also demonstrated clear memory of single events, was presented at the New Research section of the American Psychiatric Association Annual Meeting, New York City, May 17, 1990, and is abstracted in *New Research Program and Abstracts* (1990): 269. It awaits journal publication. The authors are L. Terr, D. Bloch, B. Michel, J. Reinhart, and S. Matayer.
8. Freud' s theory of actual seduction can be found in "The Aetiology of

Hysteria" [1896], in *Standard Edition,* vol. 3 (1962). His shift in 1897 to internal conflict as the source of his patients' repression and hysteria is first found in his letters. See M. Bonaparte, A. Freud, and E. Kris, eds., *The Origins of Psychoanalysis, Letters to Wilhelm Fliess, Drafts and Notes by Sigmund Freud* (New York: Basic Books, 1954), pp. 215-16; and S. Freud, letter to Wilhelm Fliess of May 4, 1896, quoted in J. Masson, *The Assault on Truth: Freud' s Suppression of the Seduction Theory* (New York: Farrar, Straus & Giroux, 1984), p. 10.

Jeffrey Masson' s own views on this shift of Freud' s are also stated in *The Assault on Truth.*

9. Pierre Janet' s ideas about dissociated memories are summarized in B. van der Kolk and O. van der Hart, "Pierre Janet and the Breakdown of Adaptation in Psychological Trauma," *American Journal of Psychiatry* 146(1989): 1530-40.

Phyllis Greenacre' s papers on recovered repressed memories include "A Contribution to the Study of Screen Memories," *Psy choanalytic Study of the Child* 3/4 (1949): 73-84; "On Reconstruct tion "*Journal of the American Psychoanalytic Association* 23 (1975): 693-712; and "Reconstruction: Its Nature and Therapeutic Value," *Journal of the American Psychoanalytic Association* 29 (1982): 386-402.

David Levy' s key paper on childhood trauma is "Psychic Trauma of Operations in Children," *American Journal of the Diseases of Childhood* 69 (1945): 7-25.

G. Lacey' s Aberfan, Wales, study can be found in "Observations on Aberfan," *Journal of Psychosomatic Research* 16 (1972): 257-60. C. Janet Newman' s report on the Buffalo Creek flood is "Children of Disaster:

Clinical Observations at Buffalo Creek," *American Journal of Psychiatry* 133 (1976): 306-12.

10. For the findings in the Chowchilla kidnapping study, see L. Terr, "Psychic Trauma in Children: Observations Following the Chowchilla School-bus Kidnapping," *American Journal of Psychiatry* 138 (1981): 14-19; and the follow-up study, L. Terr, "Chowchilla Revisited: The Effects of Psychic Trauma Four Years After a School-bus Kidnapping," *American Journal of Psychiatry* 140 (1991) : 1543-50. The McFarland-Porterville control group is described in L. Terr, "Life Attitudes, Dreams, and Psychic Trauma in a Group of 'Normal' Children," *Journal of the American Academy of Child Psychiatry* 22 (1983): 221-30.

    For a summary of what I consider important from my studies on childhood trauma up to 1990, see *Too Scared to Cry* (New York: Harper & Row, 1990; paper ed., Basic Books, 1992).

    Type I and Type II childhood-trauma victims are described in L. Terr, "Childhood Traumas: An Outline and Overview," *American Journal of Psychiatry* 148 (1991): 10-20.

11. The study of twenty young trauma victims is L. Terr, "What Happens to the Memories of Early Trauma? A Study of Twenty Children Under Age Five at the Time of Documented Traumatic Events," *Journal of the American Academy of Child and Adolescent Psychiatry* 27 (1988): 96-104.

    George Franklin' s violent behavior toward his family was described by Eileen Lipsker in her speech before the American College of Psychiatrists, February 1992. See also the opinion of the California Court of Appeal, p. 9.

    Mrs. Franklin' s hospitalizations for mental illness were recounted by Eileen in her interviews with me and also appear in H. MacLean, *Once Upon a Time* (New York: HarperCollins, 1993), p. 77, and in *Sins of the Father,* pp. 31 and 58. When asked by prosecutor Elame Tipton at the trial whether she had ever been hospitalized for a mental illness, Leah answered that she could not remember.

12. The idea that both a ground and a cue are clinically important to the recovery of traumatic memories from childhood is a new one as set forth in this book. However, the idea is based on considerable work in the experimental psychology field. See D. W. Goodwin, B. Powell, and D. Bremer, "Alcohol and Recall: State Dependent Effects in Man," *Science* 163 (1968): 1358-60; and D. Godden and A. D. Baddely, "Context-dependent Memory in Two Natural Environments, *British Journal of Psychology* 71 (1975): 99-104. For mood-dependent memory, see G. H. Bower, "Mood and Memory," *American Psychologist* 36 (1981): 129-48; and J. M. G. Williams and H. R. Markar, "Money Hidden and Rediscovered in Subsequent Manic Phases: A Case of Action Dependent Mood State?" *British Journal of Psychiatry* 159 (1991): 579-81.

    Verbally cued childhood memory is discussed in R. Fivush, "Developmental Perspectives on Autobiographical Recall," in G. S. Goodman and B. L. Bottoms, eds., *Child Victims, Child Witnesses: Understanding and Improving Testimony* (New York: Guilford, 1992); and in G. S. Goodman and C. Amen, "Children' s Use of Anatomically Detailed Dolls to Recount an Event," *Child Development* 61 (1991): 1859-1971.

    The cuing of adult memories is described in various papers in D. Rubin, ed., *Autobiographical Memory* (Cambridge: Cambridge University Press, 1986).

13. For Eileen' s revelations to her psychotherapist Kirk Barrett, see the opinion

of the California Court of Appeal, p. 4.

14. On Eileen' s lies to her mother and brother regarding her recovery of the murder memory under hypnosis, see the opinion of the California Court of Appeal, pp. 4-5.

15. For the conversations between Leah Franklin and George Franklin, see the opinion of the California Court of Appeal, p. 10.

16. My account of Janice Franklin' s 1984 attempt to turn her father in to the police is taken from a personal interview with Eileen. It is also described in *Sins of the Father,* pp. 95-97.

    The information about Kirk Barrett' s attempts to help Eileen comes from a personal interview with Eileen and from the California Court of Appeal opinion, p. 4.

17. George Vaillant' s findings on suppression are described in his *Adaptation to Life* (Boston: Little, Brown, 1977).

18. Barry Lipsker' s response to Eileen' s revelation and George Franklin' s behavior in regard to Sica come from my personal interviews of Eileen Franklin Lipsker.

19. Barry Lipsker telephoned the San Mateo County D.A.' s Office without Eileen' s knowledge or consent: see California Court of Appeal opinion, pp. 5-6. The account of their marital relationship is from *Sins of the Father* and from personal interviews with Eileen Franklin Lipsker.

20. The circumstances surrounding the 1969 murder of Susan Nason were summarized by Elaine Tipton in her speech at the Annual Meeting of the American College of Psychiatrists, San Francisco February 1992.

21. Eileen' s statement on "the right of the Nasons to have this resolved" : see the opinion of the California Court of Appeal, p. 5.

22. On the audiotape of the conversation between Eileen Lipsker and Inspector Charles Etter: I made a tape of this phone call while it was being played at the Annual Meeting of the American College of Psychiatrists, in February 1992. My punctuations are different from the official transcript of this phone call in *People v. Franklin.*

23. That Eileen became "too choked up and started crying" when asked for the name of the killer, and that Barry told the District Attorney' s Office, "I guess she can' t live with it anymore" can be found in *Sins of the Father,* 139 and 122. The "choked up" quote is also in the California Court of Appeal opinion, p. 6*n*3.

24. The contents of George Franklin' s apartment at the time of his arrest were described to me by Inspectors Brian Cassandro and Bob Morse of the San Mateo County District Attorney' s Office. The description is also in *Sins of the Father,* p. 149.

 On George' s question upon his arrest, "Have you talked to my daughter?" see the opinion of the California Court of Appeal, pp. 34, 43-45, and *Sins of the Father,* p. 148.

25. On the clarity of children' s remembered details from horrifying events and the mistakes they make, see L. Terr et al., "Children' s Responses to the *Challenger* Spacecraft Disaster."

26. On discrepancies in the Chowchilla children' s memories, see L. Terr, "Psychic Trauma in Children," and L. Terr, "Chowchilla Revisited."

27. For Barry Lipsker' s collection of news clippings, see the opinion of the California Court of Appeal, pp. 13—14*n*7.

 Barry' s arrangements to videotape Eileen for the "Today" show were described to me by Eileen in a personal interview. Also see *Sins of the Father,* pp. 159-60.

28. Eileen' s confusion about the time of day that the killing took place: personal communication from Elaine Tipton. See also *Investigative Report* of Inspector Bob Morse, San Mateo County District Attorney' s Office, May 11, 1990.

On time sense being vulnerable to stress, see L. Terr, "Time and Trauma," *Psychoanalytic Study of the Child* 39 (1984): 333-66.

2

控方专家证人

每个星期一我都会在斯坦福医学院的图书馆里静静地待上一整天，这是送给自己的礼物。我在旧金山加利福尼亚州大学医学院教书，斯坦福没有人认识我也不会有人来打扰我。1990 年 11 月 11 日星期一下午，我打破了雷打不动的安排，与富兰克林案件的检察官伊莲娜·提普顿见了面。案件审理进行得很顺利，而明天将是我出现在证人席的日子。艾琳想起了 20 年前她眼睁睁看着自己的父亲杀死了她最好的朋友，这段记忆已经经过了很多验证。这个夏天，我曾访谈了艾琳 4 个小时，查阅了一大堆相关资料，与控方的伊莲娜检察官就艾琳对苏珊谋杀案失去记忆多年后又重新恢复记忆的问题进行了无数次的探讨。明天，11 月 12 日上午我在法庭上宣誓过后，就要在证人席坐上整整一天，除了吃饭和休息。伊莲娜就是为此而来。

中午我们在斯坦福大学食堂见面。这天是退伍军人节，理论上来说伊莲娜还在休假。幸运的是她愿意放弃这个假日，因为我确实需要她的帮助。

伊莲娜一边吃着沙拉一边对我说，托马斯·麦金·斯密斯法官界定了明天在法庭上我能做什么以及不能做什么。我只能介绍记忆的普遍原理，也可以引用其他的成人案例和儿童案例支持我的观点。但是任何时候我都不能提及艾琳的故事。我不能引用她表现出来的与案件有关的症状和体征，也不能提到任何关于她记忆缺失的内容。只有陪审团才能将案件整合并做出艾琳所说是否属实的判断，他们才是“真相的发现者”。史密斯法官希望我提供对压抑记忆的基本理解与观点，而这也是我需要做的全部。

“如果不能引用艾琳自己的症状和体征，我怎么作证呢？”我有些手足无措。

“因为我已经知道你在夏天对艾琳的精神评估中强调了什么，我会让她在陪审团面前展示她的症状和体征。陪审团会站在她这一边的。”伊莲娜微笑着说，艾琳是主要的目击证人。

症状属于主观体验，体征则是通过访谈可以确认恐怖性记忆存在的客观发现，这是客观的调查结果。如果一个人曾在生活中经历了可怕时刻，这些片段会在他的记忆中留下痕迹。如果没有留下痕迹，人们就会疑惑是否曾有过伤害。这个夏天在与艾琳的访谈中，我找到了内在的证据—— 一系列有关创伤的症状和体征。虽然检察官给我的主要任务是关注艾琳的记忆问题，但我认为有必要确定她的情感、行为模式与她的记忆之间的相关性。某些一直伴随着她的症状和体征，必定是从记忆之初开始的——换句话说，从事发时就开始了。即使记忆完全被抑制，也避不开这些症状和迹象。

我的办公室就是我研究创伤症状和体征的地方。每一位去过我办公室的人，除了恐高症患者，都喜欢窗外的景象。办公室设置在海湾边一幢极具艺术特色的摩天大楼的25层。站在窗前，你可以看到马克·霍普金斯酒店和费尔蒙特酒店，恶魔岛、蒂布龙和安琪儿岛也历历在目，右侧是电报山与泛美金字塔。如果坐下来，就只能看到天空，我喜欢这间蓝白相间装饰着蔚蓝色天空的办公室。

当我对一个即将进入司法程序而需要做精神疾病司法鉴定的病人进行访谈时，首先提出的警告是，我们说的每句话都不会保密。来访者是儿童也不例外，即使面对两三岁的孩子也要一样告诉他/她，“这不是秘密”，我会把讨论的内容转告法官——“一位穿着黑色法袍并做出决定的人”。提出保密警告后，我们进入到精神鉴定的常规流程。不知道为什么，事实上，保密也并不能掩盖人们的症状和体征。我发现艾琳非常漂亮，她身材苗条，有一双清澈而淡褐色的眼睛，脸上都是雀斑，还有一头又长又直且非常醒目的红头发。她穿着朴素大方明亮的棉质外套，搭配一条长裙，领子刚刚好。她似乎相当诙谐幽默，能很快理解事情的实质，并随即给出回应。那些和她一起在我办公室中度过的夏日里，她大段大段地叙述着，哭了好多次。偶尔她会把一只手放在腹部说："我的胃溃疡又发作了！" 尽管她的记忆已经超过 20 年，艾琳叙述的时候仍然常常语句中断、脸颊颤抖。当她说出来后，我能感觉到她轻松下来了。她看起来对于终于可以获得理解这件事倍感欣慰。

艾琳在 5 个孩子中排行老三，年轻的父母生育了 4 个女孩、1 个男孩。她父亲来自维吉尼亚富兰克林的乡间，是富兰克林创始家族的后裔。她妈妈则来自湾区受尊敬的意大利家庭。艾琳的父母并不匹配，在孩子们懂事前，他们常常酗酒、吵闹不休。乔治·富兰克林偶尔会采取极端暴力的行为。妈妈利亚渐渐地逃离了婚姻。有好几次，孩子们一连几个月完全看不到利亚。因此照顾孩子们的主要任务落在了性格多变、根本不可预测的富兰克林身上。

艾琳是她父亲最爱的孩子，而他也是艾琳最崇拜的人。艾琳常常向其他孩子夸耀她爸爸是一名消防员。她喜欢他的休息时间。他叫她"维尼"，小熊维尼。"他又帅又壮，既有趣，又潇洒。"她告诉我。"他是我崇拜的人，也是可怕的父亲。"

乔治对艾琳的偏爱并没有让她获得保护从而免遭暴力攻击，更没能保护她远离更糟糕的境况。在苏珊谋杀记忆回归后的几个月后，她重获乱伦记忆。艾琳还记得乔治第一次侵犯她是在他们刚刚搬到福斯特市时，那时候她 3 岁，穿着粉红色的睡衣，那是她的圣诞礼物。艾琳想不起来当时她父亲做了什么，关于父亲的行为并没有随着记忆的复苏而被想起。睡袍和新家是这段记忆的线索，而不是发生的具体事情。

正如艾琳记忆显示的那样，对于孩子来说，场所和衣物有关的记忆成为灾难事件的心理表征的频率很高。挑战者号爆炸事件发生至少 14 个月后，东海岸的研究对象中九成孩子记得事件发生时他们的个人环境。没有目睹爆炸事件的西海岸孩子们，他们中的2/3可以在访谈中描述听到该事件时自己所处的环境。两拨孩子对场所的记忆如此精确，以至于第二年他们主动向我演示，在确定的位置上打“×”。艾琳初次乱伦记忆指向的正是这样的发现结果。她记得很清楚是在一间新房子里，但意识上忘记了父亲的性行为。[1]

超过1/5的东海岸的孩子们能描绘出爆炸事件发生时，他们穿了什么衣服。服装也是艾琳早期性侵记忆碎片中栩栩如生的片段。

不久后，艾琳想起了另一段与乔治·富兰克林有关的性侵记忆。有一次——大概7岁左右——艾琳站在客厅中，乔治把一根手指伸进她的阴道。她疼得整个人蜷缩起来。她意识到家里的每一个人都在客厅里转来转去，却似乎没有人看到发生了什么。

挑战者号的研究为艾琳的“有其他人在场”的创伤意识提供了解释。飞行器爆炸一年后，大部分孩子回想起爆炸发生时身边至少有两个人。意识到他人在场是创伤性记忆的重要组成部分。

艾琳告诉我，苏珊失踪后她在学校变得很孤僻。她开始拔头发，在头顶附近的一侧形成了一个很大的血肉模糊的秃斑。导致她出现这种行为的最大可能是小艾琳在无意识地模仿她从苏珊头上看到的伤口。该行为的重演为我提供了艾琳记忆真实性的内源性确证。尽管，在当时，有关创伤事件的重复性行为也被压抑在意识深处，行为的重演证明谋杀记忆仍然存在并影响她的行为模式。

我认为，艾琳成年后的另一个习惯也与她的谋杀经历有关。无论何时，只要她发现在卡诺加公园附近有落单的孩子就会带回家。在潜意识中，孤单的孩子让她联想到当年被她和父亲带走的正一个人玩耍的苏珊。

小时候艾琳花了不少时间假装她能逃离可怕的家庭。五岁时，她经常在幼儿园的“休息室”里一藏就是一个下午；她还经常躲在壁橱里幻想《长袜子皮皮》或者南希·布雷丽思的小说《妈咪超市》里面的孩子们，他们没有父母，但仍拥有完美的生活。当时她的行为符合她之后回想起的造成她悲惨遭遇的乱伦记忆。[2]

艾琳 14 岁那年父母离婚了，她马上发生了很多变化。她仍然爱她的父亲，甚至还跟他住了一段时间。但是，她开始结交新的朋友，也不再拔头发了。“我不觉得这两者之间有什么关系，”艾琳对我说，她指的是她的行为改善与父母离婚之间并没有什么联系。“但是我知道，从父亲离开后性虐待也结束了。”

青春期的艾琳为她的早期性虐待经历付出了代价。她大量吸毒并在高中时辍学。创伤受害者经常会在青春期和成人早期使用毒品。通过服用控制大脑的药物，青少年们觉得他们在失控中重建了自我控制。这不能解释所有的物质滥用案例，然而对于童年创伤经历者来说，这是重要的影响因素。“我可能已经成瘾了，”艾琳说，“可是有一天在没有任何帮助的情况下我戒掉了，所以我也不确定自己到底是不是瘾君子。”

辍学后艾琳非常放纵，她出现了性乱交并企图卖淫。“很幸运，6 个星期后我被逮捕了，”她说，“吓得我不敢继续这样的生活”。在这样的案例里，类似吸毒、卖淫等行为都可能是创伤性记忆的行为再现。艾琳在很小的时候被性侵，卖淫让她拥有了迟来的对性的掌控感，甚至还能获得报酬。

艾琳的卖淫案记录为富兰克林诉讼案提出了一个问题。根据加利福尼亚的法律条款，检察官伊莲娜需要向富兰克林辩护团提供任何一位证人的重罪记录。这项规定是为了让辩护人获得最大量的信息保护被告利益。从法律规定以及法庭判案先例来看，为了减少犯罪记录对证人可信性造成的影响，轻罪记录可以不作为报告的内容，除非这些特定的犯罪事实直接涉及证人的真实性问题。伊莲娜向史密斯法官报告了艾琳的卖淫案记录。他裁定这是“潜在的行为（卖淫的固有行为）”，无论是当下还是未来都不会与证人的可信度有关。[3]

在艾琳被捕后，她的小姨苏进入她的生活。她帮助艾琳找了份“体面的工作”，还花很多时间跟她聊天。“小姨为我解释了很多生活中的事情”，艾琳提起苏姨妈时神情温和。“有那么多事情我急需解释。她告诉我该如何管理生活，一个人该怎样在社会上立足，以及基本的行为规范是什么。从来没人告诉过我这些道理。”

21岁那年，艾琳遇到了巴利·利普斯卡。他们相差16岁，几乎是两辈人，这可能暗示了艾琳的潜意识中困扰她成长的代际边界侵犯经历。刚开始时，这段婚姻简直就是“梦想成真”。艾琳和巴利一起“满世界旅行”，也买得起奢侈品。然而，随着时光推移艾琳深感折磨。“我觉得我不能拥有婚姻，”她说，“我不快乐。我努力成为完美妈妈，而且很可能是成功的。但是巴利和我在一起的日子过得挺艰难的。我现在能明白有很多困难与我的内在冲突有关。”艾琳在亲密关系的信任上存在持续的困难。苏珊·内森是她最后的“好朋友”。

艾琳结束她的最后一次访谈时说，她仍对乔治·富兰克林充满恐惧。她担心“如果他回来并接近西卡和艾伦时会做什么，”当她表达担心的时候根本意识不到他已经被监禁的事实——“他仍然在对其他的孩子做些什么”。

我向伊莲娜口头报告了我的意见和看法。艾琳承受着儿童创伤的重要体征和症状。她的一些问题与已经回想起来的早期性虐待有关，而另一些——尤其是贯穿儿童中期的血腥拔头发行为、目前的对父亲的恐惧，还有必须把任何一个在她家附近的落单孩子带回家的内在需要——与她的谋杀记忆直接相关。做每件事时的情绪都与抑制的记忆有关。艾琳是多重创伤受害者，她曾反复遭受性虐待而且还可能是谋杀案的儿童目击者。在谋杀案发生前，她教会自己预测危险然后压抑，渐渐地她学会了自动压抑。在她六七岁时，艾琳可能还没有将抑制作为防御方式，而是采用自动压抑的方式。

在斯坦福医院自助餐厅，伊莲娜向我保证，艾琳说出的拔头发的经历是雄辩的见证。艾琳还告诉陪审团她童年时代花了那么多时间，企图逃离这个可怕的有父母的世界，却一再失败。大多数时候，艾琳的创伤后症状被允许记录在案，当然也让陪审团铭记在心。我的精神报告用于帮助伊莲娜将她的提问聚焦在艾琳身上，她提出了那些我们认为与谋杀案关系最密切的症状与体征。

伊莲娜对于斯密斯法官裁定我只能表达记忆的普遍原理一事没有很担心。作为一名代表民众利益的检察官，她早已习惯了有利于被告的司法裁决。“别担心，”我们喝着冰茶时，她安慰道，“今天下午结束的时候，我们会让你熟悉假设的问题的——无论如何，到目前为止案件审理进行得还不错。‘超出合理怀疑’意味着辩护律师抓住了大多数的破绽。例如，我们很早就成立了专家团，辩护人就有好几个月的时间准备反击。而只有当他们的专家团队站到证人席上的前 10 分钟或者 15 分钟，我们才知道他们找了谁。”

那天下午我们一直待在一起——至少有 4 个小时，也许是 5 个小时——没完没了地喝着冰茶，一而再地设计第二天的计划。

伊莲娜给我带来了审判的最新进展。利亚将出庭作证，证明在苏珊被谋杀的那天，她丈夫正好有一天假。艾琳的证词中关于苏珊伤口的回忆与病理学家提供的验尸报告中颅骨损伤的报告完全吻合。（“干得漂亮，”伊莲娜由衷地说。）警察已经在尸体附近找到了艾琳回忆中她爸爸用作凶器的石头，石头形状与苏珊的伤痕是匹配的。法官允许伊莲娜向陪审团展示之前艾琳提到的身体照片。艾琳还将她那次探监看望父亲——这也是她唯一的一次探监——的经过作为呈堂证供进行了阐述。她问是不是他杀了苏珊。他指了指墙上的监视器，沉默以对。

在辩护团询问艾琳时，非常精彩的一幕发生了。道格拉斯问道：“但是除了你没有其他人看到这场谋杀案吗？”“他看到了。”艾琳尖叫起来，她的声音充满了张力。她转过身面向父亲，他和他的律师坐在辩护席上，穿着干净而保守的灰色外套。“他也在那里。”

伊莲娜和我见面的这一天还没有遭遇到该案件中原告的低潮期。当时她已经向法庭提交了一张车牌号码清单，这是在苏珊谋杀案的周年纪念日访问过苏珊墓地的所有车辆的车牌号码，其中包括乔治·富兰克林的大众车。因为一个内疚的凶手可能出于好奇或者悔恨甚至是快乐，会在残忍谋杀案的周年日访问受害者墓地。然而这份证据却让伊莲娜陷入极大的尴尬中，原来这一份由圣马特奥县执法官员提供的车牌号码清单，实际上是出席苏珊葬礼的汽车清单。辩护律师抗议说，作为福斯特市的好市民，内森一家的好邻居，乔治·富兰克林当然会出现在葬礼上，对此没有任何可以被指责的。

茶过三巡，伊莲娜建议我的证词从乱伦与“遗忘”之间的联系出发，让陪审团了解有过重复性创伤经历的孩子会采用潜抑（repress）的心理防御机制。对痛苦的预期鼓励防御性记忆丧失。例如，一个小女孩可以计划从脑海中抹去她预期的极端痛苦，不久之后，就不再需要经过深思熟虑才能完成这个过程。一切都是自动的。

在审判前几个月，艾琳的乱伦记忆如洪水一般席卷而来，此前这些记忆毫无疑问都被压抑了。例如，有一次她的父亲在家中的浴缸里肛奸她。那时她在3~5岁之间，乔治躺在浴缸里把她抱着坐在腿上。艾琳回忆道，当利亚走进浴室时要求知道他究竟在干什么。但不知道因为什么，乔治似乎没有遇到什么难题。生活依然继续着，伴随着其他许多早期的恐怖故事，艾琳失去了记忆。

事实上富兰克林的辩护团队已经承认了乱伦指控，伊莲娜告诉我。而且性虐待事件也已经进入审判阶段。辩方承认包含这些故事的证词，以便确定艾琳的动机，即因强烈的仇恨促使艾琳采用虚假的指控报复她的父亲。但是，检察官可以通过重复性虐待解释艾琳的记忆抑制。

伊莲娜说，我需要为陪审团提供关于记忆的心理教育。通过这些教育帮助他们形成他们自己的关于艾琳记忆真实性的知识结构。在法庭审判中目击证人的证据是更为强有力的证据，然而本案中“时隔二十年”以及“记忆抑制”成为干扰因素。一般来说，记忆会随着时间衰竭，陪审团想了解记忆抑制是否会让该现象变得更为严重。“会吗？”伊莲娜问。

“不会，”我告诉她。记忆不会因为被抑制而变坏或变得模糊不清，尤其是创伤性记忆不会有多大的变化，从童年时期带来的极端创伤记忆也一样。这两种记忆反而比其他的记忆更加鲜明。

我向伊莲娜解释说，直接的创伤记忆，比如艾琳的记忆，并没有表现出随着时间的推移而减弱的迹象，她描述的不是一个模糊事件的大致轮廓。比如，乔奇拉绑架案中的孩子们在经过四五年后仍可以回忆在他们身上所发生事件的细节。[4]而且他们各自叙述的故事是彼此契合的。随着时间的推移，这些孩子还可以讨论绑架案的哪些部分对他们有特殊的意义。此外，从我关于成年人创伤记忆的临床研究中发现，恐怖记忆一旦形成，在没有与其他人讨论的情况下，该记忆倾向于以最初的形式完整地保持。很多再次回忆起恐怖记忆的成年人可以通过当地报刊档案回溯事件，他们发现除了一些感性细节的错误外，回忆与当时的事件报道非常接近。

例如，我的一位来访者逐渐找回的记忆表明当他还是一个孩子的时候总是孤孤单单一个人相处，在那段时间还因为地震和洪水迫使他们搬过家。他认为这段新回来的记忆大约发生在他两三岁之间。然而他查阅了当时旧宅所在地的档案并没有关于地震和洪水的记载。但是他继续询问家人和朋友们，终于有人想起来这位男子在 2 岁多的时候罹患过脑膜炎并因此住院。“医院在哪里呢？”他问，在他居住的小镇上并没有医院。“在米尔维尔，”那人说。男子查询了米尔维尔的报纸档案，发现当时确实发生过地震。当他将近 3 岁时，米尔维尔河水泛滥，淹没了小镇，医院因此被疏散。男子的记忆失去后，恢复的虽然只是一些碎块式的内容，然而是正确的。

在恢复了苏珊谋杀案记忆数月后，艾琳开始想起自己在七八岁时曾被一个黑人强奸，这个黑人的发梢染成了绿色。她爸爸将她带给强奸犯，还全程协助他强奸自己。爸爸用手撑着她的左肩膀，另一只手捂住她的嘴不让她叫出声。她记得自己的腿动不了，也许被绑住了。她记得生殖器的疼痛如此强烈，她想要逃离、想要尖叫。她也记得自己徒劳的抗争和徒劳的泪水。她全身痛得不行，当她弯腰穿上鞋子的时候，甚至怀疑自己的小腹被穿破了。艾琳终于在脑海中意识到当这个男人开始强奸她时对父亲说的话“她会喜欢这个的，是吧，乔治？”她还记得，乔治用讨厌的咯咯的笑声作为回答。[5]

有好几个月的时间，艾琳想不起强奸犯完整的身体形象。她最初看见的他似乎是在亮着绿色射灯的迪斯科舞厅。他的发型很夸张。后来，当她向伊莲娜的检察官团队报告了这个故事后，她意识到她心目中强奸犯的形象来自强奸犯贴在墙上的海报，那是摇滚歌手吉米·亨德里克斯的海报。当时，乔治把她的头压向墙的方向，在整个受虐过程中，她一直死死盯着摇滚歌手的脸。一旦意识到被自己愚弄后，她就想起了究竟是哪个男人强奸了她。那是她的教父。他那张苍白的脸一点一点地浮现在脑海中。这个男人——她父亲的小伙伴，艾琳不太熟悉的人——和乔治一起强奸了乔治的女儿。这是父亲送给朋友的礼物。毫无疑问，这起强奸案发生在苏珊谋杀案之前。所以艾琳立即明白了她的好朋友在她父亲的面包车里正发生什么。[5]

伊莲娜和我都能理解艾琳的记忆中的强奸犯是怎么从黑人吉米·亨德里克斯转变成白人教父的，对此我们感到很满意。这是一种自然产生的错误，有时候在第一次发生了完全意料之外的事件时会产生这类感觉错误，但是细节错误不代表整个记忆都是“假的”。伊莲娜确信，她能在陪审团面前不牺牲目击证人的一般可信度基础上解释艾琳的这个错误。

伊莲娜很想了解陪审团是否想要知道记忆究竟保存在哪里，我告诉她就在人类不可分割的器官——大脑里面。我们高度发达的大脑皮层共分八个区域，左右两边各4个。大脑的前端、前额下方的区域叫额叶，诸如运动行为、远见卓识、社会意识、象征思维和计算过程都是在这里进行。额叶不仅与长时记忆有关，前额叶皮层同时处理快速的“工作记忆”——这是一种即刻性的记忆，帮助我们记住他人的姓名或者在打招呼时记住某人的职业。

头顶至耳朵后方的大脑皮层叫顶叶，负责处理空间关系、身体感觉、躯体意识以及我们的记忆等，简而言之，就是我们与外部世界的关系以及我们对此的认识。另外，相当多的思考、语言理解和词语构造也属于顶叶的工作范围，而关于时间流逝的感觉以及代表语义概念的工作则由顶叶和其他的大脑皮层共同合作完成。也就是说，顶叶帮助我们在"适当的语境中"选用"适当"的词语。

在太阳穴和颞骨的后面、额叶与顶叶下方，是颞叶。颞叶处理听觉、词义以及部分造词功能，同时处理内耳以及身体其他部位产生的姿态感觉。位于两个颞叶深处的海马，则接收到数以百万计的来自大脑各个感觉区域的输入信号。海马以及内侧丘脑形成皮质下双边结构，负责将记忆转换为长时记忆进入信息存储库。它们是边缘系统的一部分，一个高度参与人类情感以及即时记忆处理的组织结构群。我告诉伊莲娜，边缘系统确保我们的情感和记忆信号与遍布大脑皮层的长时记忆和联想中心是匹配的。将大脑的一侧与另一侧连接起来的是胼胝体，这些纤维束的功能就像电话电缆一样。

在我们脑袋后方，两块凸起头骨上面和后面部分被称为"枕"，这个区域的大脑皮层被称为枕叶。这里有多个视觉中心从我们的视网膜上拾取数百万的独立信号并传播到嗅觉脑区和海马。[6]

记忆与每一个脑区都有关系，因为它不仅仅是一个人曾经感知到的画面或声音。记忆可以有不同的形式，例如，当艾琳目睹苏珊谋杀案时关于苏珊身体姿势的记忆、案件发生时对她和父亲所处环境的感觉记忆、她高于苏珊的方位记忆、她父亲出现在现场的记忆、她的身体器官的感受记忆（也许是一阵胃抽搐的感觉），转瞬即逝的一个念头——总之，可以是任何形式。当艾琳的记忆开始恢复，很多感觉和思绪渐渐联系起来，进一步激活了苏珊谋杀案时期的感受，接着唤醒了更多的记忆。马塞尔·普鲁斯特（《追忆似水年华》的作者）并不是唯一一位通过感觉、嗅觉、味觉、听觉和视觉去重温过去的人。我们每个人，包括艾琳，都跟普鲁斯特一样。

天色已经很晚了，伊莲娜仍然在思考我们是否需要向陪审团介绍大脑和精神，一边用铅笔在长长的黄色便签条上轻轻敲打着。我累得思绪漂移，杯中的茶早已寡淡如水。

近年来，实验派认知心理学家和神经科学家通过研究将记忆分为两类：显性记忆（也被称为陈述性记忆）和隐性记忆（非陈述性记忆）。[7] 这种划分方式更多关注人类是如何记忆而不是人类记住了什么。陈述性记忆或者显性记忆过程始于意识，也就是“思考”。你读一本书、思考、记住。非陈述性记忆或隐性记忆则根植于自动化——或多或少是无意识的。当你一遍又一遍临摹书中字母的笔迹后，有一天你想都不用想就会使用这种字体。你看到屏幕上闪过一些词语，尽管只有短短的几秒，半小时后，你可以用更快的速度把这几个词从你面前的一堆词语中找出来。

人们并没有意识到是怎么获得这些隐性记忆的，这个过程并不需要意识的参与。采用诸如此类教育方法的人可以完成特定的任务，却无法解释他们正在做什么。另一方面，当你采用显性的方式——比如，慢慢地教他们玩魔术——他们通常马上就能学会并记住，而且可以用语言表述他们学到了什么。

美国国家心理健康研究所的莫蒂默·米什金博士及其团队在灵长类动物神经科学实验室中做了“对象鉴别任务”实验[8]，在实验中利用猴子作为被试，证明通过内隐的、非特异性的人类记忆实验最终使得猴子形成了习惯性行为模式。实验员向猴子呈现两个对象，其中一个藏在有食物的井里。猴子们只能从两个物品中选择其一。几秒钟后，它看到另外两个对象，一个藏起了食物另一个没有。它仍然只能做一个“全或无”的选择。接着做了更多的试验，当所有的试验对象都呈现给猴子后，它获得了 24 小时的休息。第二天，猴子将进行完全一样的试验。然后第三天，第四天。换句话说，猴子每天通过学习多学一些。它不“思考”试验的内容，但是通过学习积累到技能。

如果移除猴子的边缘系统，重复上述试验，它可以跟普通的动物一样执行每一个程序。显然，隐性的非陈述性记忆是在与边缘系统完全分开的大脑组织中进行处理，短期显性记忆也是。事实证明，猴子的习惯记忆部分是在基底神经节的皮质下结构内部进行处理的。如果破坏猴子的基底神经节，它就需要两倍的时间形成习惯模式。

由此可见，猴子的大脑皮层并不是储存其习惯模式的记忆库。换句话说，猴子不需要为了记住一个习惯而思考。人类的隐性的、非陈述性记忆模式同样不需要思考参与。比如拉小提琴或者煎鸡蛋饼这种事情，我们去做就是了，根本不需要思考。

当涉及受创伤的人群时，这区分两类记忆的奥秘在于——是什么东西的卷入使得它们成为显性的隐性记忆？这些失去的、不再能用语言表达的记忆就像一个条件实验一样有效地驱动他们的行为。

如果有人在 1988 年问艾琳，“你是不是曾经看到过一场谋杀案”，她的反应可能跟著名的 H.M. 一样。[9] 那是 20 世纪 50 年代的研究，H.M. 是一位难治性癫痫病患者，必须通过手术切除大脑两侧颞叶区的海马。术后，H.M. 可以快速地学习显性知识。他仍然很聪明，但是他不能将学习到的显性知识转化成长期记忆。他只能通过操作性的学习保持隐性的知识。如果你向他展示一段某人被“谋杀”的录像带，过一会儿你问他是否看到有人被谋杀，他会反问你：“你在胡说什么呢？”同样的，当你在艾琳的记忆自发恢复前问她是否曾看到过一场谋杀案，她跟 H.M. 一样会反问你：“你在胡说什么呢？”H.M. 这么说是因为他的海马被摘除了，没有能力储存陈述性记忆，但是艾琳的海马好好的，完全可以保存陈述性的记忆，但她却完全失去了保持意识的能力。

艾琳和 H.M. 的区别在于艾琳的长期记忆是完整地封存了 20 年，一旦重现，纤毫毕露，记忆中的细节与案发现场的证据是对应的。她的记忆中有姿势和方位感，有棒球棍击打鸡蛋似的可怕的声音、被声音刺激得感觉尖叫声要冲破喉咙的恐惧感以及非常多的图像记忆。

伊莲娜猛地一拍手把我们俩从对大脑的想入非非中拽了回来。她说，我们不能向陪审团介绍大脑，而是完全地立足于人类的心智。明天我需要带上与记忆抑制有关的大规模临床研究。伊莲娜是从南加州大学心理学家约翰·布里埃尔的工作中找到我的，那么我还有其他的发现吗？

20 世纪 80 年代后期，布里埃尔博士调查了 440 名女性和 30 名男性，他们均声称曾遭受童年期性虐待。这些成年人中，近三分之二的人报告说他们有过想不起被虐待经历的阶段。因此，布里埃尔博士认为记忆抑制与童年期虐待密切相关。[10]

我告诉伊莲娜一个可以解释艾琳记忆抑制的大型研究，那是在 1990 年由我的朋友、阿姆斯特丹的心理学家内尔·德莱杰完成的。在采访了超过一千名随机选择的荷兰女性后内尔发现，大约 1/6 的受访者报告曾在童年时与家庭成员发生了非意愿的性行为。在 Nel 研究的 164 名乱伦幸存者中，有 1/4 的人在受访前从来没有谈起过虐待事件。她们中的很多人与约翰·布里埃尔的研究对象一样，在研究前的某些时间段失去了这些虐待记忆。然后，很像艾琳那样，在她们成年时期这些记忆又自动回复了。在童年时她们没有提起过这段往事，之后，他们根本就不记得了。[11]

“不告诉”显然朝着思维压抑并最终导致抑制的方向发展。1986 年湾区社会学家戴安娜·罗素发表了一项关于 930 名旧金山女性的随机调查，结果表明大约 1/6 的人（与德莱杰的荷兰样本大致相同的百分比）曾在 18 岁前发生过乱伦行为；大约 1/3 的女性，在成年之前经历过与非亲属的不情愿的性行为；1/4 被性虐待的女性发现——虽然这个问题没有被问及——在调查之前她们没有跟任何人提起过被虐待的经历。虽然每一次的“不告诉”并不会直接导致“没记住”的事实，但大量的研究表明两者之间是有相关关系的。[11]

在认知实验室中，陈述性记忆通过五种感觉进入大脑，在“简要摄取存储”过程中，如果受试者“注意”到就作为记忆放置到“语音代码”中。使用一些心理练习或者复述可以将这些试验转化为永久性的记忆。[12] 但是当实验中不允许复述时，大部分的记忆在大约 30 秒内丢失了。这意味着，当感觉到事情时，通过阻止人们任何立即思考相关内容的尝试的方式，可以阻止它们进入长时记忆中。人们可以看到，一个孩子在糊里糊涂中经历创伤事件可能会得到保护。但是诸如艾琳那样有多重创伤记忆的孩子，则是例外。一个警觉的多重创伤的孩子根本不需要通过复述来记住痛苦。

我有过数十次担任专家证人的经验，但是像艾琳这个案子，我被要求完全在假设中作证还是第一次。我感觉前景不明，想要预先排练我的法庭陈述。可是伊莲娜坚持我只需陈述专业知识，她不会加料。“你就解释记忆”，她一边收拾东西一边提醒我，“一点都不要谈论艾琳，我是认真的。千万不要那么做！”

“如果我说漏嘴了会怎么样？毕竟这些星期以来，我想的都是‘艾琳’”，我跟她开了个玩笑。

“法官会宣布证词无效，”伊莲娜脸上毫无笑意，“你不能在陪审团面前提出最终的证明，你不能发表任何关于目击证人是否讲真话的意见。不要提到艾琳的名字或者得出过于接近你的类比。这么做会损害案件结果。”

她拿起横格本，上面密密麻麻记满了打算第二天问我的问题。当我们说再见时，晚饭已经摆上了医院的蒸汽桌。

作为专家证人必须在每次上法庭前取得资格。这意味着，你需要在站上证人席前毫无羞涩地出示你的证书。你需要在法官和陪审团面前解释你在将要被问及领域中获得的培训和经验。跟其他证人不同，专家证人享有陈述意见和提供支持的特权。因此专家是在庭审前满足法庭的要求。

认证时，专家需要同时与陪审团成员交上朋友。第一印象往往持久，但是作为证人你必须先报出你获得的众多学术学位、证书、学术委员会的证书，多年来的实践证明等，因而交朋友这个事情很可能会被延误。专家认证过程几乎不可能让你与十二位同伴体面地开始交流。

伊莲娜和我尽我们所能完成了这件令人讨厌的事情，之后开始讨论今天的重点——记忆。我告诉陪审团，至少有 6 种基本的记忆类型，我仅对其中的一种提供证词。[13] 首先我介绍了各种临床记忆类型，第一种是即时记忆。我拿起一支大号马克笔走到画板前的超大型纸上写下“即时”两个字，这是伊莲娜事先准备好的。当你开始说一句话时，你能结束它吗？你还记得自己为什么走进房间吗？工作记忆是即时记忆的一个亚型，与记忆的快速联想有关。当你遇到你的同事时，能想起你们的关系吗？当你在菜单上看到鸡蛋时，还记得你要点培根吗？

第二种叫“短时记忆”，我又在画板的纸上写下“短时”两个字。昨天你吃了什么早饭？上周末你在哪里？昨天谁打来的电话？早期阿尔茨海默症受损的就是这类记忆。神经生物学家和实验心理学家与临床医生不同，他们认为医生所谓的“短时”记忆是长时记忆，所有超过数秒的都是长时记忆，而即刻记忆才是“短时”记忆。但对于跟患者一起工作的医生来说“短时”和“长时”记忆是存在重要的临床差异的。对于老年人来说，搜索更老、更牢固的情节比搜索新的记忆容易，这是正常的。而那些使用街头毒品或酒精成瘾的年轻人，以及患有退行性脑疾病的所有病人都记不住最近发生的事情，这是异常。因为器官障碍常见的首发症状就是短时记忆问题。临床医生会坚持使用这些术语。

另外四种记忆都属于长时记忆。我在画板的列表上添加了“知识与技能”几个字。人们一旦学会打字就永远不会忘记，骑自行车、写书法、拉小提琴等也一样。我们的技能记忆很少（如果有的话）口头指示，而知识记忆几乎都是语义记忆。但是，两者都根深蒂固。[14] 比如，当你阅读的时候不需要查看字母表，如果乘法口诀背得好到老都不会忘，如果你对自己的历史了解得一清二楚，那么就可以在历史背景下思考艺术、政治和经济学。

“第四”，我在纸上标记了一个黑点，“是‘启动’，一旦你穿上轮滑溜冰，滚轮溜冰就不会超出你的想象。曾经出国的经历有助于你访问另一个国家。”启动总是隐性的或者说非陈述性的。

“接下来，”我看向陪审团又回头看了一眼画板上的大纸，突然脑中一片空白。简直难以置信！我忘记了第五种记忆！

“还有其他类型的记忆吗？”伊莲娜静静地问，嘴角浮现一丝淡淡的微笑。

“我想不起来了，”我说，“请给我几秒好好回忆一下。”伊莲娜忍住笑，仍然一脸严肃。陪审团开始笑场。

“好吧，我要提个问题，”伊莲娜来救场了，“你熟悉关联记忆的概念吗？”

“哦！是的！”我说，“对不起。关联记忆是那种你不需要想到的记忆。”（法庭速记员在此处记录“许多笑声”。）因为大部分关联记忆是“条件反应式记忆”。如果你曾经在某些方面受训，比如遵守礼仪，为女孩开车门、向女王行屈膝礼——无论是哪种情况你都会想也不想就去做的，你只是这样做。跟启动一样，关联记忆也可以是完全的内隐记忆，因此可以用动物实验进行验证。创造关联记忆的条件可以是愉快的（奖励）或不愉快的（惩罚），经过一段时间后，人们不需要奖励或惩罚，就会按照训练的方式行为处事了。

“还有另一种记忆吗？”伊莲娜再次提示我，虽然我已恢复了记忆。

“是的，”我说，在大纸上又写了一个词。“这种记忆是‘情境性的’。你记住的发生在过去生活中的那些情节：快乐的、悲伤的、神秘的、可怕的、有趣的、宏伟的或者只是平淡的。你的人生故事就是情境性记忆。”

你可以看到我们经历过的事、遇到过的人，都是生活的组成部分，编织在我们记忆的长卷里。然而，精神科医生处理最多的就是情境性记忆，从那个充满阳光的一月下午开始折磨艾琳的也是情境性记忆。在诊断和治疗过程中，患者的记忆都非常重要，尤其是情境性记忆。在法庭上也一样，情境性记忆比其他类型的记忆更频繁地出现在审判中引起陪审团或者法官的思考。

伊莲娜让我相信，如果我能更加专业地向陪审团解释记忆过程，他们放弃偏见的机会就越大，比如“重要的事情是不会忘记的”或者“孩子目击谋杀案这种事情是不可靠的”。在我们列出六种记忆后，她要求我描述记忆的三个过程——感知、储存和再认。她希望陪审团可以在自己的脑海中把记忆的顺序拼凑在一起：艾琳通过她的眼睛和耳朵、她的姿势感和方位感以及时间感觉，感知到苏珊被谋杀。这些感知被她处理成即刻记忆，并在几秒内连同当时任何可用的关联（例如，“我知道这是强奸”）形成巩固的短时记忆，最终作为艾琳的长时记忆被存储起来。

在很多方面，再认比感知或储存阶段更加奇怪而不可预测。一个警觉性高的人能觉察到大量的短期记忆，并且将其中相当大一部分转换成长期记忆进行储存。我们的记忆容量几乎是无限的。但是再认的过程会遇到很多无意识的心理防御。经常会意识不到重要的记忆，尤其是那些反复发生的痛苦片段。只有当这段记忆被激活时，再认才变得容易些。这就能解释苏珊谋杀记忆回归初期，艾琳那些喷涌而至的记忆流。但是，如果这些记忆被封存在厚重的心理防御之下那就几乎无迹可寻，正如那20年里的艾琳。

伊莲娜确信我已经通过临床研究很好地解释了经受过创伤事件的人们是如何感知、储存和再忆这些事件的。重要的是，让法庭中的“真相侦探”们明白，一群被绑架的孩子或者一个被强奸的小女孩所犯的错误与一个在实验室中参与心理研究的大学生（例如看一个模拟车祸的视频片段后）所犯的错误之间，存在天壤之别。在允许我讨论大学生研究时，伊莲娜正等待着心理学家伊丽莎白·洛夫特斯提供的证词，她是辩方的专家证人。

洛夫特斯博士是华盛顿大学的记忆专家，研究方向为“错误”的感知与回忆。[15] 如果你把洛夫斯特博士研究中大学生的反应——看到汽车上不存在的凹痕或者在错认街角的道路标志——与艾琳的证词等同起来，你不得不下结论说艾琳记忆中的谋杀案是“错误”的。她在实验中成功地将“错误”分别植入记忆的三个阶段——感知、存储和再认。

尽管洛夫斯特博士的研究很有趣，但是无论用什么方式，大学生心理实验是无法重复医生的临床观察的。用记忆实验室的研究结果来解释诸如童年谋杀、强奸、绑架等创伤性记忆的感知、储存和再认是不合适的。创伤设置了记忆的新规则。你不可能在实验室中重复创伤事件，也不可能模仿谋杀事件而不吓到实验对象。大学生心理实验无法研究临床创伤案例，更不要说研究“童年创伤”。

在洛夫特斯的错误信息研究中，即使被试确实记得电影中的车祸，但只要报告一个错误感知细节，就认为他记错了。研究的重点是记忆中的单个错误而不是一般的记忆主题。显而易见，按照华盛顿大学记忆研究人员的标准，艾琳所犯的错误足以让她的记忆被认定为“假的”。但是，现在的问题是，陪审团会相信艾琳记忆的中心主题吗？撇开种种记忆错误，他们会认为她确实亲眼看见了她父亲杀死苏珊·内森的过程吗？

该案陪审团成员的感受很复杂，团长是一名儿科医生，他在“选择”陪审团的淘汰过程中奇迹般地留了下来。还有一位注册护士，是帮助他人处理各种心理问题的专业人士。他们变得紧张、抑郁，甚至有自杀倾向，这些令人恐怖的现象暗示他们曾有过创伤经历。艾琳肯定更不舒服，自从她恢复记忆后，头痛和胃痉挛就成了日常生活的一部分。

然而，无论记忆抑制这种心理防御方式束缚或者释放了多少精神力量，都表明其足以将这段记忆驱逐到意识之外。性虐待研究专家琳达·梅耶·威廉姆斯曾调查过一百位来自大型城市医院急诊间小于12岁的女童，因她们本人或家人向当局报告性虐待事件而被送来检查。[16] 她发现其中38位女孩对虐待事件毫无记忆。他们的表现看起来并不是不愿意讨论一些令人尴尬的私事，而是完全不能记住发生了什么，甚至于不明白为什么要来急诊室，还有调查员一边做访问一边做记录。这就是记忆抑制或更为极端的“遗忘”防御机制。这38位女孩在走进急诊室时很可能发现意识不到发生了什么会更舒服些，但是获得舒服感的代价是失去了重要的记忆。

当我们在斯坦福大学提前做准备时，伊莲娜提出希望陪审团能区分抑制与遗忘之间的差别，我想到了一个故事——奶奶的胸针，这个故事能很好地契合艾琳的记忆抑制现象，而且似乎是相对安全的假设。“嗯，让我们这样说，你通过继承或者类似的方式得到了奶奶的胸针，”在伊莲娜提出直接要求后我开始回应，“你跟奶奶关系很好，胸针也很不错。你把胸针放在衬衫里，很多年后，你自言自语道‘哦，我记得在最下面的抽屉里有个胸针’。你打开抽屉往下挖了一会儿，一看，果然，它就在那里。这叫‘遗忘’，这样的记忆对你来说并不重要。你知道，它只是不在你的意识范围内。你上班、做事，每天自顾自地过日子，20年后当你要找胸针的时候，你知道它在哪里。”

“但是如果这样说，”我往儿科医生那边看了一会儿继续往下说，“你奶奶死于非命，去世的时候正好带着这枚胸针。警察带走胸针时上面还沾着血迹。你把它清理干净后塞进了抽屉底部。你很可能会对这枚胸针使用被我认为非常活跃但无意识的记忆抑制，除非有人在你面前流血或者其他人发生了类似的事故，又或者你看到了一个跟你奶奶长得很像的人。”

我希望陪审团能看到抑制比简单的遗忘更加活跃——它是心理防御和无意识冲突。同时我希望他们能了解被抑制的记忆是怎么恢复的——比如通过一些视觉线索的提示。我希望他们能想起来，杰西卡跟苏珊长得有多相像。“然后，关于胸针的回忆突然就回来了，”我继续说道，目光在一位带着珍珠项链的漂亮女陪审员身上停了下来。“胸针的回忆不会让你觉得愉快。你知道它就在抽屉底部，但是我不知道你是不是愿意看到它。”我在这里暗示艾琳为什么在恢复苏珊谋杀案的记忆后，保持了十个月的沉默。能理解一个正常人为什么没有立即采取行动，这一点很重要。

“而且（忘记奶奶的胸针）是一种活跃的被抑制的记忆，”说到这里，我把目光收回到伊莲娜身上，她正静静地站在我的前面。“这样的记忆看起来好像并不在那里。但是，当你看到有人流血或者你看到有人长得很像你的奶奶，就像灵光一现那样，记忆就回来了。”

在我进入法庭前，伊莲娜已经向陪审团指出了她们两人长得非常相像。她把西卡和苏珊的照片放大后并排在一起展示给他们看。看起来一个孩子在微笑地迎接未来，另一个则甜蜜地唤醒过去。如果我不是一个现实主义者，可能会相信一个是另一个的转世。然而无论你是不是相信这个说法，伊莲娜就像耍了个魔法。谁都可以看出来为什么艾琳看一眼自己的孩子就能唤回遗失已久的记忆。

在交叉询问时，道格拉斯从一个点跳到另一个点，我使不上劲。辩方交叉询问往往采用这样的方式，就像掷飞镖一样从一个点飞向另一个点。（伊莲娜几乎不反驳道格拉斯的问题，后来她告诉我说她不认为我需要帮助。）例如，他问到了梦。他已经证实，艾琳在记忆抑制的20年里没有梦见过苏珊被杀。我承认虽然梦对于创伤记忆很重要，但是需要补充的是梦并不总是与创伤有关。孩子们不一定会梦到他们的创伤经历。即使到了成年，他们也不必然会梦见那些往事。有一些记忆抑制的人确实做梦了，尤其是记忆开始浮现的时候，但是还有很多人并没有。[17]

道格拉斯还问我，是否可以在根本不了解一个人过去创伤经历的情况下，通过他表现出来的症状提供的线索猜测出是什么样的创伤。他试图用这个问题暗示说治疗师在观察了来访者或者病人一些症状后进行了过度推测。他提出（有可能）是艾琳的治疗师——柯克·巴雷特，在观察到艾琳的症状后，自顾自得出了一些结论然后把这些想法移植到艾琳的意识里。

虽然你不能总是从一系列症状中推测创伤的性质，但有时候是可以的。我用一桩奇闻逸事作为例子进行回答。很多年前，我和丈夫一起去看电影，当我们看到屏幕上有一辆火车突然出现在四个走在铁轨上的男孩背后时，我对他低声说："拍电影的人正在玩创伤后的游戏呢！"电影结束通过字幕我们了解到电影是根据史蒂文·金的小说《身体》改编而成。而在金写于1981年的恐怖小说《死亡之舞》中，我找到一段自传性的描写可以解释这段场景。4岁的时候，金和另一个男孩在铁轨上玩耍，一辆货运火车把那个小男孩撞死了。伤痕累累的尸体残块被装进一只柳条篮中拎回家。在他的书中，金声称根本不记得这件事了，那只是妈妈告诉他的一些事情。然而，这段往事深深地影响到他写作的内容，我们可以直接从他的作品中猜测出他曾遭遇的创伤。[18]

不多久，道格拉斯自己踩进了一个大坑。他本来希望通过他的交叉询问暗示是治疗师基于自己的生活构建了艾琳的记忆。可以构建创伤故事吗？他问我，不过问的问题比这复杂得多。是的，我回答说，当然可以构建创伤故事。但是构建的故事通常不存在创伤症状和体征。铁路事故后史蒂文·金独自走回家中，他尿裤子了，并且在这一天剩下的时间里一言不发。这些都是体征。金的妈妈不可能构建出他的这些行为，就好像有人说你有肺结核但不能构建出你做了胸部 X 光扫描或皮肤检查。

“金经历过创伤？”道格拉斯先生问我，看起来他觉得不可思议。

“是的，”我说。“金无法摆脱他的过去。”接着我向律师、法官和陪审团讲述了三周前我在洛杉矶的一段奇遇。[19] 那天，我独自一人坐在酒店咖啡吧中，隔壁桌是三位男顾客。其中两位正在向背对着我的那位说话，无意间我听到他们说“少放血”，这个词他们重复了两三遍。显然他们希望背对着我的家伙别再杀人了。我想，这个人不是杀手就是编剧。

请别忘了，我们是在洛杉矶，对不对？所以我很快意识到他们是在讨论电影剧本。两位喋喋不休的很明显是制片人，他们对背对着我的家伙说他的作品里死掉的人太多了。“试试动物虐待也行啊，比如马、狗之类的。”“男孩从自行车上摔下来，”最后他们加了一句，“如果我们来拍这部电影，只能死一个人。”

“自行车坏掉哪有死亡冲击强烈，”作者坚持。“为什么不能死更多的人？”他坚定地回答，“我必须这么做……那才是我。”

“听到这里我细细打量了他，”我站在法庭上继续说道。“他就是史蒂文·金，就在咖啡店里离我一条腿那么远的地方坐着……一个曾经遇到过创伤的人……未必知道‘他的’行为跟曾经的创伤有关。但是创伤的影响就在那里，一直重复着。”

还多亏了辩护律师关于创伤症状半嘲笑的问题，我向富兰克林陪审团提出了两个例子作为证据，一个是小女孩强迫性拔头顶的头发、另一个是著名作家痴迷死亡故事。12 人陪审团认为要决定乔治·富兰克林的命运则需要了解案件有关人物的行为，尤其是创伤性的、能确定记忆主题是什么的行为，诸如症状、体征，以及他们的潜在记忆等成为个体的终身印记或者说启示。

如果道格拉斯的问题不是这么宽泛，我可能不得不给出更局限的回答。

比如，“有没有这样的可能，治疗师根据来访者的症状对其遭遇的特定创伤性事件进行的推断是错的？”再接上这个问题：“而错误的推断有没有可能让其虚构出错误的记忆？”最后再问：“那些错误记忆的受害人是否也会存在一两种症状呢？”对于如此聚焦的问题，我可能想不起斯蒂芬·金的故事。而我的回答很可能是：“是的”、“是的”、“是的”。然后，我不得不非常艰难地解释为什么艾琳会成为那么多“是的”的例外。而事实上，我被严令禁止提及她的名字。

在我之后走上证人席的是辩方的专家证人——斯坦福精神病医生大卫·斯皮格尔，他研究催眠和解离式心理防御。[20] 他提供的证据是，童年时代的解离是从自我催眠开始的。他在法庭上假设，当一个孩子暴露于恐怖中，比如父亲协助的强奸和谋杀，她不得不催眠自己，然后隔绝她的心理过程将其作为单独的意识以便应对她报告的创伤情形。他认为，艾琳陈述的那些经历太可怕了，记忆抑制这种心理防御方式是不够的。但是，一旦她采用了解离的心理防御，那么之后她就不能够形成特别准确的创伤记忆，描述也不会那么详细。而且，她将是一名高度易受暗示的成年人，因为那些能自我催眠的人总是很容易受到他人的影响。在他看来，艾琳的故事并不完整。

交叉询问时，伊莲娜没有太为难大卫·斯皮格尔。她逼他承认记忆抑制相比解离来说是一种更为常见的心理防御方式。但是，斯皮格尔医生在斯坦福的门诊咨询中将大量的时间用于研究极端解离案例，他不认为在精神创伤中，记忆抑制比解离更为重要或普遍。后来，伊莲娜跟我说她选择不再挑战他，而是缩短了盘问时间。当审判进行到这个阶段，她觉得自己已经远远领先了。

不出伊莲娜所料，伊丽莎白·洛夫特斯最终也出现在辩方证人席上。她作为证据提交的错误信息实验证实压抑的记忆可以在摄入、保存和再认的过程中被改变。伊莲娜有备而来，在交叉问询中，很快地确认了洛夫特斯博士并不是临床医生，她常用的实验对象也不是儿童。在任何情况下，伊莲娜精心准备让陪审团决定是否是童年事件产生的影响。洛夫特斯博士的证词谈到了记忆但无关童年或者创伤。

陪审团花了短短的8小时就达成一致形成判决书，1990年11月30日，法庭判决乔治·富兰克林一级谋杀罪名成立。[21] 我很吃惊。尽管检察官的控诉非常精彩，但很难想象陪审团没有“合理的怀疑”。伊莲娜非正式地询问几位陪审员是什么让他们做出这个判决后告诉我，他们说是我的证词说服了他们。我从中学到了一些东西：有时候，假设与细节描述一样引人注目。这对于像我这样的实践性思想家来说是一种启示。

审判结束几小时后，我跟艾琳通了电话。她听上去悲喜交集。她和我都知道她内心的情感冲突——导致记忆被抑制二十年的正是这份冲突——不可能随着审判的完结而获得释然。艾琳爱她父亲，而父亲是恶魔。

1993年4月2日，加利福尼亚州法院一庭裁定了富兰克林案件。在未公开的裁定书中，法院维持原判。史密斯法官在启动审判时裁定不采纳任何报刊证据被证明是正确的。关于接受证据的基本先决条件和限制既适用于辩方也适用于控方。初审法官并没有滥用他的自由裁量权来限制辩护以测试艾琳的可信度。上级法院认为1969年的报刊新闻“丝毫没有或无实质性的证明价值”。否则，控方将不得不投身于大量的、混乱的细节报道中证明艾琳的记忆并没有受到报纸的影响。艾琳宣誓说她没有看过报纸，这就够啦。

艾琳的卖淫记录也不需要向法官以外的人披露，对此上级法院也表示赞同。史密斯法官裁定轻罪并不意味着不诚信，艾琳的卖淫记录并不代表她不可信。

裁定书还写道，伊莲娜在起诉此案过程中没有采取不当行为。尽管她向我提出的一个假设过于接近事实：“医生，在你看来，当人们在童年早期遭遇了特别可怕的、暴力的、反复的身体和性虐待行为，不是特指而是对大部分人来说，可能会有损父母形象、涉及死亡威胁以及害怕报复的心理——对此现象，你是否认为这样的事件会导致抑制？”但是这个错误是“无害的”。法庭还认为，艾琳的证词中提到在艾琳探监时乔治·富兰克林的行为被错误地归结为自证其罪——但同时补充说，审判中的其他证据是压倒性的，所以此处所犯的错误也没有造成什么伤害。

法庭裁定检察官提交的我的证词是为了正确地阐述这个目的："帮助陪审团厘清误解——童年时期的谋杀案目击者不会忘记这个事件，只是可以在二十年后准确地回忆起它。"他们还指出，艾琳的可信度受到了辩护律师的攻击。检察官则正确地获取了专家意见以阐明记忆抑制和记忆恢复现象。1993年7月15日，加利福尼亚最高法院驳回乔治·富兰克林的上诉，7名法官均没有投出赞成票。在写作本书的日子里，富兰克林的律师团正在计划向联邦法院提起上诉。[22]

该案判决一年后，艾琳来拜访过我。她的孩子们过得很好，但是丈夫巴利疾病缠身，各种慢性疾病已经让他不再工作了，经常卧床。事实上，因为那是周六的上午，我办公室是关门的，巴利躺在书房的沙发上，而艾琳跟我在咨询室谈话。

1992年夏末，巴利在睡梦中去世，时年47岁。尸检报告指出他死于心律失常。艾琳醒来后花了将近一个小时试图唤醒巴利，她无情地指责自己整个心肺复苏急救过程全都做错了。这些也给她留下了很糟糕的回忆，但是巴利的尸体解剖结果证明，当她醒来时，他已经逝去几个小时了。

艾琳再也无法躲进强大的记忆抑制这个避难所。她和她的回忆生活在一起。她跟西卡和艾伦自由地谈论巴利，尽管他们困难重重的婚姻、巴利的病痛以及他死于她床侧的事实让她倍感痛苦。在她的回忆里，巴利非常生动，既保留了好的一面也保留了坏的一面。那段时间，艾琳去看了心理医生，让她感觉安慰的是在巴利去世前，他们的婚姻已经有了显著改善。

大多数艾琳的兄弟姐妹跟她断了关系。从她第一次向他们报告关于父亲的回忆时，他们就反对，现在也还是反对她。他们不相信她。他们认为是她故意毁了他们的声誉、他们的隐私以及他们父亲的余年生涯。但是利普斯卡家族在一定程度上弥补了这一点，他们完全接受并且爱着艾琳。[22]

有一天，我看到艾琳表达出完全的、彻底的快乐。那是 1992 年 2 月，她和伊莲娜来到旧金山的费尔蒙特酒店宴会厅，解释她记忆恢复的过程以及她在美国精神病学会鉴定的证词。之后，精神科医生，包括这个国家本领域中非常杰出的专业人士，都围坐在艾琳身边。他们告诉她，他们相信她，他们钦佩她。他们对她的痛苦感到强烈的同情。起初，艾琳的浅棕色大眼睛满是疑惑，但是随着一位又一位精神病医生走过来，听着他们每一句的祝贺，艾琳一点一点开朗起来，最后她就像月亮一样熠熠生辉。

注释

1. Eileen' s recollections of incest are from my personal interviews with her, conducted on August 16 and 17, 1990, and September 11, 1991. See also E. Franklin and W. Wright, *Sins of the Father* (New York: Crown, 1991) and the opinion (not for official publication) of Justice William Newsom, Division One, California Court of Appeal in the case of *People v. Franklin,* April 2, 1993.

   The *Challenger* study is L. Terr, D. Bloch, B. Michel, J. Reinhart, and S. A. Matayer, "Children' s Response to the *Challenger* Spacecraft Disaster," in *New Research Program and Abstracts,* Annual Meeting, American Psychiatric Association, New York City, May 17, 1990, p. 269.
2. The books Eileen Franklin loved as a child: A. Lindgren, *Pippi Longstocking* [1950] (New York: Puffin Books, 1977); N. Brelis, *The Mummy Market* (New York: Harper & Row, 1966).
3. Judge Smith' s ruling and the opinion on that ruling: see the opinion of the

California Court of Appeal, pp. 14-23.

4. Clear, detailed memories over a four- to five-year lapse are noted in L. Terr, "Chowchilla Revisited: The Effects of Psychic Trauma Four Years After a School-bus Kidnapping," *American Journal of Psychiatry* 140(1983): 1543-50.

5. "She' s going to like this, huh, George?" : see *Sins of the Father,* p. 228.

   Eileen' s delay in recalling the true identity of her rapist is also described in *Sins of the Father,* pp. 112, 119, 171, 227-28, and was described to me in her interviews.

6. On the anatomy and function of the brain, see, for example, Sir John Walton, *Brain*' s *Diseases of the Nervous System,* 9th ed. (Oxford: Oxford University Press, 1985). The anatomy of the brain is well illustrated in J. de Groot and J. G. Chusid, *Correlative Neuroanatomy,* 20th ed. (East Norwalk, Conn.: Appleton & Lange, 1988). A good source of information on the anatomical location of language is A. Damasio and H. Damasio, "Brain and Language," *Scientific American* 267 (September 1992): 88-95.

7. On the concept of declarative and nondeclarative memory, see L. Squire, *Memory and Brain* (New York: Oxford University Press, 1987). Squire uses the term "procedural memory" for nondeclarative memory.

8. Mortimer Mishkin' s experiments on primate memory are found in J. V. Haxby, C. L. Grady, B. Horowitz, L. G. Ungerleider M. Mishkin, R. E. Carson, P. Herscovitch, M. B. Shapiro, and S. I Rapoport, "Dissociation of Object and Spatial Vision Processing Pathways in Human Extra Striate Cortex," *Proceedings of the National Academy of Sciences of the United States of America* 88 (1991): 1621-25; and in M. Mishkin, "Cerebral Memory Circuits," in *1990 Yakult International Symposium: Perception, Cognition*

and Brain (Yakult: Honsha Co., 1991). For a summary, see M. Mishkin and T. Appenzeller, “The Anatomy of Memory,” *Scientific American* 256 (June 1987): 80-89.

9. H. M., the man without hippocampi, was a patient of the psychol-ogist Brenda Milner. Two of Milner’ s best publications on the loss of memory after limbic-system injury or surgery are W. B. Scoville and B. Milner, “Loss of Recent Memory After Bilateral Hippocampal Lesions,” *Journal of Neurology, Neurosurgery, and Psychiatry* 20 (1957): 11; and B. Milner, “Amnesia Following Operations on the Temporal Lobes,” in C. W. M. Whitty and O. L. Zangwill, eds., *Amnesia: Clinical Psychological and Medicolegal Aspects* (London: Butterworths, 1966).

10. Dr. John Briere’ s study was given at the American Psychological Association Convention, New Orleans, August 1989: J. Briere and J. Conte, “Amnesia in Adults Molested as Children.”

11. The Dutch study is N. Draijer, *Seksuele Traumatiseing in de Jeugd* (*Sexual Traumatization in Childhood*) (Amsterdam: SUA, 1990).

    The sociologist Diana Russell’ s findings appear in D. E. H. Russell, *The Secret Trauma* (New York: Basic Books, 1986).

12. On the importance of rehearsal in the storage of explicit memories, see F. I. M. Craik and R. S. Lockhart’ s “Levels of Processing: A Framework for Memory Research,” *Journal of Verbal Learning and Verbal Behavior* 11 (1972): 671-84; and A. E. Woodward, R. A. Bjork, and R. H. Jongewerd, “Recall and Recognition as a Function of Primary Rehearsal,” *Journal of Verbal Learning and Verbal Behavior* 12 (1973): 608-17.

13. On the various types of memory, see H. L. Roediger and F. I. M. Craik, eds., *Varieties of Memory and Consciousness: Essays in Honor of Endel Tulving*

(Hillsdale, N.J.: Erlbaum, 1989). In this same book is an essay by Robert Bjork alluding to forgetting and entitled "Retrieval Inhibition as an Adaptive Mechanism in Human Memory. "

Patricia Goldman-Rakic, of Yale, is a leading researcher on working memory. See particularly her "Working Memory and the Mind," *Scientific American* 267 (September 1992): 110-17.

14. Storage strength and retrieval strength are explained in R. Bjork and E. Bjork, "A New Theory of Disuse and an Old Theory of Stimulus Fluctuation," in A. F. Healy, S. M. Kosslyn, and R. M. Shiffrin, eds., *From Learning Processes to Cognitive Processes: Essays in Honor of William K. Estes,* vol. 2 (Hillsdale, N.J.: Erlbaum, 1992). Robert Bjork delivered his views on processes of memory in his talk, "An Experimental Psychologist Considers Six Types of Memory," at the Annual Meeting, American College of Psychiatrists, San Francisco, February 12-16, 1992.

15. Elizabeth Loftus has an extensive and significant list of publications about the "wrong things" people remember, including the books *Memory* (Reading, Mass.: Addison-Wesley, 1980); E. Loftus and K. Ketcham, *Witness for the Defense* (New York: St. Martin' s Press, 1991); and G. L. Wells and E. F. Loftus, eds., *Eyewitness Testimony: Psychological Perspectives* (Cambridge: Cambridge University Press, 1984). Although Dr. Loftus does few experiments on children' s memories, she did publish a useful review of the literature on this subject with G. M. Davies, "Distortions in the Memory of Children, " *Journal of Social Issues* 40 (1984) no. 2: 51-67.

16. Linda Meyer Williams' s study of a hundred women who as children visited emergency rooms in connection with sex-abuse charges is "Adult Memories of Childhood Abuse: Preliminary Findings from a Longitudinal Study," *The*

Advisor (American Professional Society on the Abuse of Children) (Summer 1992): 19-21.

17. On the lack of dreams in certain instances of childhood trauma, see L. Terr, "Children of Chowchilla: A Study of Psychic Trauma," *Psychoanalytic Study of the Child* 34 (1979): 547-623; and L. Terr, "What Happens to the Memories of Early Trauma?" *Journal of the American Academy of Child and Adolescent Psychiatry* 27 (1988): 96-104. I have also written about the content of those dreams that children do remember in "Children of Chowchilla" and in "Children' s Nightmares," in C. Guilleminault, ed., *Sleep and Its Disorders in Children* (New York: Raven Press, 1987).

18. Stephen King' s *Danse Macabre* was published in New York by Everest House in 1981. The story of King' s trauma with the train is on pp. 84-85. *Stand by Me,* directed by Rob Reiner, was released in 1986.

    See also L. Terr, "Terror Writing by the Formerly Terrified: The Life and Works of Stephen King," *Psychoanalytic Study of the Child* 44(1989): 369-90.

19. The episode in the coffee shop occurred—after my paper on King was published and shortly before the Franklin trial—at the Beverly Wilshire Hotel, in September 1990. I was debating whether or not to introduce myself to King—having to interrupt an important conversation among three men—when King suddenly stood up, terminated the discussion ("I don' t know if we can work together or not, but I' ll send you a screenplay"), and left.

20. David Spiegel' s work on dissociation is best exemplified by D. Spiegel and E. Cardena, "Disintegrated Experience: the Dissociative Disorders Revisited," *Journal of Abnormal Psychology* 100 (1991): 366-78; and D. Spiegel, "Hypnosis, Dissociation, and Trauma: Hidden and Overt Observers," in J.

LI. Singer, ed., *Repression and Dissociation* (Chicago: University of Chicago Press, 1990). See also a book coauthored by Spiegel and his psychiatrist father: H. Spiegel and D. Spiegel, *Trance and Treatment: Clinical Uses of Hypnosis* (Washington, D.C.: American Psychiatric Press, 1987).

21. Update, December, 1995: On April 4, 1995 the United States District Court for the Northern District of California (Judge D. Lowell Jensen) granted George Thomas Franklin' s petition for a writ of habeas corpus. This reversal of Franklin' s jury conviction and the state courts' denials of his appeals rested on two matters: the federal court' s belief that contemporary newspaper evidence from the time of the Nason murder should have been admitted into evidence (denial of the defendant' s rights to present a defense and of due process) and that the jailhouse visit between Eileen and her father should have been excluded from any evidence presented at trial (a denial of Franklin' s Fifth Amendment Right against self-incrimination and of his Sixth Amendment Right against being questioned outside the presence of an attorney). On November 20, 1995 a "Per Curiam" decision of the United States Court of Appeals for the Ninth Circuit [Franklin v. Duncan 884F. Supp. 1435 (N.D. Cal 1995)] affirmed the federal district court' s decision.

Neither of these decisions considered the recovered memory aspects of this case to be unconstitutional, although the appeals, filed by Dennis P. Riordan, of Riordan and Rosenthal, San Francisco, asked for such a ruling. In his decision, Judge Lowell Jensen wrote, "This developing body of thought (on recovered memory) is not of controlling effect in this case. . . . It was clear at the time of the trial, as it is today, that reliance by a jury on 'recovered memory' testimony does not, in and of itself, violate the Constitution. . . . By definition, trials are based on memories of the past. . . . This case may be described as a 'recovered memory' case, but in reality it is a 'memory' case like all others."

22. The California State Supreme Court ruling denying the Franklin appeal was reported by Harriet Chiang: "Conviction in Rape- Slaying Let Stand," *San Francisco Chronicle,* July 16, 1993, p. 20.

The circumstances of Barry Lipsker' s death and the estrangement between Eileen and her siblings: personal phone communications from Eileen Franklin Lipsker in the fall of 1992. See also *Once Upon a Time,* p. 478, for Barry' s death, and *Sins of the Father,* pp. 221-23 and 304, for the sibling estrangements.

3

路边的女醉鬼

加利福尼亚的冬天多雨。这就是为什么 12 月的山坡依然如此翠绿，而 3 月时鲁冰花和罂粟花还特别娇艳。冬天，意味着至少持续一个月几乎每天暴雨倾盆——不到月中，你无法预知这个月是否有晴天。即使是在 20 世纪 80 年代严重的冬季干旱时期，对于一位在 2 月份来到旧金山期待享受阳光的游客来说，迎接他的很可能是一场倾盆大雨。当一位暗金发年轻女人发现自己在监狱时，我们正陷入在冬天的迷雾里。

加利福尼亚高速公路巡警杰克·路易斯和他的伙伴马蒂·尼尔发现一个女人坐在亮红色丰田车里，那是一条离开 101 高速公路的下匝道，往南从圣拉斐尔向下经过马林镇并穿过金门大桥前往旧金山。她的车停在从米尔峡谷北部开往福谷东部的驶出匝道的黑暗里。看起来像是没油了——也可能出故障了。她没开车灯，没开双闪，什么都没做。当时大约是晚上八点半。

两名警察淌过泥泞的路面悄悄靠近，他们都不想引起注意。黑暗中一辆看起来像是被遗弃的小车上很可能正在进行毒品交易。靠近汽车后，他们同时打开手电筒，光束照亮了汽车里面的景象。一个女人清醒而孤单地坐在驾驶位上，对警察的到访没有表现出一点点惊讶。事实上，她对他们的到来只有一点知觉，看起来她好像身处 20 多米以外，尽管她离他们不到半米。

“您好，女士！”杰克·路易斯说：“您不知道停在高速匝道不开灯，不开应急闪灯很危险吗？”

一片安静。

“女士，”路易斯再次喊道，现在更安静了，因为年轻女士的目光直直地穿过他却没有落在他身上——“您叫什么？”

女士没有回答。

“请出示驾照。”

但是女人并没有动，也没有吱声。她仍呆坐在那里无动于衷。马蒂·尼尔走回巡逻车打开了闪灯。

警员路易斯试着拉开车门，车门没锁。他探进车里拔下车钥匙。尼尔调好了闪灯回到丰田车边。路易斯举起手电将光打在女子的脸上。“喂，女士，请出示你的驾照。”但是年轻女人一动不动，连眼睛都没有眨一下。“她肯定是喝醉了”，路易斯看着大雨从车窗飘进淋湿了女子左侧的衬衣，心里想着。看起来没有什么可以扰动她，她像石雕一样，岿然不动。

这位女子最多30岁，淡淡唇彩，卷发有些蓬乱，看起来就像那些一手托着酸奶、一手捏着塑料小勺穿梭在蒙哥马利大街上的时尚职业女性，那些踏着高跟鞋乘电梯、赏心悦目的职业女性！嗯，她没戴婚戒。巡警路易斯失去了耐心，弯腰拿起她放在脚边的包。“我来找出你的身份证，”他说。

女子像是受到了惊吓，绿色眼眸突然转过来盯着他，好像在说“让我一个人待着”，但是她并没有开口。“老天，好安静，她一定是喝醉了。”路易斯对着尼尔嘀咕。“她一定认为如果对着我们呼气，整个峡谷都能闻到鸡尾酒的味道。”

他清清嗓子，“举起手从车里走出来。”

她突然抓住门把手竭尽全力想把门关上，速度之快逼得路易斯往后跳了一步。他马上反应过来，拽住了车门。这位女士一定是醉了。否则，没有人会这样疯狂。他拿出一个呼吸器。“女士，”他说，竭力保持礼貌的态度，“请对着小球体吹气。”

“不，”绿色的双眸表达拒绝。

马蒂·尼尔翻看她的驾照，“她叫帕特里夏·巴特利特，住在卢卡斯峡谷的红木城。这条路是开车驶离卢卡斯峡谷的出口之一。我回巡逻车先查一下她的记录。”

路易斯站在雨里，抓着手电和酒精测量仪。他将测量仪靠近女子的嘴。然而，她的注意力并不在他身上。除了她突然费力关门的瞬间，其他的时间里她好像生活在另一个地方，另一个星球，或者另一个宇宙里。

“你是离家去米尔峡谷吧，已经走出很远了，帕特里夏女士。”路易斯说，字斟句酌，尽量不刺激到她。“难以想象你开了这么多路，请您对着气囊吹口气，就可以继续上路了。”依然没有回音，就像对着石像说话一样。

“嗨！吹气！就现在！你没有选择。快点！吹气！”

可是，她依然目视前方，毫无反应。“好吧，下这么大雨我们不能让你就这么走了，我们别无选择，只能登记在案，把你送到监狱检测你的血样。”

马蒂·尼尔走了过来。“她没有犯罪记录，这辆车也没有违章记录，连停车罚单都没有。需要帮忙吗？”

“我们最好带她去圣拉斐尔小镇监狱，”路易斯说。“我将以酒驾的名义逮捕她，给她戴上手铐带进巡逻车，用拖车拖走她的车。”

突然丰田车里传来一声咆哮，紧接着杰克·路易斯的胃部受到一击重击。她跑出车，张牙舞爪地对警察来了一顿拳打脚踢。两位巡警大喊：“你这样是拒捕，你疯了！你这是袭警！”但她仍然不能停下来。在路易斯告知她的权利时，她咬伤了他的手。看来明天需要打破伤风针，再做艾滋病检测，路易斯很无奈。他一记右勾拳打在她下巴上，疼痛让她多少恢复了一些理智，她也许是醉了，也许是有别的问题，谁知道呢！

他们把她塞进巡逻车，用手铐扣在后座。马蒂·尼尔注意到这位女士即使淋了雨还散发着香味，杰克·路易斯则认为没有。他说他从一开始就只能闻到酒精的味道。帕特里夏女士现在确实身陷困境了。当她在监狱醒来时将面临多项指控——酒驾，拒捕，袭警。尽管是初犯，她仍可能面临监禁。也许是考虑到这些，她在整件事情前后都没有吭声。究竟是什么在困扰着她？她睁着那双空洞的双眼时她以为自己是谁，毁灭者的女儿？德古拉伯爵的女友？究竟她是谁？

第二天清晨6点，她醒来了。窗外鸟儿鸣叫。她拉伸了一下全身紧张的肌肉，轻轻摸摸下巴，接着用手整理了一下自己的长筒袜。她闻到了新煮的咖啡味道，以及一个没有洗澡的人或者两个——没洗澡的人？她？——然后，她睁眼看到了布满灰尘和涂鸦的墙壁。天花板处有个电线缠绕的小窗。这是哪里？监狱？她怎么到这里了？究竟发生了什么？

对面房间里一双眼睛盯着她，那是一位穿着紫色高跟靴子、超短皮裙的金发女子。“这是监狱，是吗？”她问了对面的女人，没等对方回答，又问道，“今天几号？这是哪里的监狱？”

金发碧眼的女人看着这位坐在床上的新室友。“你昨晚绑着进来的，被带进来时还在对警察大打出手呢。喂，你还袭击狱警啊！搞的他们最后都没办法采血。”

“我完全不知道，”她语气平静地说，“我什么都不记得了。我根本没喝酒，我都想不起我的名字了。”

这位穿紫靴子、金发碧眼的女士一脸的疑惑，但她还是开始回答问题。这个请求让她愉快，很少有人要听特鲁迪·斯台普顿说些什么。“我们在著名的加利福尼亚马林镇，昨天是2月15日，你因酒驾入狱。宝贝，今天是第二天，你自己会算吧。昨晚，大概9点，他们把你扔到你正躺着的床上。我刚看到你时，你在那里又踢又咬。你看起来不像经常打架的孩子，更像桑德拉·狄而不是麦当娜。我叫特鲁迪·斯台普顿，你呢？”

一名警察开门走了进来，手拿着注射器和橡皮管，挥挥手让特鲁迪走开。“好好好，”他一边对碧眼女人说，一边用橡胶管扎紧她的上臂，轻轻拍拍肘部并拿棉球消毒。“米尔峡谷的漂亮酒鬼，等你醒来就抽血。我是副警长罗根，现在我抽了。”她把针插了进去。“你们聊得很好啊，年轻的女士们。你这么配合多好，血液检查就容易了，现在酒精含量也下降了吧。”

“你究竟在说什么？”她大声说。“我根本没有喝酒。”真是场噩梦，她想可能眨眨眼能让她醒过来，于是她不停眨眼。

针管拔了出来。“帕特里夏女士，你有大麻烦了。除非有人保释你，否则你不能离开监狱，而且你的保释费很高。”

“我需要律师。”

“你认识谁？有钱吗？”

“不认识，也没钱。”她生气了，觉得被羞辱到了。

“我会打电话给公共辩护办公室。你需要咖啡吗？”

“我要黑咖啡，谢谢，”她回答。她并不清楚她是怎么知道自己的个人喜好的。她脑子里一片空白。但是她已经知道自己的名字和婚姻状况，警察提示过——“巴特利特小姐”。事实上，她可以根据线索猜测——“帕特里夏·巴特利特小姐”。她显然忘记了什么；她认为自己失忆了。她能记起的只有发生在昨天的一小段经历，两名男子突然从雨里出现威胁她。他们还拿了她的手包？

她不记得她的朋友是谁，老板是谁，可能保释她的亲戚是谁，但是帕特里夏知道她喜欢涂少量黄油的吐司面包和咖啡，想起这些毫不费劲。她也清楚自己并没有喝酒，一点也没有。她还能想起她是做秘书的，是一家市区大公司的执行秘书。法律公司？是的。并且在她脑海深处也还能隐约回忆起一些之前发生的事情。她意识到许多线索，对自己的身份也逐渐清晰。“让我看看我的钱包，”她对罗根说。“能给我马林和旧金山的电话本么？我也需要它们，请给我。”

帕特里夏在马林镇监狱醒来却出现了经典的心理遗忘。“经典”是因为这种情况常见于弗洛伊德时期的19世纪90年代的欧洲而不是20世纪90年代的美国。事实上，19世纪90年代弗洛伊德关于遗忘症的研究推动其将潜抑描述为一种防御，防御是指意识和潜意识之间的屏障。[1] 弗洛伊德同时代的法国心理学家皮亚杰也做过相似的研究，他从与弗洛伊德全然无关的精神科的视角出发，将解离定义为意识层面的分离，包括解离事件和感知记忆的精神成分两个部分。皮亚杰认为遗忘是从意识中解离出来的过程。弗洛伊德和皮亚杰研究同一种心理现象——遗忘症，然而却发现了记忆的不同防御。但是绝大多数人的遗忘症看起来都与帕特里夏的不一样。

当帕特里夏醒来，她不知道她是谁或者她为什么入狱。她丢失了所有情景记忆——生活事件记忆、她认识的人、个人环境等。她不知道自己是谁，但清楚自己喜欢什么咖啡。她记得要用手指转一圈检查自己的长筒袜。换言之，她的知识和技能记忆都是完整的。帕特里夏知道如何谈论，如何构思。她能短时记忆，能回想九点发生的事情，记得八点她喝了咖啡，罗根承诺她致电公共辩护办公室的律师。她能记住对方的名字——“罗根”。如果有人问起，帕特里夏也能背出乘法表，说说怎么滑冰或用什么礼仪等；她的记忆启动和关联记忆完全正常，她无法想起的是自己的过去和自己的身份。

除了心理遗忘，还有其他情况会导致一个人突然丧失所有情节记忆。如果这些情况确实存在的话，可能会提醒罗根或者女狱警送她去看医生。比如说，严重的头部外伤导致个体完全迷糊或昏迷。在这种情形下的无意识过程中，伤者将出现精神功能丧失，包括失去记忆。高速巡警或者狱警怎么知道在找到她之前是否曾遭遇头部撞击？如果有脑震荡，她可能出现逆行性遗忘——因为短期记忆在转换成长期记忆时脱节，从而不能回忆受伤前数分钟发生的事情。[2]

顺行器质性遗忘则是另一种情况，这种情况下没有人会出现在监狱。比如说，如果帕特里夏服了苯二氮䓬类镇静剂或助眠药物，她服药后会表现出不能将短期记忆转换为长期记忆的情形。因为记忆转换问题，一个有顺行遗忘的人会不记得开始饮酒、吸毒或者服药之后立即发生的事情。尽管大多数顺行遗忘是自限性的，相对轻微，但长期酒精滥用者能出现永久性的记忆转换问题。如果帕特里夏有慢性酒精使用，也有可能出现这种情况。但是她怎么会出现在路边或监狱请求援助呢?

还有一种叫复杂局部抽搐（complex partial seizures）的综合征，也会导致帕特里夏出现这种情况。在这种情况下，病人完全清醒，大脑的异常放电干扰了大脑活动，在抽搐过程中不能形成连续记忆，这种情形会持续数分钟至一小时左右。帕特里夏在车内有没有抽搐?在这种抽搐情况下，人可能到处游走，正如帕特里夏所为，表现怪异，而且会有暴力现象。之后他们便不知道自己去了哪里，也不知道自己做了什么。这种类型的抽搐几乎难以改变重复某种刻板运动的趋势，例如舔舌、眨眼或倒向一边做鬼脸。帕特里夏并没有这样的症状。而另一个诊断的标准是异常脑电图，没人给她做过。

监狱和高速公路，都是不具备急诊救援能力的地方。在 2 月 15 日晚上遇到帕特里夏的人中，没人会想到她是否罹患了遗忘症，无论是器质性的还是其他。两位巡警也绝不会送她去医院。而狱警只想让她安静下来。每个人都希望她抽血检验。只要是在米尔峡谷观察到她所作所为的人，都会问这位女士是不是装的。遗忘症?这只是她喝醉了想逃脱监狱的借口吧。

简·萨赫是马林镇公共辩护队成员，她的工作就是在法庭上为她的客户辩护，或者为他们筹备辩护，并以此获得酬劳养活自己。但是简开始倦了。5 年来，处理的都是酒驾司机、小偷、吸毒者和虐待儿童的人，这让她头疼，内心也渐渐麻木。简喜欢刑法，但她更喜欢抽象的而不是具体的内容。许多罪犯的工作让她觉得肮脏，她慢慢对这份工作倦怠了。

2 月 16 日早晨，简在马林镇法院参加完一系列听证会之后，回到她自己的办公室，大楼里有一个由赖特设计在他去世后建造的科幻雕像。从第一次见客户看到雕像开始，她就留在这幢大楼开始职业生涯。工作人员递给她早上的花名册。“又是老特鲁迪·斯台普顿，”简看着册子笑了。“她什么时候走?取指纹了吗?”

“他们昨晚抓到了一个女醉鬼，还打了高速公路的巡警，”助手说。“一个叫帕特里夏·巴特利特的女人。”

“嗯，我们之前应该没见过她，对吧？”简问。

助手摇摇头，拿起电话，帮简拨通了罗根的电话。

“昨晚的女醉鬼是怎么回事？”简问。“特鲁迪·斯台普顿或其他人需要我们的帮助吗？”

“抱歉，简。我应该早点给你电话。特鲁迪出去了。她请了私人律师。女醉鬼简直就是罪犯，美女其外，野兽其中。她是个骗子。你知道的，装腔作势开口像个名媛，可她钱包里只有 20 元，支票簿里也只有 32 元。早上地区检察官比尔·休伊特接了案子，他说他至少要提起三项重罪指控。”

“你注意到这位女士除了说话高调、没什么现金以外，还有什么特别的吗？”

“她长得很漂亮，”罗根说，“对了，简，她说她对自己一无所知，甚至连名字也不清楚。我们都觉得这完全扯淡。但是她转着圈地找钱包和电话本——好像，她真的很想弄明白她住在哪里，谁是她的朋友，有没有同事之类，可能她希望在给她指定律师前先进行自我辩护。但是我在这里从没有见过真正的健忘症，这都六年了。

今天，我们来区分下心理遗忘——帕特里夏罹患的遗忘类型——属于解离障碍。[3] 这是皮亚杰定义的防御方式，包括一个人整体意识或身份能力的丧失或改变。代理人罗根指控帕特里夏是在假装心理遗忘或者神游症，因为只有这两种心理状态能持续全面地遗忘一天以上。多重人格（Multiple Personality Disorder，简称为 MPD）——一种解离障碍，理论上会导致一天左右的遗忘表现，但许多多重人格障碍患者会进行多种人格的转换循环并快速回到自己的主体人格上。[4]

解离障碍的个体不能将思维、行为和情感串联在一起，意识状态常常不断转换。这类人会忘记或忽视疼痛，也会忘记或忽视自己的部分躯体，甚至于他们会忘记或忽视自己的个人史，忘记或忽视他们自己本身。当警察最初发现帕特里夏时，她看起来像行尸走肉。她的意识似乎在梦游，或者处于漫不经心的状态中，“非人类”似的。帕特里夏并没有注意到加利福尼亚高速巡警，她也没有意识到自己是谁。巡警路易斯和尼尔找到她时，她正处于出严重的解离状态中；事实上她几乎完全不能回忆。坐在出口的路旁，她的感知远不及初级警觉状态的人，只有少量短期记忆转换成长程记忆进入储存阶段。在这种已改变的状态里，大量的记忆过程被阻断了，也就是记忆的“前端”，其主要的作用是感知和转换信息，而记忆的“后端”则是记忆的提取。她不在状态里。

我们大部分人也会出现轻微解离，就像我们也存在一些潜抑。解离状态时，你不得不与感受、想法或者连接感保持距离，或者不得不关掉部分心理容纳空间而不是完全地感知、编码和存储记忆。或者你以某种状态感知，然后将此完全忘记，直到在下次遇到类似情形时才可能提取这些记忆。在潜抑状态时，你不仅仅阻断提取，而且还阻断了编码和存储。当你面对刺激时就变得警觉，然后潜抑开始起作用。帕特里夏在米尔峡谷出口被高速巡警捡到时就变得警觉。我们中许多人在听了长时间无聊的讲座时会感受到头部凉凉的，长时间乘坐火车也会导致警觉。此时，我们可能也像帕特里夏一样双眼失神，脸庞僵硬，解离就像齿轮脱齿后继续移动。有时候，那些处于激情中的人也会发生解离的情形。举个例子，捷克小说家米兰·昆德拉的一个女主角[5]，在性高潮时想着购物清单。她之后记得这段性关系中的一切么？然而，我们中大多数人不会发生完全解离，以致不能感受到强烈的性高潮或强奸和疼痛，或者搞不清我们是谁，想不起我们曾经是个孩子的样子。我们的齿轮绝不会滑脱那么远。

自我催眠是进入极端滑脱的入口，有些像帕特里夏一样的人就是如此。[6]一部分的意识四处漂浮，另一部分意识则完全释放掉疼痛和愤怒。儿童期病理性解离的敲门砖便是自我催眠——数数、盯着天花板上的百叶窗或者一个点、观察别的地方或者重复某一个词组，一遍又一遍。最终，解离状态自动出现，不带任何强迫地进入自动催眠。解离状态与催眠是近亲，因此，有人将催眠称为“解离向导”。正如深度催眠时突然关掉与记忆有关的所有的感知、编码、存储过程一样，完全解离就是如此。

有一位曾经进入完全解离的人——可能比“喝醉”的帕特里夏进入得更深——就是众所周知的美国诗人安妮·塞克斯顿。她如此轻易就能陷入解离状态以致经常担心家人和朋友说她沉默不负责任。她显然依赖于她游离的意识或者出神状态找到她的隐喻和工作的节奏。马丁·奥伦——她的第一位精神科医师，在为戴安·米德布鲁克的诗人传记撰写的介绍文章中描述了这个故事，他决定将她的治疗经历录下来因为她常常忘了正在说些什么，而且她常常需要听两次录音。

恍惚（Trance）与解离状态都不会拥有全部的、细节化的记忆。认知心理学家认为，如果你感知信息后 30 秒内不复述，便能阻止陈述性记忆进入存储阶段。我的一位 7 岁的患者在被他继父摔到墙上并且暴打时出现了“阻止复述（blocked rehearsal）”的内心行为。他把当时的情形描绘成自己“野餐时伏在妈妈的膝上”。过了一会儿，他不再描绘任何画面。他好像“离开”了一样，感觉不到疼痛。这个男孩，我叫他弗雷德里克·沃特斯——能记住刚刚发生的事情吗？当我遇到他时，他的继父已经和他生活两年了，男孩能记住的仅仅是两次虐待。但是邻居曾多次致电当地有关部门投诉他们听到了暴打孩子的声音。弗雷德里克的同学父母看到他皮肤上的淤青才提交儿童虐待的文书。然而弗雷德里克自己能记住仅仅“两次”而已。通过解离，让自己出现在另一个地方——“妈妈的腿上”——便可以阻止部分记忆进入存储阶段。当然，解离也会影响记忆的提取。

作为孩子，我们有相当多的时间处于漫不经心的状态里，但这跟弗雷德里克或者帕特里夏的走神不一样，远没有那么极端。“漫不经心（Mind on idle)”是轻微程度的解离。举个例子，如果老师在课堂上发现我们陷入了神游，她可能突然开个玩笑说，“约翰，你说说我刚才讲了什么！”有趣的是，约翰往往没有完全跑掉，至少当时，部分的他听到了老师的话，能感知并整合她发出的信息。也就是说约翰的一部分已经走神，也许到了天堂——那就是解离，另一部分还在教室里，这就是有轻微的解离。这种精神游离是正常的，你几乎经常会进入这样的状态。

帕特里夏和“约翰”不同。她的解离与约翰有同样的运作机制，但是她的状态更为严重。如果巡警没有发现她，帕特里夏最终可能会出现在急诊室，说她完全糊涂了。她可能出现行为紊乱甚至出现打斗行为。医生可能据此诊断她为心理遗忘症。他们可能带她去精神科，开始联系家人并送她回家，建议她直到记忆恢复后再出来。除了静静等待直到帕特里夏自己能重新回忆、描述自己的生活和身份之外，没什么可做的。一种巴比妥类的药物例如阿米妥（阿米妥钠）或者催眠可能有助于恢复，因此，医生会安排一系列催眠或者阿米妥治疗，或者将帕特里夏收入精神科病房。

当然也可能出现另一种场景。如果帕特里夏没有遇到高速公路巡警，她可能旅行到了某地，用了一个新名字，换了一份新工作。这种更具目的性的行为和不明显的焦虑状态，我们称之为神游症，一种比遗忘症更为复杂的状态。帕特里夏能意识到她不记得过去。几周过去，她可能仍无法想起过往。神游症患者四处旅行为找工作参加面试，通过交际建立新的人际关系，他们保留着原有的技能。这些是 20 世纪 40 年代的电影素材。

1945 年詹妮弗·琼斯和约瑟夫·科顿主演的电影《情书》，就是经典的遗忘症故事。演员詹妮弗·琼斯扮演的角色与丈夫发生激烈争斗。她的姨妈，也是她的法定监护人，冲出来去帮助她，结果刺死了丈夫，接着姨妈中风了，失去了交流能力。詹妮弗·琼斯扮演的这个角色非常困惑并被捕了。丈夫突如其来的死亡让她陷入遗忘症中，年轻女人在法庭上无法为自己辩护。她被送到精神研究所，他们告诉她当她准备好后记忆能恢复，然而没人能促使她回忆过去。她最终离开研究所时仍然没有唤回记忆，她换了个新名字。接着，她遇到了约瑟夫·科顿，他带着她参观小镇，因为他知道那里是她的老房子。詹妮弗在老房子里恢复了她的创伤记忆，“犯罪现场”之行将她从遗忘症中释放出来。[7]

20 世纪 40 年代的电影观众相信这类电影的真实性。这一现象的原因并不清楚，但是众所周知一些士兵在二战期间出现全面的心理遗忘症，给他们服用阿米妥钠后进行访谈，谈论战场上发生的情形。这样可以让士兵得到“情感宣泄（abreact）”——通过复述和再体验导致遗忘症的战争经历，获得治疗。通过讲述第一现场的战争经历，这一疾病是戏剧性的，治疗也是。美国人喜欢这样的主题电影。

20 世纪 40 年代经典的电影也教会我们一些遗忘症的真实情况。直接告诉遗忘症患者他们经历过什么并没有用，他们需要自己找到他们的记忆。电影还告诉我们遗忘症和神游症对智力没有影响：纯粹是心理上的遗忘，是发作性的记忆功能丧失，人们出现这种心理现象并不影响计算力、生活技能和获得新的知识与技能。我们也学到重回记忆遗失的地方可能有助于提取之前的记忆。场所蕴含的高强度情感性记忆，比其他任何事物都更多。

但是典型的 20 世纪 40 年代遗忘症电影也会带来虚假的威胁。电影中提到，遗忘症患者很脆弱，询问他们的记忆会很容易“打碎（crack）”他们的记忆。这是电影的戏剧性表达——这一点必须先指出来。

简坐电梯来到马林镇监狱。她向代理人罗根警长要关于帕特里夏的逮捕记录、袭击巡警的事故报告和血液检测。从实验室送来的血液报告显示帕特里夏酒精检测结果为零。然而，在大量饮酒后到第二天上午六点检测到血液酒精为零这样的情况好像不太可能发生。

简传唤了帕特里夏，她步伐平稳地走进问询室。除了用手指转一圈整理左边丝袜的动作，她看起来很优雅就像准备出门上班的样子。她带着大西洋区中部的口音，简嘲讽说这是不列颠半岛口音。她一定是毕业于海湾半岛科尔玛南部的私立学校。显然，这位女士很聪明，听起来她仍处在混乱中。她还是不知道自己在哪里工作、是怎么来到米尔峡谷的。但她并不像简预期的那样，对自己的困惑很情绪化。她看起来酷酷的，临危不惧的样子，也很有距离感。

毫无疑问帕特里夏并没有喝醉，她的车里也没有酒。醉酒的人在第二天常常会散发酒精味，有时会有幻觉，甚至在监狱出现抽搐症状。这个女人看起来既不强壮也没那么强硬，以至于足以跟警察对抗。事实上，她给简留下的是那种甜美的“传统姑娘”的印象。整件事怪怪的，整合不到一起。

简回忆起一位名叫伯纳德·戴蒙德的精神病学家的观点，他是伯克利法学院的教授，一辈子与犯罪行为和刑法打交道。他曾经说过，“遗忘症的辩护在现实中是不太可能的”。遗忘症难以构成犯罪辩护，除非施害的被告在法庭呈词之前早有遗忘症，即其遗忘症始发于童年或者青春期。心理性遗忘症容易造假，律师们也难以证实。陪审团不愿意相信这些故事，听起来更像是《爱德华大夫》当中的格里高利·派克。

简是个优秀的律师，她喜欢创新。她发现自己正在为帕特里夏构思一个“不太可能”的遗忘症辩护。如果每件事都能通过构思变得顺理成章，她就开庭。她将会找到一系列证人证实帕特里夏是个值得信赖的好人，找一位精神病学家解释遗忘症和解离现象，简也会尽力找到了解她成长的人，探索她是否在童年时期经历过危机阶段。但是帕特里夏自己能否展示出她应该不知道的这些故事呢？她会不会真的是在欺骗？在这个案例中，简的“不太可能”辩护将要做的就是这一切。

简往戴蒙德教授家打了电话。她知道他退休了，但是他也许可以通过评估帕特里夏的精神状态帮助简形成辩护方案。戴蒙德医生拒绝了她的邀请，因为他患了肺气肿，医生建议他不要在冬天离开房间。然而，他推荐了一个朋友——莉诺·泰若。

2 月 16 日傍晚，简为帕特里夏找到了缴纳保释金的人。简在帕特里夏通讯录里看到一位叫格特的女士标注着姨妈的称呼。格特鲁德·德默雷斯特是她的姨妈，未婚。她住在旧金山南部美丽的伍德山脉。她，就像《情书》里的珍妮弗·琼斯姨妈，在早年收养了她的外甥女。格特姨妈对帕特里夏目前的生活了解很少，但是她很高兴再次取得联系。

帕特里夏的父亲在她两岁时便离开了，格特鲁德告诉简，再没有人看到过他。“现在应该去世了吧，他酗酒。”德默雷斯特女士说。“真不幸，我的妹妹也酗酒。”简听得很难受。她知道酗酒家庭的情况。帕特里夏父母都是酗酒者对开庭并没有帮助。格特鲁德·德默雷斯特从简脸上看出了沮丧。但是，“我的外甥女不喝酒，”她强调，“一口都不喝。”

帕特里夏的母亲是个好女人，在她 9 岁时死于厨房失火，格特姨妈告诉简。从此，这孩子就和姨妈生活在一起，上了私立学校。帕特里夏是个文静的女孩，举止优雅，没有特别的野心，后来在波士顿一所很好的秘书学校接受职业教育。近两年和一位名叫卡梅伦·辛普森的离异的股票经纪人生活在马林镇。他们住在辛普森结婚时买的公寓里。德默雷斯特女士估计除非帕特里夏在过去的两年里彻底改变了这位年轻男士，否则他肯定会对自己的侄女说在法庭上怎么判她都可以。“我不是嫉妒，”她补充，尽管简并没有这样的想法。

格特姨妈想知道交了保释金后是否可以带帕特里夏回到伍德的家。当然，当然可以带回家去。但是简警告说，“帕特里夏在家时，请你不要给她任何提示，”她说，“由她自己记起所有的事，这非常重要。”

这个禁令提醒了格特姨妈，类似的症状在之前曾发作过一次。那时帕特里夏 19 岁，独自前往波士顿的学校，但是孤身一人让她害怕。帕特里夏在完成期末的速记和打字测试时，陷入一片空白中。她无法想起学过的东西，并且起身离开了考场。一位老师叫住她问她要去哪里。她说她是《波士顿环球》的莎莉·伯恩斯（Sally Burns），要出去做采访。

校长让帕特里夏参加夏季学期补课，这是让学校不开除她的权宜之计。

那个夏天格特姨妈来到波士顿陪读，最后她的外甥女也通过了考试并且顺利毕业。

简询问德默雷斯特女士她是否愿意为这次症状发作担当证人。“当然，”她说。简将她列为“不太可能辩护”的第一证人。

在格特姨妈保释她出狱后几天，我走近了帕特里夏的生活。简打电话问我是否愿意为一个不寻常的酒驾、袭警和拒捕的案子提供咨询。她宣称她辩护的这个案子，只能归结为“完全失忆的一天”。

我告诉简，在我看来，潜抑和解离的防御经常在心理遗忘症中同时出现。这个观点不太正统，我认为神游症和其他全面遗忘症往往始于近期的痛苦事件，受其影响潜抑开始起作用，进而进入恍惚状态，出现解离，转换到另一种意识状态中。事件导致的潜抑会在事件过后恢复，但是在解离的恍惚状态中经历的事件，会完全忘掉。或者，即使记起，也会像被薄雾笼罩一样。

对于孩子来说，在首次恐惧中就发生解离现象并非常事。此时，我们对帕特里夏童年所知甚少，我告诉简如果曾经历反复创伤就会激发解离状态。解离需要练习，常开始于童年时期，在自我催眠状态下偶尔出现。“我真的不在这里，”当孩子对自己这么说时，他知道自己是很害怕而且受伤的。“我感觉不到痛苦。”

不是每个孩子都会出现强烈的解离状态，也不是所有人都能自我催眠，即使我们想要被催眠也很难实现。只有当一些人从痛苦或恐惧中真正脱离出来，解离才会出现。布拉德，一位12岁的病人，可以把自己的想法移到一边。他告诉我大概有一年的时间，他使用自我说教的方法清除想法（mind-clearing trick）来应对看恐怖电影时感受到的恐惧。他会回想起纽约康宁市的夏日下午，那是他祖父母生活的地方。5个大男孩骑着自行车玩把戏。“大多数晚上我会看一部恐怖电影才睡觉，我会想象这些男孩在自行车上玩把戏的画面，”布拉德告诉我，“我记得，这样做可以让我不做噩梦。”布拉德用控制视觉化（deliberate visualization）的技术，一步达到解离，这也是催眠师经常使用的方法。男孩用一个特定的意象画面把他自己和特别可怕的恐怖电影隔离开来。

如果他的生活中不出现任何麻烦，布拉德的想象画面就不会成为问题，对他来说这压根就不是什么困扰。但是，在 12 岁的这一年，布拉德乘坐的火车脱轨，他失去了一个手指，深受失眠的困扰。“我还是能感觉到疼痛，”在事故后 3 个月，他第一次来看我时对我说。“但是，当我想到自行车戏法，我的意念就可以消除疼痛。我不需要亲自出场，只要想到这些自行车上的孩子，就能神清气爽。车祸后，我频繁地想起这些意念，至少是以前的 20 倍之多。”

布拉德的解离“戏法”一旦起作用便在事故后消耗了他太多的精力。没有人告诉他，他最终会自动滑入“意识清零（mind-cleared）”状态，甚至连自行车的画面都不用出现。尽管他的戏法帮助他应对了恐惧和痛苦。但是，在处理新的输入信息以及将短时记忆转化为长时记忆进行储存的过程中给他带来了麻烦。而且，这也可能干扰到了记忆的提取过程。如果让布拉德在 25 岁时回忆 12 岁发生的事情，他可能说不出什么。如果他只是潜抑了自己的记忆，就像艾琳——那位目击了内森谋杀案的孩子那样，还有可能在合适的时候活灵活现地回忆起当初。但是布拉德打从一开始就解离得如此彻底，除了迷糊的印象或者碎片化的记忆，他不可能再想起什么。[8]

解离是一种心理防御机制，帮助人们脱离痛苦的想法或事件现场。但是，总有意外。催眠研究者告诉我们，一些深度催眠的个体会成为“隐身观察者（hidden observer）”。他们对解离状态时发生事件的记忆好过其他人。斯坦福的催眠专家欧内斯特·希尔加德医生认为半数被试（大多数被试是研究生志愿者）在催眠状态中保留了一个隐身观察者。举例来说，如果希尔加德将深度催眠者的手放入冰水然后告诉他们不会感到不舒服，这位被试冻僵的手会比没有催眠的个体放的时间更长。如果希尔加德接着对催眠状态的人说，“可能你身体的某个部位能感觉到不舒服”，并要求被试移动手指来指出疼痛的程度，被试通常会给出非常疼痛的信号。换言之，尽管这类被试没有脱离冰冷的环境，但他仍能完全体验到身体感觉。[9]

“隐身观察者”是个颇具争议的概念。[10]毕竟，在催眠状态下的被试可能特别想举起他们的手指取悦他，因为这是希尔加德医生的要求。然而，临床上的发现表明欧内斯特·希尔加德是对的。许多患者在一定程度上保留着隐身观察者，一旦解离时就启动他们。这些患者仿佛从童年卧室的天花板上看着虐待发生或者就像从很远的窗户坠落那样。因此，就有了很多“约翰们”——在教室开小差但又能立即回答出老师问题的孩子。正常的“意识游离（mind on idle）”状态可能需要一定程度的意识分离，换言之，就是隐藏的观察者。而对于像帕特里夏一样的人，因为采用病理性的严重解离，其隐身观察者可能很难出现。

当孩子们遭难并成功解离时，他们通常“不在现场”，我们也很难预测隐身观察者能坚持多久以便看个究竟。很多时候，“待在现场”对于孩子来说太危险了。幸运的是，即使没有待在现场目睹事件并且理解每一细节的孩子仍能从治疗中获益。尽管治疗的过程相对漫长而曲折，但他们仍有可能在成年期被成功治疗。有可能是，童年时期的解离隐藏了观察者，也失去了相关的记忆，成年期的治疗中也一直没有完整的回忆，但是一个人不一定需要重新记忆才能缓解情绪。

童年的帕特里夏也曾有过“待在现场”的很危险的经历么？我告诉简，我会约帕特里夏访谈四个小时——上午两小时，下午两小时——并且将她带回到儿童期的记忆。因为遗忘症是新近发生的，导致她“酒驾”事故的事件可能是新的防御，比较容易探讨。而儿童期事件就难了，但我会尽力。帕特里夏的法律状况让我很感兴趣，跟简和伯纳·德戴蒙德一样，我也没遇到过这么好的遗忘症防御。

米尔峡谷离奇事件一周后，帕特里夏来到我位于湾区的蓝白色办公室。她相当有礼貌，而且迫切地想准确称呼我的名字。我笑着告诉她该怎么发音，如果她愿意可以叫我莉诺。然后我询问在她失忆前的一些生活细节——住在哪里、在哪儿工作、和谁生活在一起。我提醒她所有谈话内容都可能在法庭上公开。

如今，帕特里夏几乎记得所有事情——包括她的名字、住址以及幼年丧母与父亲离家的事实。但是有关在马林镇与卡梅伦·辛普森一起生活的记忆中存在很多记忆空洞。“我男友把我所有的衣服都送到了格特姨妈那里，”她嘟哝着哭了，又很快擦掉流下的眼泪。帕特里夏和“卡姆”住在一起，直到进监狱的那天，她说，但她现在临时住在伍德的姨妈家。“我姨妈任性固执，”她说，“但是在我小时候她把我照顾得很好。如果你需要见她的话，她一上午都在这里陪我。”

她突然转移了我们的注意力，我点头同意见见格特姨妈。“你做婚姻咨询么？我希望你能帮卡姆和我修复关系。他不想和我说话，如果有其他人在场他可能会说的。”

我提醒帕特里夏她面临很严重的法律问题，这是我们需要密切关注的事情。但是我并不介意听听卡姆的故事。她知道发生了什么吗？

帕特里夏回答听起来不完整。她的记忆就像一只旧袜子，最重要的地方已经磨薄了。“我被捕当晚好像有什么事情发生，”她说，“我脑子里有印象，但就是记不起来了。卡姆说了分手，他说我必须搬出去，在我们之间发生了这些事情之后我就去监狱了，但他没说发生了什么。”

“你对发生的事情有自己的记忆吗？”

“没有，一点都没有。我的意思是，卡姆说我知道发生的每一件事情，而我试图操纵他再次向我描述这个故事是为了让他感到内疚。”

“你确定记得什么？可以试着告诉我你脑海中出现的，无论是什么，即使说出来的事情并不连贯或者听起来难以理解，都是可以的。”

“在下午四点和第二天早上六点之间有很多空白点。我记得那天早晨我在监狱醒来后的大部分事情，也记得我进监狱前的那个下午。我还对在米尔峡谷出口发生的事情有些记忆——那里有两个警察看起来抢匪，我现在认不出他们。”

“回到开始的时候继续说，”我边说边快速记录。

“好的，那就开始。2 月 15 日，我的老板，一位业务繁忙的审讯律师，他准备回家。我们正好签完一个重要的商务合同，我们俩都歇了一口气。约翰逊先生说他中午回家，让我也回去休息，由黛丝处理业务电话。”

“嗯，然后我离开办公室。我想了要去购物，但是太累了，也没带钱。我又想可能马林北部晴空万里，如果我开快一点的话还可以在家里的泳池边享受下午 3 点的日光浴。我急急忙忙赶回家——嗯，事实上是卡姆的房子。他付了首付，我们共同承担按揭，平时的开销也是对半分摊的。顺便提一下我的请求，请不要把这桩案子告诉约翰逊先生，他以为我生病了。我的姨妈告诉他，她在伍德照顾我。”

如果帕特里夏的辩护赢了，约翰逊当然会从旧金山海湾区域律师新闻报《纪实报道》（*Recorder*）上读到关于简的好消息。我们不能保证永远保密，我告诉她这个事实。

帕特里夏叹了一口气，“我希望这件糗事能消失。我也希望我能消失。”然而这一整天，无论是身体还是心灵，帕特里夏都与我待在一起。这天会在帕特里夏的记忆当中留下深刻印象，无论什么原因，这一天都不可能让她出现解离现象。

“让我们回到你被捕前那个回家的下午。想象一个画面，当时大约 3 点钟，你开车回家。时间还早。你穿了泳衣？外面暖和吗？有没有太阳？”断片的记忆就像是电影，有时你只能看到一点点画面，但你一旦决定利用它们，你就可以在剪辑室地上找到它们。

“不，没穿泳衣，没有泳池，但是很暖和，事实上很美。天上飘着些云彩，但是你猜不到接下来的几个小时会有暴风雨。当我回到家，我很难过，非常非常难过。是什么呢？我记不起来。”

“你说有什么事让你非常难过。你记得当你难过时是站着或是坐着？还有其他人吗？”我尽力发掘帕特里夏与位置和人相关的记忆，因为接下来好像发生了什么可怕的事情。

“是卡姆！”帕特里夏惊叫，“当我回到家时他也在家，而且，不，我想起来了——他和隔壁的那个婊子在一起，是麦基。还是什么别的。她居然穿着比基尼在公寓游泳池，我意思是，太不道德了，一个堕落的女骗子！我总是听说些她的勾当，她是那种谁都不愿意谈论的女人。你知道我的意思吗？”

是的，我知道，但我们需要继续。“告诉我，那天下午在你们之间发生了什么，你和卡姆还有麦基？你回家时他们已经在那里，还是比你晚回去？尽量跟着你走进公寓的步伐重新走一遍。”

“嗯，我进来时前厅没人，很安静。我以为卡姆还在工作——你知道西部海岸股票经纪人都是从早上 6 点上班一直忙到下午 3 点？他回家需要 1 个小时左右。我会给他留个便条让他到泳池找我。如果我找个好地方晒太阳，说不定还能看见他开车回家。我是这么打算的，但事实不是这样。天哪，我完全记不起来。”

“做得很好，帕特里夏。你给卡姆留了便条？”

“不，我进了厨房，很安静。我从电话机边上的便签本撕了一张纸，但是接下来我改变主意上楼换衣服了，打算晚点再写。”

“但是你说，那天没穿泳衣？发生了什么？”

“嗯，是个黑洞。让我再回溯下。我进了公寓，在厨房待了一会儿，撕纸，但打算先换衣服。噢，我想起来。便签本边上没有铅笔，我上楼拿铅笔。卡姆挺让人恼火的，他拿走了我的铅笔。”

“我走近卧室，站在门口。噢，天哪，我看到了什么。太混乱了，天啊！”

“好的，帕特里夏。尽量去面对你看到的。”帕特里夏看起来有些迷惑，好像完全走神了。“有什么需要处理？发生了什么？你到了卧室的门口往里面看。告诉我。”

帕特里夏脸色变了，她的加利福尼亚棕褐色皮肤正如加利福尼亚的梦一样变得暗淡无光。她还待在公寓卧室门口，她的意识也还待在那里，她开始抓住了她潜抑的东西，她好像回忆起了整个记忆，整件事都回来了。

“卡姆和她在一起，”她说，“和麦基在我床上。”

“做爱？”

“没有，并没有。才刚开始。他才到家一会儿。他还穿着套装，但是衣服解开了。她的上衣已经脱了，内衣还穿着。她下半身脱光了。他们在接吻，没有看到我。他们刚开始，我猜。但是当我站在那里时很清楚地知道，他们之前就在一起了。他们看起来那么舒服。”

帕特里夏从包里拿出纸巾擤鼻子，但是没有破坏她精致的妆容。谁都看得出来她想哭，却没有眼泪。我说了一些安慰的话，共情地说“这对你来说太可怕了”，然后等待。没过多久，让帕特里夏沉浸在那个奇异夜晚的触发事件终于浮出水面。

“所以，麦基——那个厚颜无耻的麦基·摩根，这是她的名字！——她正脸看着我，毫无羞愧，甚至都没用手挡一下她那张脸。她说，‘好吧！这下你知道我们之间的事了。很好，帕特里夏！美国小女人现在可以走了，好好地哭一场，见鬼去吧。’卡姆对她说，‘麦基，闭嘴！’他拉好裤子拉链，从床上爬起来穿好衬衣。但是麦基对我说，‘我喜欢你的男友。他也喜欢我。所以你走吧！’”

“卡姆什么反应？”

“他看上去很生气——我分辨不出来是因为她还是我。他对我说，‘别在意。’我想他在设法处理刚刚发生的一切。他总能控制住场面，但是这次他好像被新女友控制了。之后，卡姆和我吵了一会。但是我不能确定我们是怎么做到的，那是在后来我们单独相处的时候发生的。”

“继续，帕特里夏。把你能记得的事情都告诉我，即使它们之间连接不上。”

“我想我明白了。有时我很难感受事情的真实性——每次进入这种状态的时候都会给我带来些小麻烦，不过现在还好。我觉得卡姆不可能真心对待麦基——她太不可靠了。我们甚至开玩笑说肯定有干爹包养她，因为她看起来不用工作。麦基就站在那里，大部分身体裸着，嘴里絮絮叨叨说着‘我敢打赌你从来没满足过他，这就是为什么他那么喜欢我。’‘我们在一起都有几个月了，你居然愚蠢到发现不了’诸如此类的话。当她说话时，卡姆拿来一条桃色的大沙滩浴巾——那是去年夏天我的同事送给我的生日礼物——他把浴巾像围裙那样围在麦基腰上。我受够了！那是我的浴巾。我跑出房间坐在厨房里。我脑子有些空白，再也受不了了。”

“麦基待了多久？”

“我不知道。时间像是停滞了。我不知道，我花了 5 分钟——我真不清楚，也许是 15 分钟，或者 1 个小时。谁知道呢？”现在帕特里夏的故事开始改变。她的心理机制听起来更接近解离而不是潜抑。她说她进入了“空白期”。

“然后，我听到卡姆让麦基回家去，”她说。“他们以后再谈。她走到门口，我从厨房看到，她还跟他法式亲吻。我知道她想让我看见，而卡姆全力配合。我闭上眼睛，开始走神。我听到麦基唱着‘再见，再见，美国小女人’，然后关上了门。”

“你还记得之后的事情吗？”

“天，我不知道。”帕特里夏肤色逐渐恢复，但是眼睛看起来像是蒙了一层塑料。“我想尽力和卡姆说点什么。他说麦基什么都不是，我是最重要的。之后——我不知道有多久或者他说了些什么——我开始相信他。‘坚持下去’，我想，‘我们会好的’。这些话就像摇篮曲一样在我脑海中回响。‘坚持下去，坚持下去。’我渐渐进入这种状态。‘我们会好的，我们会好的，我们会好起来的。’”

帕特里夏深吸了一口气后长长地叹了一口气。“卡姆认为我会平静下来继续信任他，我想我没那么确定。”

“听起来好像他劝你忘掉这件事——原谅他——继续和他在一起。听起来好像你也在劝自己继续跟他生活在一起。”

“他是这样，我也是。这是我想要的。遗忘。和他约定再也不见麦基——绝不能这样对待我。我希望他告诉我跟我在一起是快乐的。我想结婚，会让自己更性感。”

“然后呢？”

“嗯，我想我记得后面发生的事情，太难以启齿。”

“继续，帕特里夏。我知道对一个陌生人说这些很难。”

“是的，很多事情已经过去了，但不是每一件。在卡姆和我交谈时，麦基又来了，她用钥匙开门。钥匙！我都不敢相信。她有我们的钥匙。‘来吧，’她对卡姆说。‘我从下午开始等你，该结束就结束吧。你家还是我家？’麦基简直是厚颜无耻。”

“卡姆对我说，‘帕特里夏，今晚我想和麦基在一起。明天再讨论我们的将来，怎么样？’我难以置信！我所有的梦想都是这个特别的男人，而他准备和那个女人一起走，还给她钥匙让她自由出入我们的住处。我不知道从哪里找到了勇气问他，事实上只有三个词，‘麦基还是我？’卡姆的眼神转了一圈，‘滚出去，帕特里夏，’他冷冷地说，‘带上你的东西滚出去。我想要自由、乐趣。我不喜欢你这样挑战我。’太不公平了！我给了卡姆那么多自由，他却选择了麦基。”

“接下来发生了什么？”

“还能有什么呢？”帕特里夏停顿了10~15秒。“我想我窝在椅子里，可能过了很久，我不知道到底有多久，我想我在犹豫是不是要给跟麦基在一起的卡姆打电话。然后，我也想我一直在念念有词地复读这些话，‘坚持下去，我们会好的’。我失去了这里的一切，我想收拾行李，我必须停下来不再想，我进入了空白期。”

明显的解离出现了。卡姆离开后，帕特里夏的情况和受虐的妻子、儿童性虐受害者、战争和酷刑的幸存者相类似，她使用重复的词句——“坚持下去、坚持下去、坚持下去，我们会好的”——让自己得到解脱，缓解痛苦。从帕特里夏的表现可以推测，她非常熟悉自我催眠。当她精神恍惚后就完全记不起公寓里发生的事情了。

如果潜抑是一种记忆的潜藏，解离就是侧向滑脱。对于帕特里夏，滑脱是从她坐在厨房的空白状态开始，念念有词说着她的祈祷语。皮亚杰观察到他的解离患者丧失了整合知识、情感和记忆的能力。解离将创伤记忆放置于一边——从正常意识中分离出来，躯体感觉、情绪、行动和记忆彼此之间无法建立联络。对躯体伤痛无感、对极端事件无感，甚至连记忆也随之遗失，只留下支离破碎的片段。

这就是帕特里夏发生的一切。当巡警在米尔峡谷发现她时，她正处在严重的解离状态中，无法整合。帕特里夏最终记起她与卡姆争吵的整个过程——是谁，在哪里，是什么，为什么。大多数这样的发作是潜抑的，或者一旦发生解离，就好像被隐身观察者放在一边，这样的记忆是完整的并最终可以提取出来。

“是什么让你下车了？”我问帕特里夏。

“我没有打包，”帕特里夏说。“我听到他们说发现我没有带行李。我往南边开，可能想去寻求姨妈帮忙。我不知道为什么在米尔峡谷停下来。我确实有个朋友叫莎拉·舒伯特，她就住在那里。事实上，就是送那条浴巾给我的朋友。我之前去过她那里。我可能到米尔峡谷出口之后才意识到我不知道去莎拉家的路。可能这是我为什么会把车开到路边的原因。我不知道，也可能是下雨让我停下来。

“接下来发生了什么？”我问，心里想着对我来说填补帕特里夏故事的裂痕还是蛮容易的。就像现在，她用推理和近来从辩护律师哪里学到的已经填补了很多缺口。事实上，她很难记得开车前往米尔峡谷的所有事情。在她的意识里，上车后的记忆就几乎没有了。

“有两个男人——他们看起来不像警察，更像抢匪——他们要求我摇下窗户，”她继续说。“我想他们想打劫我或强奸我。他们中的大个子，拿了我的手包。我感觉他像是拿了个橡胶的东西要掐死我。我想他是个杀手或者怪人。我不知道，我肯定跟他们打起来了。简说我确实打了他们。现在看来好像很傻，但是当时我别无选择。我记不起来我打了警察，我记不起来在警车上发生了什么，我记不起来被关进监狱。我猜我真的打伤了巡警，我觉得这事挺糟的，但简告诉我她还好。第二天上午，刚开始我什么都记不起来，我完全糊涂了。然后想起了一些，但是卡姆和麦基的部分直到现在才回来。”帕特里夏擦拭着眼泪。

“这时候别想着解决卡姆的问题，”我提议道，“这需要些时间去思考，可能你们俩要花几天谈谈。我想你现在要做的是和你的姨妈吃中饭，我们休息一会儿，然后再继续面谈。你今天上午做得很好，我还需要了解你童年时的经历。吃中饭时尽量消除你的担心，不过尽量做到不要偏离了主题，然后下午我们会有更重要的工作要做。”

我在书桌边吃午餐，看起来就像罗宾创作的女版的吃鸡蛋沙拉、喝咖啡的思想者。我查收邮件并快速一一回复。大部分时间都在沉思帕特里夏的遗忘症。年轻的女士真诚地看着我，当她尝试回顾当天下午和晚上让她被捕的痛苦记忆时，毫无光彩，眼神呆滞。她的母亲去世了，父亲抛弃了她们——当我记录地址、电话号码和亲友关系时，这是她告诉我关于童年的全部，而我想听到更多。

解离通常需要反复经历Ⅱ型复合创伤情境。单一事件往往不足以让孩子出现严重的自我催眠。家庭虐待和暴力是孩子出现解离状态最常见的情形。帕特里夏的父母都是酗酒者。当她父母醉酒时，她可能会将她自己放置在“其他地方”。

有创造力的孩子有时会假装解离。这一解离的机制隐藏在节奏和舞蹈、魔幻和符咒以及外星世界中。举个例子，在孩子的词典里，“隐身术”也可能是另外一个词“变形”。我想起一位难忘的九岁患者杰米，他遭受躯体虐待，并且亲眼看见自己的母亲开枪打死了施暴的父亲。杰米认为他可以让自己隐身。“我知道我能做到，”他告诉我。“我在地球上可以做到，在我的星球上一直能做到，你只需要相信我，我朋友都相信。”

我问杰米他是否愿意表演隐身给我看，这样我就可以知道他如何做到。

“如果我在每个人面前都能隐身，他们就会夺走我的魔力。”他回答。

一些单次的创伤性事件如果出现明显惨不忍睹的画面和声音也会让人在第一时间发生解离，即使是孩子。长田新教授收集了大量关于在广岛爆炸事件中幸存的孩子的研究文献[11]，显示绝大多数幸存者记得 1945 年 8 月 6 日的事件，包括清晰准确的细节，许多幸存者记住了第一次儿童期创伤。我也曾访谈乔奇拉校车绑架案中的一些孩子，他们也保留着清晰鲜活的记忆。但是少数广岛的孩子描写提到原子弹爆炸时的一种恍惚状态，这是解离的主观感受。解离让人感觉失真，因为广岛的经历极端不人道，令人难以置信到底有多恐怖，少数人出现即时的解离状态是可能的。

但是，更常见的是容易解离的孩子常常教会自己反复练习如何达到自我解脱，这些孩子知道如何应对恐怖事件。比如作家维吉尼亚·伍尔夫[12]，在她的童年时代练习解离。5 岁左右她遭受了杰瑞德·杜克沃斯的性虐待，这是她两个同父异母的哥哥中的老大，当她十几岁的时候，经常被另一个同父异母的哥哥乔治性虐待。她深爱她的母亲和收养的姐姐，可是她们在她长大成人之前就去世了。为了顺利经历这些困苦，维吉尼亚采用了精神解离，尽管不像帕特里夏那样完全解离。取而代之的，她应用移植和隔离。“每一天，”她在回忆录《雪泥鸿爪》（*A Sketch of the Past*）中写道，“不存在比存在更多”。外部观察者报道伍尔夫女士是冷漠、隔离而难以接近的，但我最感兴趣的是她的小说人物是如何实现解离的。小说当然反映的是作者的内心世界。

伍尔夫短篇小说《坚实的东西》中的年轻男主人公，反复将目光聚焦在星形瓷器碎片上，最终设法摆脱了所有的人际交往，这是一种自我催眠状态。

《达洛维夫人》小说中的同名女主人公，在白天工作时通过安静的背诵莎士比亚《辛柏林》的对白，最终达到一种去意识的自动状态。也许她以后不会记得这天的状态。在《到灯塔去》一书中，拉姆齐女士注意到圣艾夫斯灯塔每一次发出的三道光——这个灯塔正是伍尔夫本人在童年夏天第一次遭受虐待时看到的。通过让双眼跟随着钟摆来回运动，拉姆齐女士能达到内心的平和。她像是个解离专家，也让自己反复去体验这一过程，“孩子不会忘掉，孩子不会忘掉。”这些词是多么荒谬，寓意相反。事实上，孩子们确实忘掉了。

帕特里夏不像维吉尼亚·伍尔夫那样习惯性神游。像她那些奇怪而遥远的主人公一样，伍尔夫生活的大部分时间都能感知到无数细节，却完全远离了随之而来的情感。她从记忆中解离了情绪。她的传记作者露易丝·德萨尔沃认为伍尔夫女士丧失了很多早年被杰瑞德·杜克沃斯虐待的记忆，直到她去世前几年，她才在日记里记录并在《雪泥鸿爪》中讲述了这段故事。而20年前，她曾在一个文学俱乐部中描述过十几岁时与乔治不堪回首的往事。

与维吉尼亚·伍尔夫相比，帕特里夏平凡无奇，除了在非比寻常的压力下，她经历了解离状态大爆发。但是当我们仔细辨识帮助两位女士达到自我隐遁的防御意识和防御技术时，发现他们有很多共同点。正如维吉尼亚在漫长的成长旅程中无处可去的极端的恐惧，也会迫使帕特里夏从卢卡斯峡谷驾车闯入米尔峡谷的迷雾中。“孩子们不会忘记，孩子们不会忘记”与“坚持下去，坚持下去，我们会好的”并没有什么不同。茫然无措地坐在桌边凝望着乌斯河与漫无目的地窝在加利福尼亚公寓的厨房里也相差无几！

帕特里夏和她的姨妈吃过午餐后回来了，看起来恢复了些活力。“这些年我们很不容易，”格特姨妈一边拿起杂志在候诊室椅子上坐下一边告诉我。帕特里夏跟我走进办公室后说，“我不能再错下去了。家庭需要维护，而不是像速记本一样用完就抛弃。”

“是什么让你和姨妈有了距离？”我问。

“卡姆不喜欢格特姨妈，他让我离她远点。”

“是什么让你这样做的？”

“我不知道。家庭——总是让我不舒服，我是说这个观念。我父亲有一天离开了家，没有留下任何理由。每当我回忆起这件事就经常想一定是我做错了什么。可能我不够完美吧，我想。然后我妈妈又去世了，这对我来说太恐怖了，我应该和她一起死的，可能我的心已经死了。谁知道呢？”

“告诉我那些你记得的事情，你的记忆是从什么时候开始的？”我问，用常规方式探索帕特里夏最早期的记忆，这也许能帮助简完成“不太可能”的遗忘症辩护。

“小时候的记忆不多，直到我十二三岁在帕拉阿图女校时记得一些。我喜欢那里。在我十几岁的时候“醒来了”些，开始交朋友、找乐子、跳舞、参加俱乐部、跟男孩子交往、偶尔跟格特姨妈撒个谎。她很严格，但我能应付她。”

“之前怎么样？你能记得之前的事情吗？”

“你是指更早？我不想记起……”她的声音逐渐变小。

“尽你可能想想更小的时候，更早的记忆。”

“不是很多。我的父亲，没什么印象，除了——我不太确定——我还记得他的胡茬。我喜欢早晨的男人——可能就是这个原因。我的母亲给我留下的记忆很少，她很好，很可爱。她常常待在床上，我的确只记得这些。她经常穿着粉色法兰绒睡袍，外面披个长袍。”

帕特里夏好像游离了，她眼神朝内聚焦，她不再看着我。

“继续，”我说，她不断眨着眼睛好像我吓到她了。她只“离开”了我的办公室一会儿。这是我第一次见到解离状态下的帕特里夏。

“嗯，我的母亲，对吗？我想想。她很好，但是她酗酒，一个安静的酗酒者。有时，当我放学回家时看见她待在床上。我想她从外公外婆那边继承了一些钱，但是她花掉了——不像格特姨妈把钱拿来投资。母亲去世时我没有继承到任何财产，不过我也不在意，格特姨妈也相信我能自己挣钱养活自己，而且我猜她已经尽力照顾我了。”

谈到姨妈和母亲去世，帕特里夏采用了置换的防御方式。（弗洛伊德称之为 Verschiebung——“从一个地方溜出去”。）这种防御通过注意其他没那么强烈的感受而帮助部分记忆消失。我鼓励帕特里夏再往回看看她和格特姨妈住在一起的时候。

“我的童年？好，童年是充满恐惧的，我记得，”她说。“我怕水，不能泡澡，只能淋浴。卡姆和我去欧洲的时候，我问酒店服务生有没有淋浴——否则我不住。还有，我怕火——害怕房子着火之类的。我让老板为我们的办公室安装了额外的烟雾探测器。你知道，电影《火烧摩天楼》是在我办公室大楼拍摄的，这场电影绝对吓到我了，卡姆把录影带带回家，他说他喜欢我边看边颤抖。”

“你的母亲是火灾去世的吗？”

“是的，我正在洗澡。消防员进来发现我在洗澡，而母亲却在厨房地板上去世了。”

“我想再多了解一些，帕特里夏。你记得起来吗？”

“不，记不起来。我想这段记忆清零了，我不记得那个消防员，不记得他们把我母亲抬出去，也不记得那些味道。尽管有一些特定的味道——尤其是烤肉的味道——会让我疯掉的。”

“母亲去世应该是在放学后——大概四五点，那时我上三年级，消防员在浴缸里找到我，我看见他们扔一些黑色的破布，还有些粉色法兰绒，把它们扔到我之前泡澡的浴缸里，那一定是妈妈的浴袍。是的，我看见了，但是直到现在我也不愿意去想。”

“你说有闻到烹饪的味道，事故发生时你的母亲是不是在做饭？”

“嗯，让我想想。我妈妈常常在我放学后等我，然后她一般会和我说会儿话，接着我在厨房的餐桌上看书和写字。尽管我妈妈总是郁郁寡欢，但是对我很好。不管怎样，她会去做晚餐——多半是便餐，像一碗薯条、鱼或者烤鸡，沙拉或者蔬菜，还有些米饭或者烤土豆。”

这些记忆很具体，因为他们代表着家庭主妇照顾孩子日常，帕特里夏说这些的时候，看起来很警惕。

帕特里夏继续说，“我想帮助我的妈妈。她总是在准备晚餐时喝得踉踉跄跄的，但是我还小，不能做什么，所以我就坐在那里看着她。”

“如果你会坐在那里做功课、阅读和聊天，为什么那天你那么早去洗澡呢？那时才刚放学。你的妈妈很可能是在做饭——她却在厨房因火灾去世了。你是不是在接受惩罚，比如让你早点上床？还是你在放学时玩游戏弄脏了？回忆下你怎么那么早洗澡了。”

“没有，不是接受惩罚也不是脏了，我没那么喜欢运动。我回忆不起来了。反正，我正好不在那里。不管怎么说，妈妈也不怎么惩罚我，而且我经常尽力表现得好些。‘完美的懦夫’就是我。”

帕特里夏的故事很奇怪，听起来也前后不一致。在她母亲做饭的绝大部分的下午她坐在厨房和母亲聊天，偏偏在这个特别的傍晚，大概四五点钟，小姑娘却打破常规去洗澡了。很奇怪！我们得再回到那里。我决定换个角度。

“你和卡姆的争吵和你在秘书学校的考试听起来好像在不同时间都有精神逃离的现象。你知道还有什么时候是这样的吗？”

“一次是在加利福尼亚前往波士顿的飞机上——我那时大概 18 岁——飞机出现了剧烈的颠簸，而且我看到了闪电。那是晚上，我害怕发生撞击，我想肯定是飞机着火了。我讨厌火！接着进入了空白状态。关于这一段的记忆也不多，但是我记得当时试图走到飞行舱和飞行员交谈。机上安全带标志亮着，其他乘客都系着安全带。我走到飞机前排，但是头等舱的乘客——他们的座椅是面朝后方——他们看到我过来。其中一个抓住我。我依稀记得告诉她我是一名飞行员，大概有三千小时飞行记录，我想帮助飞行员穿过暴风雨。但是你知道，我实际上并不会开飞机。她像看疯子一样看着我说如果我不立即回到座位上，在波士顿着陆时就逮捕我。我只好坐回了位置，当然那次航班最终安然无恙。接着我便忘记了整件事情，直到我去年和卡姆一起去伦敦遇到小气流颠簸才想起来，我仿佛看见 18 岁的自己在去波士顿的飞机上跑到前排的样子——当时看到闪电就像看到可怕的火焰，我吓坏了，一心想着得尽快告诉飞行员。”

“还有其他时候吗？”

帕特里夏肤色再次变暗。她沉默了一会儿，说，“等一等，等一会儿。”

她欲言又止。我安静地坐着，感觉即使看她一眼都会让她从她的想法中漂移出来。

“是什么？你记起了什么？”我终于问道，“感觉到了什么？跟我说说。”接着保持安静。

“是妈妈，”她轻轻地说，像是耳语。“我想在她去世的时候有什么与我告诉你的飞机事故的相似点。我感觉到了，天哪！她死得好惨！那火！我想我看到她在燃烧。是的，在燃烧。那是什么？我就在那里，在厨房里。”

就是这样。在一个平常的下午，一个小女孩放学回家走进厨房，那里有对她很好却醉酒的妈妈，然后她妈妈浴袍的袖子碰到了炉灶里的火被点燃了。不一会儿，整个浴袍、外套还有妈妈都着火了。帕特里夏就坐在餐桌边的椅子上亲眼看见了这恐怖的场景，亲眼看着她在世界上最深爱的一个人活生生地被火烧死了。这个孩子拐进了浴室，她放了一浴缸的水，脱下衣服放到篮子，她躺进浴缸里，游离到一个从未到过的地方——帕特里夏说不出这样过了有多久，直到有人闻到烟味报警，然后消防员才夺门而入。

从事故发生的那一刻起，帕特里夏就想不起她母亲死亡的真实故事，直到她在我的办公室停下来小声说“等一等”。当她告诉我对洗澡水和火的致命恐惧，以及与这些恐惧相关的记忆事件时，迫使妈妈的死亡记忆重新回到意识。（她假设自己是《波士顿环球》的记者“Sally Burns”，在此成为有意思的连接。）帕特里夏回忆起了母亲去世前的 10 分钟——在浴缸里看到燃烧的法兰绒碎布的这段记忆——也让她回想到烧着的衣服、头发和人体的潜藏感觉。潜抑的记忆从帕特里夏防御屏障里拱出来进入意识层。她看到了从 20 多年前就潜抑在意识层之下的恐惧场景。

帕特里夏可能在母亲死亡之前或期间并没有解离，接着以如此迅速且令人惊讶的方式，她可能完全吸收了发生的事件，然后压抑下去。但是她之后在浴缸里出现了解离。同样的，当她走向卡姆和麦基时，并没有解离，她能很好地看到发生的一切然后压抑下去，之后在公寓的厨房和她的丰田车里才出现解离。这是帕特里夏的恐惧事件记忆本身能保留并提取的原因，而之后每一个事件的后果却在记忆中丢失了。

9 岁时，这位女孩看见了世界上最恐怖的画面之一——一个被活活烧死的人。更糟的是，还是她的妈妈——她唯一的亲密的家庭成员，一个虽有缺陷但爱着她的母亲死于如此惨不忍睹的情境。帕特里夏将自身与现实隔离开以应对这一悲惨的遭遇——身体和精神同时游离。9 岁的帕特里夏待在自家浴缸里，可能是她 20 多年的岁月中最后一次在浴缸洗澡，她觉得，至少有那么一段时间，她完全隐身了。

格特姨妈一小时内就赶过来帮忙，从此以后帕特里夏开始了第二段童年生活。格特鲁德无法与帕特里夏谈及这段痛苦的经历，这些年都是这样过来的。可能她希望孩子没看到什么、没闻到什么，希望她确实在洗澡，哪儿也没去。既然没有必要，为什么扰乱孩子的清净呢？当帕特里夏长大，所有那些对她来说不寻常的事情，在格特姨妈看来都是单一事件，比如秘书学校事件是因为当时她压力那么大，像是要逃离到另一个身份中去。是的，几天后格特姨妈告诉我，她注意到帕特里夏偶尔还会出现神游、目光呆滞、脸色苍白，好像飘在梦里。但是格特鲁德没有考虑过给孩子心理治疗。“绝没有那么糟糕，”她说。

简确实将这“不可能的辩护”带到法庭，以遗忘症进行辩护。法庭上有一位法官、一些好奇的观众、几位律师同事和两名记者，一位来自《纪实》

（*Record*），一位来自马林镇新闻报。我坐在法庭外面的沙发上等待出庭。我到的时候，简已经请巡警路易斯进去说明发现帕特里夏醉酒，误以为闻到她身上有酒精的味道。格特鲁德·德默雷斯特证实帕特里夏在波士顿秘书学校意识丧失；莎拉·舒伯特证实她和帕特里夏的友谊，并说明就算他们一起出去她也从不喝酒；帕特里夏证实有解离发作——其中一次是9岁在浴缸里，一次是在飞机上，一次是在波士顿，一次在卢卡斯峡谷公寓。帕特里夏的第一次解离经历是远离惨不忍睹的情境，其他的也是遭遇相似的创伤经历——被抛弃、丧失或者死亡。

我的证词花了十分钟，说明帕特里夏罹患心因性遗忘症。当她在自己的住处遭受与爱人分手的严重打击时，她自动无意识地转换到一种不同的意识状态中。在这种状态下，她几乎没有成型的记忆，只留下一些记忆碎片。她不能控制自己的行为，也无法按照常理判断自己的行为是对还是错。她不能理解自己行为的本意和影响。杰克·路易斯和马蒂·尼尔在米尔峡谷出口找到她时她就处于解离状态中——是发作的早期状态，在此状态下帕特里夏可能转换进入另一种身份和目的继续驾驶。高速巡警误判她是醉酒状态，这是可以理解的错误。帕特里夏需要精神科的救助，我说，但是她不需要监禁。

简赢得了不可能的遗忘症辩护。法官宣布帕特里夏“无罪”。伯纳德·戴蒙德医生称此为“失忆的胜利”，之后的几年里直到他去世我都没有听到过他贬低失忆防御。那一天帕特里夏走出法庭，法官没有遣送她去医院，因为她的精神疾病状态是暂时性的，她可以回家。

帕特里夏自由了，但是她是否能真的从解离和自身人格中获得自由——可能会吧，我不知道。帕特里夏在案子结束后很快去了波士顿，卡姆和她分手了。我怀疑他是为了麦基跟她分的手，但是谁能指责他呢？格特姨妈也搬到了波士顿，帕特里夏是她唯一的亲人，格特想和她住得近点。

精神病学家通常不会听到患者故事的结局。我希望帕特里夏去寻求解离倾向的治疗。儿童期创伤的治疗会让患者感到痛苦不堪，但长期而言是值得的，因为问题是早年创伤所致。

波士顿有很好的精神病学家，也有一个优秀的创伤研究团队。我希望帕特里夏找到他们。如果她找不到，我也笃定格特姨妈会找到。

注释

1. Pierre Janet and Sigmund Freud published their views on hysterical amnesia at about the same time. The two men never clearly differentiated between the two defenses, dissociation and repression. In fact, Freud once used the word "dissociation" when writing about what seems to be repression (see S. Freud, "A Case of Successful Treatment By Hypnotism" [1892—93], in *Standard Edition,* vol. 1, trans. and ed. J. Strachey [London: Hogarth Press, 1966], p. 122). For Janet' s description of dissociation, see *L'Automatisme Psychologique: Essai de Psychologie Experimentale sur les Formes lnférieures de L'Activité Humaine* (Paris: Félix Alcan, 1889; Paris: Société Pierre Janet/Payot, 1973). Janet believed that dissociation was based on an innate psychological weakness and was seen only in people with disordered conditions. Freud held that repression was used by both emotionally healthy and disordered individuals. Today the two defenses are generally considered different from each other: the American Psychiatric Association' s *Diagnostic and Statistical Manual, 4th ed.* (Washington, D.C.: American Psychiatric Press, 1994) lists the two defenses separately in Appendix B.
2. The organic amnesias are covered in Sir John Walton, *Brain' s Diseases of the Nervous System,* 9th ed. (Oxford: Oxford University Press, 1985).
3. The psychological amnesias are classified as dissociative disorders in the

American Psychiatric Association' s diagnostic manual, 4th ed. John Nemiah, M.D., wrote a review chapter on the "Dissociative Disorders" in H. I. Kaplan and B. J. Sadock, eds., *Comprehensive Textbook of Psychiatry,* 4th ed., vol. 1 (Baltimore: Williams & Wilkins, 1985).

4. For those interested in dissociation as it is expressed in multiple- personality disorder, two classics are C. Thigpen and H. Cleckley, *The Three Faces of Eve* (Augusta: Cleckley-Thigpen, 1955); and F. R. Schreiber, *Sybil* (Chicago: Henry Regnery, 1975). A more recent trade book about a killer who probably faked MPD as his legal defense is the psychiatrist M. Weissberg' s *The First Sin of Ross Michael Carlson* (New York: Delacorte Press, 1992).
5. The Milan Kundera novel referred to is *The Book of Laughter and Forgetting,* M. H. Heim, trans. (New York: Knopf, 1980). In another Kundera novel, the protagonist muses on how often the soul leaves the body during sex, its attention drawn "to a game of chess, to recollections of dinner, to a book" : *The Joke,* M. H. Heim, trans. (New York: HarperCollins, 1992).
6. For the connection between hypnotism and dissociation, see E. R. Hilgard, *Divided Consciousness: Multiple Controls in Human Thought and Action* (New York: Wiley, 1977), and D. Spiegel, "Hypnosis, Dissociation, and Trauma," in J. Singer, ed., *Repression and Dissociation: Implications for Personality Theory, Psychopathology, and Health* (Chicago: University of Chicago Press, 1990).

In his foreword to D. Middlebrook, *Anne Sexton* (Boston: Houghton Mifflin, 1991), pp. xiii-xviii, Martin Orne also tells us that he encouraged Sexton to write down her experiences "in order to help other patients." Orne began treating Sexton in 1956. After a few months of therapy, he says, Sexton began to write her poetry. Many of these earliest Sexton poems have therapyrelated titles— "Appointment Hour," "One Patient Released Today," "A Foggy Adjustment."

7. The film *Love Letters* (1945) was directed by William Dieterle. The classic 1940s amnesia film is, of course, *Spellbound* (1945), starring Gregory Peck as the amnesia victim and directed by Alfred Hitchcock. Others from the heyday of film amnesia are *I Love You Again* (1940, directed by W. S. Van Dyke II), *Crossroads* (1942, directed by Jack Conway), *Random Harvest* (1942, directed by Mervyn Le Roy), and *Somewhere in the Night* (1946, directed by Joseph L. Mankiewicz). William Powell played the amnesic protagonist in the first two of these.

8. I write of how children with Type II trauma teach themselves to dissociate in "Childhood Traumas: An Outline and Overview," *American Journal of Psychiatry* 148 (1991): 10-20.

9. Eugene Bliss has noted spontaneous self-hypnosis in adult MPD patients in "Spontaneous Self-hypnosis in Multiple Personality Disorder," *Psychiatric Clinics of North America* 7 (1984): 135-148; and in E. L. Bliss, *Multiple Personality, Allied Disorders, and Hypnosis* (Cambridge: Cambridge University Press, 1986).

The Philadelphia psychiatrist Richard Kluft has attempted to characterize the childhood symptoms and signs that may eventually go into adult MPD. See his "Childhood Multiple Personality Disorder: Predictors, Clinical Findings, and Treatment Results," and "The Natural History of Multiple Personality Disorder," in R. P. Kluft, ed., *Childhood Antecedents of Multiple Personality* (Washington, D.C.: American Psychiatric Press, 1985).

On dissociation during childhood, see also F. Putnam, "Dissociative Disorders in Children and Adolescents: A Developmental Perspective," 14

(1991): 519-33; and F. Putnam, "Dissociative Phenomena," in A. Tasman and S. M. Goldfinger, eds., *Review of Psychiatry* 10: 145-60 (Washington, D.C.: American Psychiatric Press, 1991).

10. On the hidden observer, see E. R. Hilgard, *Divided Consciousness,* chapters 9 and 10, and E. R. Hilgard, A. H. Morgan, and H. Mac-Donald, "Pain and Dissociation in the Cold Pressor Test: A Study of Hypnotic Analgesia with 'Hidden Reports' Through Automatic Key Pressing and Automatic Talking," *Journal of Abnormal Psychology* 84 (1975): 280—89. The chief critic of the "hidden observer" concept is the psychologist N. P. Spanos. See his "The Hidden Observer as an Experimental Creation," *Journal of Personality and Social Psychology* 44 (1983): 170-76.

11. Arata Osada' s collection of essays by Hiroshima schoolchildren who survived the atomic bomb is *Children of Hiroshima* (New York: Taylor & Francis, 1981).

12. Virginia Woolf on her sensation of "nonbeing" is from "A Sketch of the Past," in *Moments of Being,* J. Schulkind, ed. (San Diego: Harvest/ Harcourt Brace Jovanovich, 1985), p. 70. For my biographical information on Woolf, I rely on Louise DeSalvo, *Virginia Woolf* (Boston: Beacon Press, 1989); Quentin Bell, *Virginia Woolf: A Biography* (New York: Harcourt Brace Jovanovich, 1972); and Leon Edel' s essay on Woolf in his *Stuff of Sleep and Dreams: Experiments in Literary Psychology* (New York: Harper & Row, 1982). See also L. Terr, "Who' s Afraid in Virginia Woolf? Clues to Early Sexual Abuse in Literature," *Psychoanalytic Study of the Child* 45 (1990):533-46.

4

银晃晃的水面

跟我们同桌的这位黑头发女士——伊丽安娜·雅各伯，是一位不容小觑的人物。“你们想听奇闻逸事吗？”她说。她是一位神经科学家，在脑化学实验领域取得了令人瞩目的成绩，在全美专业界都很有名。那天，在结束了哥伦比亚大学的研究生会议后，我们四个人坐在纽约上西区的一家咖啡馆吃着家庭风格的意大利菜。伊丽安娜故事的主角曾经在她隔壁实验室读博士，此后他们一直保持着友好的关系。她说，他是细胞生物学家，一个好人。

我拿起刀叉尝了尝盘中的意大利方饺和通心粉，一心一意地打算听她讲故事。

“这家伙很聪明，”她说。“他妈妈想要淹死他，在他小时候试了三四回。你们能相信吗？她一定是疯了！不管怎样，这家伙在很多年里完全不记得这些事情。我不知道他是怎么关闭他的记忆的，但是他做到了！他什么都不记得，完全不记得！然后，有一天他所有的记忆都回来了，他被这种纯粹的力量击昏过去。”

“你是在实验室里发现他昏在那里了吗？”桌上唯一的男士对此深表怀疑。

“哦，汤姆你是了解我的，”她说。“我可不是喜欢八卦的人。但这个家伙是我的朋友，我信任他。事实上，他昏过去的时候还在开车，非常幸运，他没把自己弄死。”

“嗯，这个故事显示了记忆的力量，”最年轻的同伴插进话来。“有一次，还是在 1974 年，我是……”

伊丽安娜打断年轻的同桌以免转移话题。“还有一件事，”她说，“知道他爱好什么吗？他几乎每个周末都在做什么吗？他是世界上最伟大的潜水运动员之一。现在，你们怎么想？”

我们一下子说不出话来，举着手里的刀叉缓不过神来。几秒钟后，那位年轻的精神病医生开始讲述她自己的记忆故事，一个不那么有趣而且冗长的故事。我默默地告诉自己，我会尽快致电伊丽安娜。

伊丽安娜在实验室中接听电话可比在烛光下喝酒时冷静细致多了。她理智又犹豫地告诉我，故事主角叫加里，也许加里并不喜欢我去打听他。

我问她是否可以向加里先介绍一下我——告诉他，我正在写一本关于记忆的书，想要采访他。

她说他在做治疗，他的治疗师可能不会同意。

“他不能为自己做主吗？”

伊丽安娜停了一会说，“好吧。”让她去询问加里会让她很尴尬，因为这意味着她得向他承认自己在餐桌旁谈论他，但是她答应了会去问他，也会把我的电话号码给他。她的语气顿时柔和了些。“祝你好运，我希望他能跟你谈谈。”她说。

“我这一生，”加里告诉我，“被水迷住了！”一个星期六，他约我在他实验室见面，为了这次访谈他放弃了那天的潜水安排。他觉得我写的这本书可以帮助到很多人，希望自己也能为此出些力。在工作日，加里为纽约北部一家爬行类生物研究实验室工作。在周末或者任何可行的时间里，他驱车北上 1 小时，在凉爽的河道中测试湍急的水流。

“小时候，我经常看‘海上搜寻’类节目，”他说，“比如雅克·库斯托的东西，小型潜艇之类，一直让我着迷。与此同时，我怕水，很害怕。念高中时，我一个晚上可以跑 10 公里，但是游不到 15 米就会筋疲力尽。事后我才意识到，筋疲力尽源于恐惧。”

加里·贝克个子高高的——超过 1.8 米——很有力量。这位水的追求者有一头浅金色头发，一双深海蓝的眼睛。他应该有 45 岁，但看起来很年轻。

“是在高中游泳课上遇到什么困难了吗？或者曾经发生过这一类情况？”我问道，想要了解他对水的迷恋是怎么最终取代了潜在的对淹死的恐惧。

“没有困难，”他笑着说。“为了取得雏鹰童子军资格，我还获得过游泳和救生证书呢。不过我取得这些证书仅仅是因为我父母为我支付了这些课程的学费，而且不知道怎么弄的——我真不知道——居然活下来了，但是我还是害怕死在水里。这也是为什么在 30 岁那年我开始学习潜水。”

当加里在哥伦比亚大学细胞生物学专业深造争取更高学位时，他跟实验室技术员大卫·莫蒂默交上了朋友。莫蒂默刚刚获得潜水教练证书，像每一位新晋教练一样缺少学员，所以莫蒂默为年轻同事提供免费教学。“买设备花了大概五万美金，潜水专业教材花了两万美金，天晓得我还为这门免费课程花了多少别的钱。”加里说。“真是要命，我还告诉过大卫我怕水。结果他说：‘我知道。你要这样想——潜水能帮助你克服恐惧。’我想了想，大卫是我的朋友，而且在哥伦比亚大学还是有些同事压力的，其他同事也会参加大卫的潜水课程，所以我说：‘好的，我学。’大卫是一名非常好的教练，我想 60 米的游泳量对我来说太勉强了，所以选择了潜水。”

加里带我参观了他的实验室。他研究果蝇——黑腹果蝇——与其他人一起以果蝇大脑中被称为“蘑菇体”的部位为对象，研究细胞内化合物的联想学习[1]。他给我看了果蝇。实验室里有数以万计的果蝇，数十种突变的品种。每一个品种养在半品脱的玻璃瓶里，看起来像是医院里看到的半品脱尿容器。每个瓶子底有一块用糖、酵母粉和玉米做的果冻样物品，硬硬的做成瓶底永久性的地板，也是果蝇们永久性的食物来源。这东西可能经过发酵后深得果蝇欢心。成百上千的果蝇住在同一个瓶子里。自从 20 世纪早期动物学家托马斯·亨特摩根到哥伦比亚大学任教后，果蝇就开始成为进化和遗传研究的经典实验动物。果蝇繁殖快，有多种多样的变种。如果有人希望繁殖出某种特性，加里告诉我说，他可以给它们喂甲基磺酸乙酯，这是一种促进突变的物质，然后检查数千个突变菌株的待研究性状。当与其他异常无关的单一性状出现在两种异性的果蝇种时，让它们交配以使所需基因永久保留。

加里向我介绍了在长岛的冷泉港所做的工作，这些工作由三位研究记忆的杰出的果蝇学家带领，他们是提姆·塔利、罗恩·戴维斯和易钟。团队大部分的时间用来研究两个品种，一种叫 dunce，由加州理工学院著名的遗传学家西摩尔·本泽尔培植，另一种叫 rutabaga，是 20 世纪 70 年代中期在普林斯顿大学由本泽尔的亲密同事威廉 G·奎因和他的技术人员培养的。这两种果蝇的特质都是慢学习者，它们记不住什么。Dunce 的特征是低浓度的磷酸二酯酶，一种降解后形成有机分子 AMP（一磷酸腺苷）的酶，而 rutabaga 则缺乏腺苷酸环化酶，一种能够将 ATP（三磷酸腺苷，一种转化糖也是细胞中的能量来源）转化为 AMP 的酶。在神经元中，无论是过多还是过少的 AMP，都导致果蝇易忘。环形 AMP 也被认为对人类的短时记忆至关重要，加里说。

加里和他的同事研究有效传递化学信息的神经递质，它们跨越被称为突触的、连接神经元之间的空间。神经递质被称为第一信使，细胞内促进活性的物质是第二信使。环形 AMP 就是第二信使的一种：它促使神经元电极化，使突触间隙的信息传递更为活跃，而沿着某些神经元通路延长的电极化，实际上就是短期记忆。

加里跟我说，提姆·塔利教授果蝇一些技巧。他称呼研究对象为“帕夫洛夫的苍蝇”，在一定条件下通过电击让它们学会回避特定的气味。在实验中，他让苍蝇依次暴露在两种酒精气味中，对于果蝇来说这两种味道都引起不快。当一种气味渗透进训练笼，果蝇的脚接收到每秒 12 次的电击。另一种气味渗透进去时，没有电击。塔利接着把它们放进一个小“电梯”，通过电梯，它们被送入一个 T 型笼子，它们可以自行选择哪一种味道。如果没有训练过，普通的果蝇通过 T 型走廊选择每种气味的概率都是 50%。经过训练后的果蝇，则有 95% 的可能选择安全气味的方向。该研究选用的是 dunce 和 rutabaga 两个品种的果蝇，然而它们没有实现这个假设，测试失败了。对于 rutabaga 来说，神经元中缺少形成环形 AMP 的酶导致它们不能学习或者记忆。另一方面，dunce 的神经元里有过多的环形 AMP，不能促使神经递质在突触间的运动传递信息，所以 dunce 的记性也很糟。但是，记忆抑制并不是记性“糟”。加里·贝克想不起往事是因为它们被抑制了。当加里开始学习潜水时，他的脑细胞向他传达了一些旧信息，这些都是情境性记忆——当他在水下时学习到的东西。然而，30 岁的加里对这些想法是从哪里来的一无所知。“回来的并不是友好的记忆，”他对我说，“当你在水下抬头看，上面是一层银色的水面，那就是我记得的东西。”

第一次潜水，加里就知道他曾经看到过银色的水面，在另一个时间、另一个空间里。“我看到了水面上的银色，”他说，没有费神给这个古老又简单的想法添加任何新的内容。“你知道从水底看到的水面是什么样的吗？这就是我童年时数百次梦到的景象。”

潜水课程初期，加里对自己的表现非常惊讶。他想知道这是否也是某种记忆。“在潜水课上你不得不做的事情之一是练习憋一分钟的气，”加里说。“而我的计时成绩是两分半钟。非常棒的成绩！我惊呆了，教练也很吃惊！”直到这节潜水课，加里·贝克才意识到自己能在水下憋这么长时间的气，真是不同寻常。

人类的短时记忆（也就是被临床医生所说的即刻记忆）长达数秒。当某个记忆被抓住并传递到长时记忆中，就可以在数天或数年后再被想起。加里对水下环境的熟悉程度是一种非语言化的长时记忆。之前从没有人教过他潜水，而在第一节课上，他就像已经潜了好多年一样。

加里了解试着去学习并且将之保存在短时记忆中是什么样的。他做过很多类似的实验。他知道如何在复杂的信息环境中通过在脑中足够多地复述电话号码记住它，或者如何在一次短暂的对话中记住某一个名字。然而，当他在水底下屏住呼吸看着头顶上银晃晃的水面时，这些短时记忆工作的感觉一个都没有出现，并不需要去感知、记录和检索，他只是知道。他的记忆早已存在于长时记忆库中。尽管加里知道在水下屏住呼吸的感觉，但他不清楚他为什么会知道。他怎么会知道？在 30 岁时，所有他能记住的，都是他对“银质水面”的恐惧。

学习通过经验改变行为。[2] 记忆是长期经验后保存的体验。即使简单动物的简单行为也需要激活许多的神经细胞和许多与其他细胞的连接。行为的改变和保存嵌入到神经环路中，再简单的动物也是一样。记忆事关细胞之间的长期改变。

加里对屏住呼吸的记忆的体验同样与细胞关系的变化有关。为了理解学习和记忆，科学家分析相对简单的动物的神经元内部发生了什么——比人类儿童更简单的动物。科学家还观察简单动物在无意识状态和隐性记忆状态下的行为。这就是埃里克·坎德尔的团队在哥伦比亚大学的实验室里年复一年所做的工作，他们的研究对象是海蜗牛。

加里在哥伦比亚大学读博士学位，开始熟悉坎德尔博士的实验室。坎德尔博士带领两个大型研究：他的团队训练海蜗牛，使其表现出特定的行为，然后确定什么物质与保持该行为有关；他们也研究海蜗牛的神经元细胞。这些研究表明，在简单的细胞水平上，记忆是如何工作的。

海蜗牛的鳃被一层皮肤覆盖着，其终点是一个名为虹吸管的肉质斑点。如果你用手触碰这个虹吸管，然后迅速从虹吸管和腮上撤回你的手，就像我们用手碰到热水壶迅速撤回手指那样。蜗牛的反应可以通过一种称为敏感化的联想学习（associative learning）的简单方式放大。如果你给它的尾部进行轻微电击，并触碰它的虹吸管时，海蜗牛的鳃会做出极其夸张的反应。它学习到的反应记忆能持续几分钟——短时记忆。如果你反复电击它的尾部数次，那么它被强化的鳃反应就能持续数日——长时记忆。

当触摸蜗牛的虹吸管时，其感觉神经元的细胞膜的电势发生了变化。钙离子和钠离子进入细胞，钾离子离开细胞。对短时记忆来说，钙离子是关键物质。随着电击海蜗牛的尾部，钙离子激活腺苷酸环化酶，促使 ATP 分解形成环形 AMP，也就是冷泉港实验室致力于研究的“第二信使”。随着感觉神经元中 ATP 分解产生环形 AMP，神经递质血清素从第二类型的神经元释放出来，有助于在神经元内部产生更多的环形 AMP。在双重作用下产生比平时更多的环形 AMP。海蜗牛强烈的鳃反应正说明了这个敏感化的过程。换句话说，细胞已经记住了。

为了理解蜗牛长时记忆背后的细胞机制，坎德尔团队将三组神经元——感觉神经元、运动神经元和神经递质生产神经元——放入细胞培养液中。当神经递质生产神经元将 5- 羟色胺释放到培养基中时，感觉神经元细胞中的环形 AMP 促使酶磷化，即在感觉细胞的蛋白质上增加了磷离子。只要这个蛋白质保持磷化就能阻止钾离子进入，防止细胞膜再次极化。因此，钙离子可以持续穿过突触，并促使更多的蛋白质磷化。蜗牛的运动神经元还通过制造“逆行信使”—— 一氧化氮来保持该过程。坎德尔团队认为——这个过程激发感觉神经元持续释放钙离子和其他活性物质穿过突触。由于这个反馈环路和其他自我保持的活动，使得细胞不再需要环形 AMP 的刺激就可以保持其记忆。同一个细胞，两种不同的记忆类型，一个微型而强大的记忆工厂。

基因也是神经元“记忆”持续能力的重要部分。肯德尔团队创造了一个人工神经元基因，用于匹配产生蛋白质磷化的基因。研究人员给这个基因做了一个彩色包衣，当该基因“启动”就会变成蓝色。只要存在环形 AMP 就会激活该基因。当把环形 AMP 的强刺激物 5- 羟色胺加入含有人工基因的神经元培养液中，培养液就变成了深蓝色。这种基因活性的提高反过来促进了长时记忆的磷化蛋白质的供应，遗传活性被标记。这很可能表明当我们想起一些很久远的事情时，大脑里发生了什么——快速的基因激活。

正如加里・贝克爱上了潜水，他爱上了细胞记忆的方式。他的决定是生物学的。之后他在瑞典哥德堡的另一个记忆实验室里担任博士后职位，几年后定居在纽约北部。

加里喜欢细胞化学，因为这个学科很强大，虽然工作领域在目力所及之外。作为一个男孩子，加里一直对外星生物充满了兴趣。十几岁时，他是“星迷”。那时候他孤单单的，而且非常害怕他的父亲。随着加里慢慢长大，父亲也变得越来越暴力。他发现，爸爸的拳头在揍他这个十几岁少年时那么用力，以至于除了像“屎壳郎一样团成一团”外没有任何办法可以阻止他。少年绝望地渴望逃离他的父亲，他会在位于西内布拉斯加州家的公寓阁楼上一待就是几个小时，等待“星际迷航”那样的外星人打开一束光把他带走。

加里将近 10 岁时，他父亲为他买了一台显微镜。他花了几个小时试图通过镜头放大油滴，他想看透见到的每一件小东西。一位住在两个街区外的高中生物老师对他很感兴趣，他们开始合作，用的显微镜比贝克那台更大更好。师生友谊为年轻的加里的人生带来了积极的影响。

男孩经常在一些奇怪的地方寻找他的神奇力量——微型潜艇、太空飞船，以及屋后池塘中的单细胞生物等。他酷爱阅读科幻小说，直到两眼通红才肯放下。尽管可以和他的弟弟妹妹们——特里、哈利、巴利和玛丽（是的，孩子们的名字听起来都像是贝克夫妇的调剂品）—— 一起玩，加里发现了属于自己的乐趣。他最信任自己的天地，在被控制和局限的小型世界里，他可以自由地梦想力量。

加里的家人被他称为“琼·克莉佛*影集”。“一家人总是提到神啊、妈妈啊、苹果派等，”他告诉我。“我记得妈妈想要创造出一个完美家庭的画面，给我们买很多玩具。每当学校需要什么东西，我们总是会有——你知道的，学生组织的会员资格、在圣诞节和生日送给老师或其他孩子的礼物，以及诸

* 电影《反斗小宝贝》中的完美妈妈。——译者注

如此类的东西。”

在5个孩子的成长过程中，加里的父母在西内布拉斯加州从一个城镇搬迁到另一个城镇。他们在这些社区的郊区过着中产的生活，在这里他们可以有一亩或者两亩地。他父亲在其他人的商店出售农具，妈妈则在家经营日托生意。土地是干的，作物需要灌溉。围绕着土地的灌溉渠成为加里家产业首当其冲的自然边界。

加里带着一些悲伤回忆起少年时代的幻想空间。“我觉得我不属于这个星球，”他说。“事实上，我大概是某种突变的结果。就像斯波克*，我猜。”我向实验室四处望了望，瓶子中充满了千变万化的果蝇。当加里待在它们中间时，是否会有“回家”的感觉？

从他开始学习潜水到意识到痛苦的过去，整整花了3年时间。事实上，也只有一个细节，没有具体的情节。“在纽约潜水的3年中，”他告诉我，“我逐渐地意识到，‘哦，哇！是妈妈把我扔进了门口那条灌溉用的小渠里！这一定是我对水产生恐惧的地方！’”

加里这段对于消失的过去的最初认识是奇怪的。它是一个想法，而不是一段真实的记忆。想法来自语言和联想中心，而记忆来自大脑皮质的每一个部分。它们不只是在额叶（在额叶我们感觉过去的动机和重新思考过去的想法）、同时它们也来自颞叶（在颞叶我们确认声音、平衡感，也理解物理感觉和空间感觉）、枕叶（处理视觉信息、隐喻和颜色等）。当记忆出现时，大脑皮层的很多区域同时自发启动——比单纯思考所需的脑区多得多。

加里“哦，哇！”的想法出现那年是33岁。三年后，他妈妈罹患了糖尿病晚期并发症，弥留之际加里回去探望她，在临死前的床榻上，她不承认曾经把加里扔进水里。加里也不敢问。他不知道是否要相信自己的想法。这个想法对他来说是一个令人震惊的启示，但只有一个细节：他好像知道是哪条

* 电影《星际旅行》主角。——译者注

灌溉渠。但是随着想法并没有出现心理图片，也没有身体感觉，加里甚至不敢确定整个事情是真的。

“这只是一个认知上的意识——冷冰冰的想法，”加里说。“没有验证，我只是有一种感觉——‘妈妈把我扔进了灌溉沟里，’这就是全部内容。”因此当加里的母亲去世后，如果他们之间曾经发生过什么，他也无法确切地知道了。他没人可以去问了。

这个热爱微小但充满力量的事物——潜水艇、显微镜和细胞等——的男人，在读研究生期间结婚了，对方叫吉尔，是一位个子小小但充满力量的女士。她身高不足 1.5 米，在曼哈顿的一所高中当老师，很聪明，有干劲，但是加里·贝克没能与她保持长久的关系。在五年友好而平淡的婚姻生活后——他们都同意不要孩子——吉尔告诉她的丈夫，她要离婚。她说，她喜欢他，但是他们的婚姻生活不是她所期待的样子。吉尔没有“别的男人”，加里也没有“别的女人”，只是日子过得太波澜不惊。吉尔离开了，加里没能确切地弄清楚在他们之间究竟发生了什么——或者因为没有能发生些什么。

加里离开哥伦比亚大学前往瑞典研读博士后时，正是他成人生涯的低潮期。他仍然承受着吉尔离开带来的伤痛。在吸引力方面享有盛誉的瑞典女人们也没能让他打起精神来。他的实验室工作也开始变得无趣，远没有原本应有的想象力。他的生活习惯变得刻板：在一天的同一个时间醒来、同一时间吃饭、同一时间睡觉，几乎不跟他的弟弟妹妹们联系——尽管，有一段时间他会跟最小的弟弟巴利打会儿电话，弟弟住在亚利桑那州。周末，加里混迹于瑞典海岸边的几艘沉船之间，但在大多数情况下，他显得郁郁寡欢。

幸运的是，他在斯堪的纳维亚只待了两年。他在纽约州北部一个优秀的实验室里申请到了工作，加入一个非常友好的团队中，离他梦中的水域也不太远。加里喜欢快速流动的河道，它们比海岸边的沉船更诱人。当他收到职位确认的邮件时，这位细胞生物学家发现了新的希望，他就要回“家”了。

现在纽约才是家，而不是内布拉斯加州。加里的母亲已经去世，他几乎不联系另外三个弟弟妹妹，他们也从来没有什么共同点。他仍保持着对父亲的愤怒，十几岁时被他揍得如此严重以至于到了成年期，他仍对此震惊不已。巴利是这个家留给他的唯一的朋友。

加里在新实验室附近找了一所房子，并签署了一份戴尔·卡内基的课程，以便交到更多朋友，也有助于在行政工作上更好地发挥。情况会发生改变的，他向自己保证。他遇到了安妮，一个比吉尔更让他喜欢的女人。他们出去了三次，加里再次发现女人的行为是无法预测的，至少他不能。安妮告诉加里，她不想再见到他，因为他实在太紧张了。加里感觉悲伤又疑惑。太紧张？她毫无疑问是对的——他似乎被一些神秘的内在动力所驱使。老天，他到底哪里有问题？

被安妮拒绝一星期后，加里爆发了。这是一种无声的爆发，但一样强烈。这事发生时加里 43 岁，在实验室工作了两年。

“那是一个炎热、潮湿的日子，”金发科学家对我说，嗓音有些粗。“我在离家一百多公里外的一个潜水点花样百出地潜了两个小时。当我驱车走上高速路离开河流时，实在太累了，天气又那么潮湿。”

“接着，我到了出口坡道，突然出现了三个记忆，一个接一个地冒出来。就像三张幻灯片——黑白的——快速连续地显示出来。第一张，我 11 岁。第二张，我 7 岁。最后一张，我还没进幼儿园。在每一张幻灯片中，我都是赤裸裸地躺在浴室地板上。我妈妈把我绑起来了，正把什么东西插入我的直肠。第一张图中，她塞进来的是一根红色的棒球棍，大约这么长——”加里两手分开比划了一下，大概 30 厘米左右。“其他两张，她塞进去的是其他东西——我不知道是什么。三张图片显示的是三间不同的浴室，三间不同的房子。这就意味着是在我三个不同的年龄。而且，嗯——”加里的声音更粗了——“记忆突然出现，太震惊——嗯，我立刻在车子里面两眼一黑昏过去了。”

加里昏迷了几秒钟。他撞上了一辆停在坡道顶部的汽车尾部。这次撞车给加里的车造成了 120 美元的损害，但没有伤到前面那辆车。“我甚至没有试图提出保险索赔，”加里说。“因为我不想说明是晕过去后撞了一辆车。”

被压抑的童年记忆带着如此强大的力量回来，差点导致这个强壮有力的运动员虚弱地死去。这些记忆可能是被抑制的，而不是被解离的。解离的记忆几乎无法清晰而完整地回来。30 多年来，它们完全被阻断，无法检索到。这些记忆并非如伊丽安娜所说是关于溺水的，而是乱伦的强奸。伊丽安娜没有听到整个故事，或者她听到了，但是在餐桌边她选择不分享这一部分内容。

加里记忆回来的那天空气非常潮湿，这可能是一条与早前潮湿的浴室有关的线索，尤其如果加里的母亲是在他洗澡时强奸他。很难识别任何其他直接提示他的记忆的线索，加里无法思考，也许根本没有提示线索。经过一个星期的压力和深刻反省，加里认为记忆回归是因为疲劳驾驶。自从安妮拒绝加里，他就开始自我怀疑。“我是原始人吗？”他想知道，“我是不是有些什么东西被‘关闭’了？”

加里把车推到出口坡道的路肩上，被撞的车自己走了。加里在路边等着，他的潜水朋友从同一个路口出来，加里向他打了招呼。“我的潜水伙伴帮我发动了车子，”他说，“但是那段时间我没法潜水了，没门。事实上，在接下来的一个星期，我没法入睡。我感到不可思议的焦虑。最糟的是，我知道在我心里还要更多的过去，更可怕的东西。我取消了一些潜水教学的预约，因为我在水里不舒服。我向一位精神病医生咨询记忆。我问他，‘如果你想起什么，怎么知道这些事情是真的而不是一些精神病性的幻觉？’那些我看到的图片——不是我选择的记住我母亲的方式。”

精神科医生给了加里 5 片安眠药，帮助加里睡几个好觉。然后他告诉加里一位研究儿童创伤的女同事的名字。加里申请了一次紧急预约——尽管吃了药，他还是睡不着——她为他安排了一次。因此，加里开始了每周的心理治疗。

在我们约见时，他已经接受了两年的心理治疗。加里告诉我，他在这两年中获得的成长比人生中的任何其他时期都多，包括童年时期。“如果我能重来一次，”他说，“我可能会成为精神科医生或者研究宏观记忆的专家。”

在微观层面，记忆实际上导致了神经系统的生长。也许有一天，我们可以证明心理治疗也可以。细胞生物学最新研究表明，当神经元基因在处理长时记忆的过程中被打开时，大脑在生长。事情就这样发生。在小到海蜗牛这样的动物中，也发现长时记忆促进新的神经连接的生长。在哥伦比亚团队和得克萨斯大学健康科学中心团队的研究中都发现参与长期记忆的海蜗牛的感觉神经元突触前末端的数量增加。

童年时期的创伤记忆仍然是成年时期的重要影响因素。通过实验证明童年记忆能多持久、多有影响力，这是有可能的，至少在较低的生命形态中。冷泉港的提姆·塔利利用果蝇幼虫的避震（shock-aversion）技术证明了童年记忆通过蜕变保持惊人的破坏力。一旦经过八个振动周期，幼虫能保留超过五天的记忆，在此期间它们蜕变为成虫。这些实验对于人类儿童有重要的影响。它们与我发表于 1988 年的临床研究相符，那些研究涉及 25 位在 5 岁前遭受过创伤的年轻人。每位孩子的创伤都记录在案——警察报告、供词、目击证人证词等。无论这些孩子遭遇创伤时有多小或者还不怎么会说话，他们的非语言行为——他们怎么玩，他们害怕什么，他们怎么行动——这些都表明他们的记忆已经进入存储库，并保持着强大的操控力。这些行为反映了他们遭受的创伤，虽然很多孩子并不能用语言记住他们可怕的经历。就像加里的“银质水面”和他无数童年噩梦中深金属色的水体一样，20 位孩子中有 19 位的非语言行为表明他们感知、确认和存储了他们的恐惧。第二十个孩子实际上并没有看到创伤事件，但是她认为自己看到了，她只是听到了家里的传言。她的记忆是假的，也没有行为症状。[3]

自从加里看到心理图像后他一直感觉不舒服。“我有一种感觉，我的心里还藏着很多秘密，而原先阻挡秘密的大坝快要崩塌了，”他跟我说。“一直以来，我过着刻板严谨、极度自我控制的日子，事后我想，这是因为我在那么小的时候就压制了我的记忆。当我开始做心理治疗——也就是我在高速路上晕过去两个星期后——事情发展得太快了。”

心理图像回归后最初的几个星期里，加里的三张黑白幻灯片开始像录像带一样会动了，然后出现了颜色，接着有了声音。他能够根据不同浴室中不同种类的水槽和浴缸，看见自己躺在地板上的位置。“最后回到记忆中的是恐惧，”他说。然后他想起了发生在四五岁之间的另一个场景。“那是我 6 岁时离开的房子。妈妈当着我的面用一个假阳具自慰。我记得自己因为害怕惊叫着跑出房间，因为我以为她的呻吟和（她生殖器中的）红色意味着她在自我伤害。”

当他开始进行心理治疗时，加里感觉他的记忆都被堵住了。他相信还有一系列富含个人意味的回忆仍然被深深地压制着，他为之紧张不已。“我感觉，”他说，“我好像被挤在一堵冰冷的黑墙上。”

通常情况下，一个人越努力记忆，记忆的内容越不容易出现。加里的心理治疗师告诉他先放松下来，治疗才开始呢。当他准备好的时候，那些记忆会回来的。但是加里反复抨击他的“冰冷的黑墙”，这对他来说太可笑了。

“我给我爸爸写了一封信，”加里说。“是我的主意，治疗师没有给我这样的建议。我在信里写道：‘爸爸，我刚刚开始做心理治疗。我很痛苦，感觉很不好。我想起了之前妈妈对我做了些什么。我不相信你知道发生的这些事情，但是如果你想到了任何事，我会很感激你能告诉我。’”

“我爸爸带着 20 世纪四五十年代形成的成见，他认为精神病学家都是邪恶的，只有犯罪的疯子才看精神病医生。他立刻来看望我。”

作为科学家，加里希望获得一些证据证明他妈妈的性骚扰记忆的确定性，但是没有一个弟弟妹妹声称知道发生过这事，贝克先生也一样。当加里第一次看到这个大块头男人站在他的客厅里，他误以为爸爸穿了一件纳粹制服。“整个访问就像纽伦堡战争审判”，加里说。他在两天访问中向父亲提出的问题没有得到对确认他记忆有帮助的信息。而且，贝克先生坚决否认曾经体罚过加里，他也坚决否认加里的母亲曾有过任何情感问题。跟着父亲一起来访的弟弟哈利则马上充满敌意。他对加里说的第一句话是："你犯什么病啊？"父亲和弟弟异口同声地责怪说，十几岁的加里看了太多的《星际迷航》，而现在呢，受"来自纽约的精神病学家影响太多"。

"他们飞回内布拉斯加州时我在上班，"加里说。"我爸爸离开前打碎了一些东西——他一定是疯了——我也没要他事后寄给我作为赔偿的钱。我认为这些钱是一种补偿。他打碎了我挂在墙上的世界海洋地图上的玻璃，他肯定是把它摔地上了。他也毁掉了我桌上的一些东西，我记不起来都是什么了。但是，当我回到家里后，将他们待过的那些角落进行了彻底清理。我是说，我用力地擦洗了客房和厨房的墙面，反复清洗他们用过的床上用品。一边清洗一边对自己说：'现在我知道强奸受害者的感受了，现在我知道为什么她想要洗得干干净净了。'"

这是下午 5 点左右，灯光打在实验室的玻璃器皿上，正如打在 Vermeer 模特耳垂上的珍珠那样。"他们访问后的一个晚上，"加里继续说，"我在俄亥俄州一个老盐矿中进行水肺潜水。这是一个独一无二的研究所，现在已经不复存在了，物理学家一直在寻找在充满超纯水的巨大水槽中的质子衰变的证据。我潜入到 600 米深处突然听到了火车汽笛声。好吧，那里根本没有火车——根本不可能有！然后我想起妈妈从我的电动火车上取下变压器，用电线电击我的手。"

"你知道是哪只手吗？"我内心有一个问题，也许在我们谈论这一部分的时候他能感觉到疼痛。

"右手——第一个和第二个手指。我是家里的老大。"他停顿了一会，小心翼翼地弯了下他的手。"妈妈对我来说像一个谜。我是说，她为什么要对孩子们这么做？她从来没有去过精神病院，从没做过诊断。她还开了日托中心，我想她在那里也对孩子们造成了严重的伤害。事实上，我知道这些。"

"但是先回到变压器吧。自从想起变压器，我给巴利打了电话，他记得这事在他身上也发生过。他是一直记得。但是，在巴利的回忆中，那是一个带有红色手柄的灰色盒子。他比我小 5 岁，我不认为他知道这个仪器是玩具火车的变压器。这是第一次验证我的记忆是真实的而不是某种精神错乱后的幻觉，这也是第一次，我确信自己是对的。我确实记得我的现实生活。巴利证实了我的记忆——至少，在我听到脑海中的火车汽笛声后回想起的这一段记忆。”

紧接着，加里回忆起第二段与火车相关的记忆，当时他仍然在俄亥俄州的潜水池中。他想起在大约 5 岁时被迫躺在离家大约 1 公里的铁轨上。开始的时候，妈妈让他在火车经过时坐在离铁轨几米的地方，然后她逼他躺在轨道上，嘴里还说着火车会从他身上轧过去之类的话。当火车渐渐靠近（“你知道汽笛声通过铁轨传过来声音很大，”加里说），她才让小男孩爬起来，“嘴里还威胁说下一次火车来了就真的会从我身上轧过去。”

为什么妈妈会对自己的孩子做这样的事情？当我听着加里的故事时，环顾了一下实验室里那些趴在食物上的苍蝇，想着这个问题。他是她最喜欢的孩子，加里告诉我。作为最大的孩子，她希望他是美好的。但是，在她心里一定还存在着可怕的仇恨——而不仅仅是爱和性魅力。她很可能害怕这个最大的儿子，并且夸大了他的能力。她讨厌加里是个男孩子吗？为什么只有男孩处于受她攻击的危险中？加里说，在她母亲的日托中心总会有一个男孩是她的最爱—— 一个小男孩有权利和贝克夫人一起睡午觉。“我确定在他们身上也发生了性虐待事件，”加里说，他的声音里有着深深的歉意。

年前，哈佛大学儿童精神病学家理查德·加尔斯顿，我，还有凯斯西储大学医学院，分别从儿童创伤的临床研究中提出了同样的发现。[4] 人们在殴打孩子时，放大了他们的不切实际，加尔斯顿将之定义为“精神转移”。很可能在贝尔太太年幼时曾有人对她做过可怕的事情。可怕的记忆导致可怕的行为。这不是为她找借口，只是一个非常粗略且不完整的解释。贝克太太活着没能向儿子解释她的行为，今天活着的人也不知道她为什么这样做。

加里的故事让我把目光从盯着的玻璃罐上撤回，罐子里至少有一千只翅膀颜色奇特的果蝇。他告诉我，在俄亥俄潜水点找回的最后的记忆向他解释了什么是“冰冷的黑墙”。那天他回到宾馆试图入睡，这段记忆恢复了。加里记得当他大概 4 岁时，他妈妈清空了冰箱，把他塞在里面，然后关上了门。这段回忆恢复几个月后巴利告诉他，他也想起了一段记忆，当他们住在内布拉斯加州另外一个镇上时，曾经被锁进冰柜里。那次谈话中，巴利说孩提时常有疑问，当冰箱的门关上后里面的灯是不是会熄掉。“会熄掉，”加里说，“我知道。”

他叹了一口气。“我猜这是我妈妈用来对付孩子们的方法之一，”他继续说道。“把孩子们关进冰箱。有趣的是，自从这段记忆恢复后，我再也没有被压在一堵冰冷的黑墙上的感觉了，冰冷的黑墙就是冰箱。”

像加里这样有着“冰冷的黑墙”记忆的人，是圣地亚哥退伍军人管理医学中心心理学家拉里·斯基尔的兴趣所在。几年来，斯基尔博士一直在使用巧妙的心理测试和脑成像技术对器质性（organically）健忘症患者进行研究。1989 年，他研究了一群能确定患病日期的健忘症患者，发现尽管他们在回答罹患健忘症之前十几二十年中发生的世界大事时存在困难，但是他们对于罹患健忘症前三四十年发生的事情所做出的反应是正常的。这表明很早的长期记忆进行了自我重组。“新的记忆比老的消失更早，”1881 年，法国心理学家西奥多·里博关于记忆的书里这样写道。斯基尔博士发现了至少一种证明里博的说法是正确的方法。斯基尔团队以猴子为对象做了相关的研究，他们教授猴子每天区分二十对物品。等到猴子们学会全部一百对后，移除一些猴子的海马体。没被移除海马体的猴子对近期教授的物品序列记得更好，但是被移除了海马体的猴子则相反，它们在记忆早期物品序列时更好。这个实验表明海马体仅对有限时间段内的记忆是重要的。长时记忆由最近进化的大脑皮层区域处理，并最终取代海马体中的记忆。

斯基尔博士研究中的人类被试罹患的是顺行性遗忘症，也就是说，它们不能将确定的短时记忆转化为长时记忆。然而，他们在内隐式存储长时记忆方面做得非常好。例如，经过几天的训练，他们在进行镜像绘制方面可以跟任何进行了相同训练的常人做得一样好。斯基尔博士作为记忆具有多种形式这个概念的发起人，明确阐述说，人类记忆是由独立系统组成的，有些包括意识性的知识，其他的跟思维没有任何关系。[5]

我看了看加里的钟，现在差不多是夏夜 6 点，实验室窗外的草地上空有 6 只风筝随风飘荡，此起彼伏。加里对我说 8 点会有两名潜水学员去他家里。“听着，让我先停一会吃个比萨外卖，带你回家再谈大概 1 小时，”他说。“我想，我们的访问到那时就可以完成了。”

“好的，”我说。我很有兴趣了解这位细胞生物学家和潜水运动员的日常生活。

不到 20 分钟我们就到达了一个牧场式的房子里，还有一个超大的比萨，这也是全部的晚饭。加里说，“我刚刚和女友一起搬到这里。我们想试着过过看。我们俩都是潜水员，所以有不少共同点。”我遇到了布鲁克，一个高个子、休闲装的黑发女子，大约三十六七岁。她跟吉尔一样是一名教师，跟吉尔不同的是，她似乎倾心于加里。“怎么回事？”她问道，用开朗、好奇、稍带关心的眼神看着我。加里回避了这个问题，说他很好。但我注意到，他在领我去书房前给了她一个小小的拥抱。

加里领我走进地下室，跟通常的地下娱乐室相比，看起来更像一间图书馆。硕大的空间中央摆了张大会议桌，加里在会议桌边上吃掉了半个比萨，他开了两听可乐，给了我一听。

加里吃比萨的时候，我四处看了看房间。三面墙壁上陈列着世界淡水鱼和海水鱼的图表。没有被鱼占据的那面墙挂着相框，里面是中国帆船、海浪、水龙头和充满水的洞穴的照片。其中一张令人称奇的照片显示，加里完全潜入了一个混泥土制的深洞中——“这是俄亥俄州的研究所”，他提醒我。在第四面墙的右转角有 8~10 个木制书架。“我拥有一座在全美都非常棒的潜水图书馆，”加里对我说，“我要努力成为一名潜水学者。”

加里把他最重要的记忆保留到了最后，在介绍心理治疗过程的后期，他想起了它们。这是他在看见童年的自己躺在铁轨上后1个月左右想起来的。当我们坐在这个潜水专用屋里听加里描述他的记忆群，以此解释他的生活历程比任何其他记忆更好。作为一名赤身裸体躺在浴室地上遭受母亲反复性侵的小男孩，加里并没有严重的性功能障碍。他也没有因躺在铁轨上或者锁进冰箱中承受什么困难，但是他的一生——至少到目前为止——致力于追求水流。这就是在这个下午结束的时候，他与水有关的记忆带给我的印象。

“所以，对我来说去年的大事是关于水的，”加里说，把沾着比萨酱的纸巾和纸盘丢进一个蓝色的废纸篓，上面印着北美东部大陆架地图。“我妈妈对我做了一些事情，这些事情对我的生活产生了影响，你看。而我曾试图在潜意识中进行回应，因为我成了一名潜水员。”

“以前呢，”我在自己的脑海中补充。

“在我大概三四岁左右，我们有一条小狗，”他继续说。“我猜是她的狗——我妈妈的，但是我从来没有用这样的方式想过——‘她的狗’。有一天，我爬到我家田边的灌溉渠里。我的意思是，一条既没有大水坝也不是政府管理的水渠，就是一条不足30厘米深的灌溉渠。我把她的狗扔进水里，想看看小狗是不是会游泳。我好奇，你知道吗？该死的，我只有三四岁，只是想看看小狗游泳。”

“她穿过后院奔跑过来救走了她的狗。但是，接着——这就是我的记忆中感觉恐怖的地方了——她把我举过头顶。她把我高高举起时尖叫着说‘我恨你！’‘我恨你！’然后把我扔进了水里。我被惊呆了。水漫过我的头顶，然后我就看见了银质的水面。”

加里的声音听起来像是喉咙被掐住了，他的眼神突然变得苍白无力，他拿出一块手帕。我喃喃地表达共情，但是加里说：“没事的，会过去的。这段记忆——它才回来一年，所以它非常接近我的感受。其他一些回归的记忆让我感觉似乎跟我的身体没关系——超出我的感觉范围。但是这一段，我没有办法防御它。我知道就因为这个记忆让我决定去学习潜水而不是为了克服对水的恐惧，是我需要克服我认为自己会淹死的确定性。”

现在我知道为什么加里可以在第一节潜水课练习憋气时显得很有经验，我也可以明白为什么他专门勇敢挑战激流。“一次尝试学习”（One-trial learning）可以促成这类事情。对果蝇幼虫的八个电击循环足以改变成年果蝇的行为，一次溺水经历可以改变一个孩子的人生。我理解加里为什么做了数百个银质水面的梦，当然我也明白他为什么成为了一个世界级的潜水员。

加里继续用一种被掐住脖子的声音谈论过去。“我有感觉我永远不想回到水面上。我在水下看到了，到处银晃晃的。有冷冰冰的感觉，也有运动的感觉，就好像我被水流卷跑了。但我敢肯定，灌溉渠中的水流速度不像我现在玩的河流那么快。我教人们如何掌握激流。那是我擅长的，他们喜欢的，但它也是我孩提的故事。也许在我内心深处驱使我去克服被冲走的恐惧。”

“最后你是怎么爬出那条灌溉渠的呢？”我问。

“她把我拉出来的，”他说，用手帕擦了一下眼睛。“你看，我不清楚是什么阻止了我妈妈杀掉我。其他时间，她曾把我的脑袋塞进马桶里——我现在能想起这些。她甚至把我浸在浴缸的水下。我可以想起这些，尽管记忆好像隔着纱布一样模模糊糊的。墙是浅灰色的，空气中飘着臭味——我从未闻过那样的怪味，还有放弃了什么的感觉——只是感觉，就这样结束，但是我母亲总是会把我拉出来，我不知道为什么。”

具有讽刺意味的是，如此危险、如此可怕、如此强迫孩子的事情，可以成为孩子们后来生活中的自愿活动。艺术家们在他们的艺术作品里一次又一次重复他们的童年创伤。14 岁时，雷尼・马格利特因突然的意外死亡失去了母亲。她跳进桑布尔河自杀了，好几天都没找到她的尸体。在马格利特的艺术生涯中一再回味他的记忆——在母亲的尸体从那条鳗鱼出没的工业河中打捞出来并陈尸家中后，与他意向中母亲的尸体一起“玩”。尸体的脸毁了。

有人说当她被发现时睡衣裹在她脸上。马格利特通过描绘戴着面纱的或者没有脸的人，将这段记忆重复了无数次。他向你展示布包、苹果、礼帽和天空——除了脸以外，他什么都画。他经常以水为背景作画。他再现了恐惧的感觉。他画一些奇怪的女人，半人半鱼，肚子胀鼓鼓的——很接近一个刚刚从水里捞出来的人。

爱德华·蒙克5岁时，他妈妈死于肺结核，14岁时姐姐死于同样的疾病。蒙克经常通过描绘棺材里的女人和孩子（或者胎儿）重复她们的死亡。他描绘恐惧，即使他描绘的是活着的女人，但看起来也像死的。最糟也最令人恐惧的是蒙克可怕的幸存者意向，也就是他自己。

著名的墨西哥画家弗里达·卡罗十几岁时，在路边骑自行车被车撞倒后又被栏杆刺穿。因事故导致的痛苦和变形的影响一次又一次损害她的美好，她的作品常常是破碎的容颜或眼睛一眨不眨的自画像。6岁时，她因为右腿麻痹卧病在床长达9个月。那时，她“拜访”了一位想象中的小女孩，她住在地球的中心，会跳舞。她似乎也保留了这段记忆。在她40岁时，卡罗画了《两个弗里达》——她最著名的作品之一。画作中，健康的弗里达在给虚弱的弗里达输血。

加里不是艺术家，但是他不断重演已经在意识中失去多年的记忆。他在心爱的纽约州湍急的河流中重演他的记忆。他将这一活动称呼为“玩”，我认为马格利特、蒙克和卡罗也会如此称呼他们的工作。学生时代演奏萨克斯时，加里就注意到他比其他同学的气更长，他甚至在毫无意识的情况下练习呼吸，这是他的救生习惯。高中时，他是一个“星迷”，生活在一个想象的空间里，在那里就像令他惊恐不已的水下世界一样缺乏空气。大学时代，他在棋赛开始前就写下棋谱，这样一来对手可以在赛后知道加里从一开始就控制了棋局。加里力争掌控局面因为他曾经无法掌控。他妈妈的死亡游戏给了他很多方法来“玩”他预期的死亡。[6]

最后，加里的潜水成为最主要的练习行为，尽管记忆仍被抑制。在潜水时，他不知不觉地面对马桶和浴缸的恐惧以及被水流冲走的威胁。他一辈子力图掌控通常无法完全掌控的情形。

加里在灌溉渠中的创伤经历在他众多的创伤中并不突出。当妈妈威胁他的生命，挑战他对她的爱，以及在童年对他性骚扰时，他经历了很多的创伤，但是水沟是他生活的基调，也是他余生的基本模式。他将研究居住在世界各地水体沟渠中的所谓生物，他最终会探究人类的大脑细胞，他将鲁莽地挑战激流，他教会其他人也这么做，他会掌控高高在上的银晃晃的水面。

加里在水渠里的瞬间代表了一种不可挽回的学习时刻。这种心理表征必须从短时记忆转化为长时记忆。如果很早期的记忆进行重组，正如拉里·斯基尔的研究告诉我们，这些记忆很可能在加里的大脑皮层重新包装而不会失去任何巨大的影响，之后完全隐藏在加里意识之外，对他的行为施加影响，并且在 40 年后它们从隐藏处再次现身，披露所有能量强大的细节。

这些天，我在关于大脑和记忆的科学杂志上看到了加里·贝克的名字，他的研究团队在进行很有趣的工作。有一次我们通电话时，加里告诉我说他比以前更自由、更有创意、也更幸福。他的精神科医生已经为治疗设置了终止日期，但加里对此百感交集。“做的治疗越多，”他说，“我的工作效率越高，而我的‘好像斯波克先生’的感觉就越少。”他和布鲁克很快就要结婚了，但是潜水仍然是加里生活的中心。他必须继续在深水下玩耍，在那里他可以仰望水面上的银色。

注释

1. *Drosophila* memory studies: see T. Tully, “Physiology of Mutations Affecting Learning and Memory in *Drosophila*—The Missing Link Between Gene Product and Behavior,” *Trends in Neuroscience* 14 (1991):163-64;

and T. Tully, "Genetic Dissection of Learning and Memory in *Drosophila melanogaster,* " in J. Madden, ed., *Neurobiology of Learning, Emotion and Affect* (New York: Raven Press, 1991); and R. L. Davis and B. Danwalder, "The *Drosophila Dunce* Locus: Learning and Memory Genes in the Fly," *Trends in Genetics* 7 (1991): 224-29.

Tully' s fruit-fly conditioning experiments have identified four memory phases in flies: short-term (gone in 60 minutes), middle- term (gone in 6 hours), anesthesia-resistant (gone in 2 to 4 days), and protein-synthesis-inhibitor-sensitive long-term memory (last-ing more than 7 days). The first three of these memory-phase experiments are described in T. Tully, S. Boynton, C. Brandes J. M. Dura, R. Mihalek, T. Preat, and A. Villela, "Genetic Dissection of Memory Formation in *Drosophila melanogaster. Cold Spring Harbor Symposium on Quantitative Biology* 55 (1990): 203-11. Research on the fourth phase is currently in progress.

Long-term memory can be interfered with by inhibiting protein synthesis. When protein-inhibiting compounds are administered to laboratory animals, the animals can learn, but they cannot retain their knowledge for more than a few minutes. See S. H. Barondes, "Multiple Steps in the Biology of Memory," F. Schmitt, ed., *The Neurosciences: A Second Study Program* (New York: Rockefeller University Press, 1970).

2. Some selected references to the work Eric Kandel' s team does on the cellular memory of *Aplysia* are E. R. Kandel and R. D. Hawkins, "The Biological Basis of Learning and Individuality," *Scientific American* 267 (September 1992): 79-86; R. D. Hawkins, T. W. Abrams, T. J. Carew, and E. R. Kandel, "A Cellular Mechanism of Classical Conditioning in *Aplysia:* Activity-Dependent Amplification of Presynaptic Facilitation, *Science* 219

(1983): 400-5; and E. R. Kandel, "Genes, Nerve Cells, and the Remembrance of Things Past," *Journal of Neuropsychiatry* 1 (1989): 103-25.

3. Craig Bailey and Mary Chen of the Columbia *Aplysia* group describe the anatomical changes that *Aplysia* develops with long-term memory in "The Anatomy of Long-Term Sensitization in *Aplysia:* Morphological Insights into Learning and Memory," in L. R. Squire, N. M. Weinberger, G. Lynch, and J. L. McGaugh, eds., *Memory: Organization and Locus of Change* (New York: Oxford University Press, 1991).

On the Texas Health Science Center studies of cellular response to long-term memory, see J. H. Byrne, "Cellular Analysis of Associative Learning," *Physiological Review* 67 (1987): 329-439.

On larval memory through metamorphosis, see T. Tully, L. Kruse, and V. Cambiazo, "Memory Through Metamorphosis in Normal and Mutant *Drosophila melanogaster*," *Journal of Neuro-science*, in press.

My clinical study of twenty preschoolers with documented traumas is "What Happens to the Memories of Early Trauma? A Study of Twenty Children Under Age Five at the Time of Documented Traumatic Events," *Journal of the American Academy of Child and Adolescent Psychiatry* 27 (1988): 96—104.

4. Richard Galdston' s paper on "psychotic transference" in child abusers is "Observations on Children Who Have Been Physically Abused by Their Parents," *American Journal of Psychiatry* 122 (1965): 440-43. My own research on physical child abuse is published in two articles: L. Terr and A. Watson, "The Battered Child Rebrutalized: Ten Cases of Medical Legal Confusion," *American Journal of Psychiatry* 124 (1968): 126-33, and L. Terr, "A Family Study of Child Abuse," *American Journal of Psychiatry* 127

(1970): 665-71. For other studies on the reasons parents abuse their children, see L. Silver, C. Dubliner, and R. Lurie, "Does Violence Breed Violence? Contributions from a Study of the Child Abuse Syndrome," *American Journal of Psychiatry* 126 (1969): 404-7; and J. E. Oliver, "Intergenerational Transmission of Child Abuse," *American Journal of Psychiatry* 150 (1993): 1315-24.

5. Work on human and animal amnesia from Dr. Squire' s lab includes L. R. Squire, "Memory and the Hippocampus: A Synthesis from Findings with Rats, Monkeys, and Humans," *Psychological Review* 99 (1992): 195-231; and L. R. Squire, F. Haist, and A. P. Shimamura, "The Neurology of Memory: Quantitative Assessment of Retrograde Amnesia in Two Groups of Amnesic Patients," *Journal of Neuroscience* 9 (1989): 828-39.

The idea that the hippocampus does not stay active over very long periods of time in storing memory is found in S. Zola- Morgan and L. R. Squire, "The Primate Hippocampal Formation: Evidence for a Time-Limited Role in Memory Storage," *Science* 250 (1990): 288-90.

6. D. Sylvester' s *Magritte* (New York: Abrams, 1992) describes the aftermath of Madame Magritte' s suicide, including the discovery of her drowned body, which washed up several days later onto a slag heap. For my understanding of the artist, I also rely on Suzi Gablik, *Magritte* (New York: Thames & Hudson, 1985); A. Hammacher, *Magritte* (New York: Abrams, 1973); and H. Torczyner, *Magritte* (France: Draeger, 1977). An interesting psychiatric paper on Magritte was written by Milton Viederman. It is "René Magritte," *Journal of the American Psychoanalytic Association* 35 (1987): 967-98. I wrote about Magritte in "Childhood Trauma and the Creative Product: Poe, Wharton, Magritte, Hitchcock and Bergman," *Psychoanalytic*

Study of the Child 42 (1987); 545-72.

My material on Munch comes from J. P. Hodin, *Edvard Munch* (London: Thames & Hudson, 1972); T. Messer, *Munch* (New York: Abrams, 1985); and R. Stang, *Edvard Munch: The Man and His Art* (New York: Abbeville Press, 1977).

Hayden Herrera' s biography of Frida Kahlo, *Frida* (New York: Harper & Row, 1983) includes plates of many of her paintings and drawings. It is one of the best art biographies I have read and includes the material I refer to here.

5

1958 年的美国小姐和姐姐

一张 1951 年的报纸照片[1]上有一位男士坐在沙发的扶手上，双膝打开、双手放松。他身着一件浅色春款西装，扣子敞开，胸前手帕直直地插在口袋里，灰白的头发衬托出他的贵族气质。他侧着脸朝向沙发上坐着的几个人，那是他的四个女儿。他似乎正亲切地和她们谈着一些有趣的事。他微张的嘴唇露出洁白的牙齿，身体前倾，看上去身形矫健又个性随和，这是典型的中年成功男士的写照。

女孩儿们穿着高跟鞋的腿占据了照片的下半部分。她们的身材苗条匀称，从她们的腿可以看得出她们常年骑马、打高尔夫球、游泳和滑雪。她们中有三个是金发，一个是黑发，她们齐肩的卷发亮丽有光泽，很吸引人，看上去身体都很健康。

父亲的右手触向一个女儿的后背，她抬起头来看着他，这是他的大女儿格温。她的头发颜色很浅，可以和美国老电影明星珍·哈露媲美。旁边黑发女孩是他的二女儿瓦尔。和其他几个穿着晚春浅色衣服的女孩不一样，有一个女孩穿了一身黑。她叫南希，看上去很成熟，穿着和姐妹们一样的高跟鞋，脚却很笨拙地踩在地毯上。

最年轻的一个女孩侧身坐着，她的卷发有一丝凌乱，并拢的手指紧抓住她的手套。她是四个姐妹中最高最瘦的一个，她叫玛丽莲·范德伯，那年她

13 岁。在这张照片中，她和她的姐姐们正在美国丹佛大学参加为她们的父亲举办的荣誉称号授予仪式。这位轻松自在的英俊男士是弗朗西斯·范德伯，他在 1951 年被丹佛大学授予“杰出校友”的称号。

弗朗西斯·范德伯和他的妻子格温多林·奥林杰·范德伯是美国科罗拉多州的精英人士。丹佛市前市长比尔·麦克尼科尔斯甚至认为弗朗西斯·范德伯是美国历史上的杰出人物。[2] 范德伯胸怀大志，而且取得了巨大的成功。他靠奖学金读完大学，工作异常勤奋，而且还能即兴弹奏钢琴、背诵诗歌。在他大学毕业之际，他遇到了一位迷人、富有且精于社交的女生，一经认识他们就从未分开过。格温多林完全被“范”的相貌所吸引。“他真是个美男子，”后来在谈到弗朗西斯·范德伯时她说，“我对他一见钟情。”[2]

在弗朗西斯为格温多林的父亲工作了一整年后，他们于 1930 年 6 月 13 日结婚，此后弗朗西斯便致力于不断壮大奥林杰家族的丧葬公司。到 1959 年他成为企业董事长时，这家公司已经发展成为一家涉及多领域多产业的行业巨头。在他们结合 55 周年之际格温多林接受《人物》（*People*）杂志采访时说，“这真是完美的人生……，从见到他的第一眼直到他去世，只要一看到他我就心跳加速。”已进入耄耋之年的格温多林回忆着弗朗西斯做过的那些“美好的事”。她始终积极致力于慈善事业和她的家庭经营，家庭一直是格温多林生活的中心。

弗朗西斯·范德伯是杰出的慈善家、董事会成员、社会名流、商人和丹佛市的栋梁。1984 年他因心脏病发作去世，享年 76 岁，丹佛市报纸在头版刊登了这条讣告。他被埋葬在林都山顶的陵园里，旁边有一个巨大的霓虹十字架，那是他多年前为了方便他妈妈可以透过房间的窗户找到他爸爸坟墓的位置而造的。这个发光的十字架还是杰斐逊县的标志性建筑，是航空旅客飞到丹佛市的一个参照点。[3] 范德伯先生还为科罗拉多机构留下了许多不那么显眼却更为重要的建筑。在他最喜爱的几个当中有为残障儿童建的克莱沃华莱斯村、他的母校丹佛大学、科罗拉多女子学校、科罗拉多大学、丹佛市表演艺术中心、城市剧院和美国童子军大楼。

自 1931 年开始，范德伯家的四个女儿陆续出生。她们最初住在东丹佛一栋旧式三层楼的白色木板房里，1948 年搬到离市区近些的一栋更宽敞的房子。女孩子们冬天爱滑雪，而一年中的其他时间则在科罗拉多乡间运动，那里有学校、音乐课和游戏。每个女孩都努力成为最优秀的那个。玛丽莲是个骨瘦如柴的孩子，她对与马有关的东西都非常着迷。她姐姐格温回忆说在玛丽莲的房子里到处都是马尾鞭、马雕像和马用具。

毋庸置疑，在如此优秀的家庭里每个孩子都必须成为志愿者。玛丽莲花费大量的时间在华莱斯村—— 一个情绪障碍儿童的项目中帮忙。格温也对各种公益事业发展出持久的热情。为得到零用钱，范德伯家的女孩都必须在计划清单上详细地描述他们所做的公益活动。

小玛丽莲有个剪贴簿[4]，里面收集的不是明星的照片，而是比她大 6 岁的姐姐格温的一切。1949 年格温被科罗拉多大学授予返校节女王的称号，她是阿斯彭首届冬季滑雪女王，她的头像出现在 1952 年 7 月《电影》杂志的封面上。在小玛丽莲的心里没谁能比格温更让她钦佩了。在玛丽莲的剪贴簿里贴满了关于格温的剪报和照片，这曾让格温感到费解，因为她根本不屑于保存这些东西。

1957 年，正在科罗拉多大学读二年级的玛丽莲 19 岁，她参加了科罗拉多小姐选美比赛并获胜。刚上大学三年级时玛丽莲又参加了大西洋城的比赛并当选 1958 年美国小姐，她在哈蒙德牌电子琴上弹奏了两首她父亲为她选的曲子“Tea for Two”和“Tenderly”。（“他永远不会出错”，玛丽莲后来谈到这些选择时对媒体说。）在晚礼服和泳衣比赛中她显然是最受喜欢的选手之一，但是她必须打败强有力的竞争对手——极具魅力的格鲁吉亚小姐乔迪·伊丽莎白·沙特克才能最终夺冠。当最终当选美国小姐时玛丽莲感到很意外，她说：“即使是我姐姐也不会相信我能赢。”当选美国小姐后，她一边在大学完成了大学三年级和大学四年级的学业，一边担任 AT&T（美国电信公司）的电视发言人。年少成名的玛丽莲仍很重视学业，最终以美国大学优秀毕业生的身份毕业。

四个聪明美丽的女孩都忙于慈善活动和各种“计划清单”，范德伯家似乎已经实现了美国梦。[4]

1991 年 5 月 8 日晚上，一群乱伦幸存者和他们的家庭、治疗师，还有一名记者聚集在丹佛市科罗拉多大学健康科学校区的一个小礼堂参加肯普国家中心的一个新项目计划报告。肯普国家中心是一家致力于预防与治疗虐待和受忽视儿童的知名大学附属机构，它以儿科医生亨利·肯普的名字命名，并于 1962 年夏天由亨利·肯普、一位精神病学家、一名放射科医生和两名内科医生共同创立。肯普国家中心在《美国医学会杂志》（*Journal of the American Medical Association*）上发表了一篇名为《受虐儿童综合征》的文章[5]，这篇文章后来成为诊断儿童虐待的经典医学论文。在肯普受益者之夜，一位令人意外的演讲者走上讲台，她身穿白色短外套，用熟练的、引人注目的方式开场。她说她来是有一个提议，她和姐姐还有她妈妈将为童年乱伦的成年幸存者建立一个肯普中心项目，她们会捐赠 25 万美元作为启动资金。但真正让在场为数不多的听众感到震惊的是这位演讲者暴露了她自己的故事。她说：“今晚站在你们前面的我就是一名乱伦幸存者。”这位演讲者正是 1958 年的美国小姐玛丽莲·范德伯·阿特勒。

玛丽莲告诉听众弗朗西斯·范德伯从她 5 岁起就开始“侵犯”她，一直到她离家读大学，他要求她对此守口如瓶。“这是他最大的武器”，她说，“因为他知道我永远不会说出来。”她停顿了一下，说：“但是今晚我要对我父亲说，‘你错了！’”[6]

即使是在这样一个自我暴露变得司空见惯的时代，这个被揭露出来的真相仍令人无比震惊。玛丽莲的故事，获得了全国范围内媒体的关注。这个故事最吸引我的是玛丽莲说她在 24 岁之前完全不记得她曾遭受性虐待。就在性虐待发生的同时她已经丧失了所有记忆。从最初到最后，玛丽莲从未有意识地思考哪里出了问题。当她和后来成为她丈夫的拉里·阿特勒约会时，她不记得无数次在他们亲吻说晚安后她父亲还强迫和她发生性关系，而她当选美国小姐后她就彻底忘记了她乱伦的过去。

玛丽莲把她的乱伦记忆保持在意识之外的技术不太常见。玛丽莲在大学向她的听众解释时说，作为一个孩子她当时把自己“分裂”成快乐的“白天小孩”和惊恐的“夜间小孩”。她显然使用了弗洛伊德晚期发现并取名为“Icb-Spaltung（意大利语，“我—分裂”）”的防御方法[7]。她的“白天小孩”永远不知道她的“夜间小孩”经历了什么。所有被虐待的记忆都隐藏在夜间小孩的脑中。分裂是一种防御机制，让你把自己或别人看成是“全好的”或是“全坏的”。采用“分裂”这个防御机制的人不能把自己或别人积极和消极的一面整合成一个全面而连贯的图像，偶尔这些“自我”中其中一个自我的记忆会丢失。显然这个过程就发生在这位美国小姐的脑中。

玛丽莲告诉她的听众她的雄心壮志、运动才能和学术成就都是“白天小孩”的特征，而她把“夜间小孩”看成是她自己的另外一面，这一面拥有难以启齿的羞耻、肮脏的秘密和恐惧。“夜间小孩”难以入眠，“夜间小孩”不能说话。但是玛丽莲的白天小孩完全没有意识到这些，她的任何一面都不知道另一面的存在，乱伦的记忆仅被储存在玛丽莲一半的意识中。“那些日子，”玛丽莲告诉听众，“当我父亲和我目光交流时我没有感觉到尴尬或是愤怒，因为我是那个‘白天小孩’，完全不知道‘夜间小孩’所遭受的创伤和恐惧……我相信我是这个世界上最幸福的人，我真的坚信这一点。”

玛丽莲的记忆恢复是在她 24 岁时，一个偶然的机会玛丽莲和一位老友在比弗利山共进午餐。他是哈维牧师，玛丽莲曾在丹佛市一个教堂参加过他带领的青少年团体[8]。那时玛丽莲在洛杉矶为‘贝尔电话时间’做电视广告，搬到洛杉矶在锡南浓戒毒机构做法律顾问的牧师哈维先生邀她共进午餐。自从成为 AT&T（美国电信公司）代言人，玛丽莲经常去洛杉矶拍摄广告，但她却对哈维避而不见，但是这次哈维坚持了，他想问她一些事。许多童年被虐待的成年幸存者都会参加锡南农戒毒项目，哈维和许多这样的人工作过。他对玛丽莲怀疑了好多年，他总觉得她哪里不对，现在他想他知道那是什么了。午餐时他谈到乱伦，玛丽莲当即痛哭，提及那个词触发了她巨大的被遗忘的情绪。玛丽莲流着泪哽咽地说出的第一句话是："别告诉任何人。"

"谁是你不想告诉的人？"

"拉里。"

"那么这是你唯一需要告诉的人。"哈维说。

拉里•阿特勒到目前为止在丹佛做律师，他和玛丽莲的关系一直分分合合。实际上玛丽莲大学毕业后先嫁给了科罗拉多大学前足球运动员，这段婚姻持续了3个月，然后她又回到拉里身边，就像她以前经常做的那样[9]。当牧师哈维先生给拉里打电话，他同意马上飞到洛杉矶。玛丽莲发现要告诉拉里她和她父亲之间发生的事几乎完全不可能，但是拉里马上就明白了并给了玛丽莲她渴望得到的所有安慰。两年后他们结婚了。

玛丽莲把自己分裂成"白天小孩"和"夜间小孩"，这是一种防御，长期或反复遭受创伤的孩子偶尔会使用。跟所有心理防御一样，分裂机制是为了抵挡创伤，此外，这种现象常见于被虐待或机能不全家庭的儿童。儿童在学步期时开始意识到自己和他人具有"好"和"坏"的品质。如果他们在两三岁时经历了严重的创伤，他们就要等到四五岁时才能充分地发展这种能力，然后才分裂。

那些分裂客体的儿童把对其他人的观点分裂开，表现出来就是他们的情绪状态会从暴怒一下子切换到心情愉悦。这样的儿童当老师斥责他时他会打老师，觉得"她就是个巫婆"。但是当同一位老师拿饼干给大家吃时他又会觉得她和蔼可亲，认为"她真是个天使"。这种行为常源于想要应付由施虐的父母或是抚养者带来的极度兴奋却恐惧的感受，与此同时保留住同一位施虐者带来的温柔善良的记忆。当儿童接受两种截然相反的感受有困难时，这两种感受就被分别隐藏了，儿童只在特定的时间意识到其中一组情绪。

对客体的分裂在被精神科医生诊断为“边缘型人格”的人身上特别明显。“边缘型人格”指那些行为不规律、愤怒的、情绪不稳定的人，而且他们对生命中重要的人有完全两极化的看法。尽管还有很多早年受到虐待的人远不具有边缘性人格的特征，但近年来已经在边缘诊断和儿童虐待间找到了相关性。许多儿童虐待幸存者会使用分裂的防御机制，然而，代价是他们的记忆常变得千疮百孔。

但是对客体的分裂并不是 1991 年 5 月 8 日晚上玛丽莲对肯普项目受益者所描述的她所使用的分裂。她说她是分裂了她自己。心理防御理论的领军人物、剑桥马萨诸塞州精神病学家克里斯托弗・佩里曾写道，当人们分裂他们自己的形象时，意味着“矛盾的想法、期待（对自己的）和感受……不能被调整为一个一致的整体。”[10] 换句话说，一个“白天小孩”加一个“夜间小孩”并不等于一个完整的小孩。儿童把他们分裂的自我定义为“生病的”和“健康的”、“老的”和“年幼的”、“聪明的”和“愚蠢的”、“无助的”和“有力量的”等任何一组反义词。最为普遍的是，儿童把“坏”从“好”中分裂出来。

“分裂自体”的儿童把不想要的那一半看成是腐烂不堪的附属物，恨不得把它切掉。这种心理截肢以丧失儿童丰富的个性、心理能量和重要的记忆为代价，那些病的、坏的、夜间的部分仍然存在，他们被完整地隐藏起来，儿童还要拖着这一截腐烂的、半断不断的残肢继续前行。使用分裂的儿童对他们几个自我间的连接毫无意识。比如，他们会把某些特定的特征放到某个娃娃或是想象中的玩伴身上，他们并没有意识到这些特征其实来源于他们自己。

有些分裂自体的儿童比玛丽莲的情况还严重，他们会奋力移除更多的特征，比如无助的自己、依赖的自己和愤怒的自己。他们还可能在分裂的同时解离，当他们伪装成一个或是其他人格时会暂时地逐步远离思考、身体的新陈代谢变化和对这个世界的完整感知。当频繁地使用分裂和解离时，儿童就无法解释时间。他会反复地表现出短时记忆和长时记忆的断裂，也可能在学习上出现断裂，比如算术或历史等学科。解离和分裂的结合是少数几个防御集群之一，它会影响启动记忆、调节记忆及知识和技能的记忆，与此同时还会影响情景记忆——对事件的记忆。这样他可能会发展成众所周知的多重人格障碍（multiple-personality disorder, MPD）。在这个巨大的坟墓中间躺着的是记忆问题。[11]

童年时期的分裂常和置换这种防御一起出现，一个孩子会把他强烈的情绪或冲动置于一个没有情感的物体上。在发展过程中，这促使了假想玩伴的出现，在 5 岁这个年龄段是一个完美而正常的现象。

有个因创伤而使用置换的极端例子，马基·斯坦顿（我给他取的名字）的父亲因车祸严重受伤，那时他 7 岁。他父亲去世前在医院待了两个月，当时已经脑死亡了，徘徊在生死的边缘。接下来的两年里马基总是和一个他叫作“里尔男孩”的长毛绒大象睡在一起，无论马基去哪儿他都会带着“里尔男孩”。

我见到马基时他 9 岁了，一开始我觉得“里尔男孩”只是一个典型的过渡性客体，就像毛毯或泰迪熊一样。然而很快我了解到这个丧失亲人的男孩曾在医院勇敢地陪伴在他父亲重病的床头、参加葬礼，并在此后用极尽所能的成熟来帮助他妈妈。当他 9 岁时他的举止已经像个成年人了。7 岁时他把“年幼”从“成熟”中分裂开来，并把他的年幼和童心都放在那个他叫作“里尔男孩”的填充玩具身上。

马基因为他的分裂而饱受痛苦。他的同伴不喜欢他，他的学业也不像他应有的那样优秀，因为他害怕犯错。他分裂的防御不仅没有让他从痛苦的记忆中获得一点安慰，还使他失去了友谊和自尊。

就像马基一样，玛丽莲也因分裂遭受了许多痛苦。那个“白天小孩”从不敢打盹，玛丽莲在肯普受益项目演讲上说。她难以承受全身失去知觉，非常害怕睡觉。事实是每天凌晨两点“夜间小孩”都会醒来，她感觉到一个男人正闯入她的房间。“睡觉，”她对她的听众说，“意味着一个男人能对你为所欲为而你却无能为力。”[12]

玛丽莲和拉里唯一的孩子詹妮弗在玛丽莲 34 岁时出生，那是非常艰难的臀位分娩，但玛丽莲没有用麻药。詹妮弗 5 岁时玛丽莲出现日愈严重的精神症状，而且这个症状通过身体的伪装表现出来。玛丽莲有很长一段时间会突发瘫痪，当她思虑过多时她躺在床上几个星期都动不了。她逐渐意识到这些问题和詹妮弗的年龄有关。她女儿现在的年龄正是她第一次被父亲虐待的年龄，詹妮弗的年龄就像是记忆的线索。玛丽莲性虐待的记忆大部分是感官记忆，也就是身体感觉，反映了虐待发生时她的身体感受，这也是玛丽莲在 5 月 8 日公开自我暴露时报告的唯一记忆。

当詹妮弗进入青春期，玛丽莲的背、胸、腿和皮肤都出现剧烈的疼痛。詹妮弗的年龄再一次触发了玛丽莲在同一年龄所经受的巨大痛苦。她常不能自已地抽泣。到目前为止她恢复乱伦的记忆已有 20 多年，但是她的痛苦却随着詹妮弗的成长与日俱增。玛丽莲的演讲生涯几乎终止。她四处寻求心理治疗的帮助，包括团体和个体的治疗，也不止一次接受住院治疗，但她觉得看不到出路。[13]

范德伯去世时玛丽莲 46 岁。那个让她痛苦的人永远不在了，而她的痛苦却并未消失，甚至更糟。“真的很绝望，我有很长一段时间都不正常”，她告诉受益于肯普项目的听众们，“我想寻死以求安宁，这样我的身心就可以得到解脱，再也不用承受巨大的痛苦。”接近尾声时玛丽莲突然表达了她对弗朗西斯·范德伯另一种矛盾的感情，“我爱我的父亲”，她说。

为了解选秀的流程我看了好多届美国小姐的比赛：晚礼服、泳衣、为最受欢迎选手颁奖、才艺表演、与选手对话、然后快速淘汰直到剩下最后一位漂亮女孩，她头戴皇冠、身披锦带、手捧玫瑰，从斜坡上走下来，喜极而泣。但是 1957 年秋天，他们选出 1958 年美国小姐的那场秀我没有看，那时我还在医学院。

我决定回看 1991 年玛丽莲的公开演讲，以获取我从剪报和录音上无法得到的关于玛丽莲的直观感受。我发现她的分裂真是迷人。分裂对成年人来说是一种特别不寻常的防御，它很吸引我，尤其是当这个分裂者事业有成，而且既不是多重人格障碍又不是边缘人格的时候。我发现我也常被玛丽莲的三个姐妹所吸引，她们也会分裂吗？范德伯家的其他女孩能幸免于她们变态父亲的注意是不可能的，那她们会用什么防御呢？我发现我对玛丽莲姐姐们记忆的兴趣和对玛丽莲一样多，若有可能我会试图采访玛丽莲的任何一个姐姐。

1991 年 7 月 10 日，《人物》一篇关于玛丽莲自我暴露的文章中精选了一小段格温多林的内容。格温多林说回想起来她是记得丈夫离开卧室以确认女儿们是否睡着了的那些时间。格温多林回忆到他会摸摸她们的背，或是和她们坐着聊一会儿，然后回到自己的床边对她说，“孩子们现在肯定可以睡得很好。”这从未引起格温多林对她丈夫的怀疑，“那时，”她说，“我从未想过那些事。”

格温多林无意中透露出一个问题，她不能说出与之相关的词。格温多林仍然受否认支配，这是一种精神防御，它删除或否定了外部现实[14]。一个人不能记得一件不开心的事件是因为她和这个事情没有重要的情感联结，而那些被认为是不重要的情感甚至都不会进入所谓的情景性记忆。

当范“抚摸”女孩们让她们睡觉的时候格温多林从未怀疑。当他回到床上（他们没有睡在同一张床上），格温多林也从未问起。后来格温多林和范睡在不同的房间，而那时“那些事”正开始发生着。格温多林不允许这些奇怪的行为在她躺在床上时进入她的思维并觉得这很重要，否认从记忆开始前就阻止了它。格温多林闻到了危险，但是接下来她压抑了任何相关的猜想，只有很少一部分被登记。通过否认，格温多林保存了她的婚姻，也使她的女儿们陷入危险。

整个丹佛市也公然否认，没有人对玛丽莲那令人震惊的肯普演讲表示任何同情或信任。丹佛电台脱口秀节目中打电话进来的听众提出质疑：“我们为什么要相信她？”，“为什么她要等到父亲弗朗西斯·范德伯去世她才把她的故事说出来？”或是“她是想再次出名吗？”玛丽莲已经多次提到她的症状以证明她的记忆，但是丹佛市市民并不接受这些症状是证明她记忆真实性的证据。[14]

然后，在玛丽莲演讲后的三天，令人信服的证据来了。5 月 11 日《洛基山新闻报》（*Rocky Mountain News*）的冯·格尔玛对格温进行了一次电话采访。格温是玛丽莲最大的姐姐，现居住在加利福尼亚州。格温说她也曾被弗朗西斯·范德伯性虐待，但和玛丽莲不同的是，格温对此自始至终都有记忆。[15]

这个强有力的外部证明击碎了丹佛市的否认。在此后很久这座城市都对这件事记忆犹新。格温是房地产规划方面的律师，在富人区的旧金山湾的希尔斯堡工作。格温结了两次婚，第一次是 17 岁在堪萨斯城，和她现在两个孩子的父亲；第二次是 19 岁在加利福尼亚和她现在的丈夫。在她第一段婚姻结束时她经受了严重的焦虑。但格温提供的乱伦的证据远不止症状，她确实记得乱伦从她 7 岁开始，直到她 18 岁还在继续。她一直都记得，却从未告诉过任何人，直到她 30 岁，24 岁的玛丽莲记忆恢复后逐步和她接触。在此之前，格温自欺欺人地认为她是这个家中唯一被虐待的孩子。格温告诉冯·格尔玛，随着她意识到现实情况，她对她的沉默感到内疚，而且她向她的妹妹们发誓无论什么时候她们需要她，她都会回到她们身边。

孩子会对乱伦和其他不情愿的性行为严格保守秘密。由于某些原因，不用别人告诉，儿童也知道对于这类事情他们必须守口如瓶，所以格温不需要她父亲的威胁或是强迫，她显然自己就执行了这条禁令，并一直保持沉默直到她妹妹来找她。

格温回到玛丽莲身边还有一个原因。1985 年她们的父亲去世一年后，玛丽莲想告诉她母亲乱伦的事。“这是你的幻觉，”母亲说[16]。母亲的否认让玛丽莲忍无可忍。玛丽莲告诉了格温，格温给母亲打电话决定去她家，告诉自己也被弗朗西斯·范德伯虐待了。母亲除了相信别无选择，她的否认失效了。

格温全职做房地产规划之前，她在旧金山处理了一些儿童监护案。碰巧的是，我们曾处理过同一个案子。我给格温打电话，她非常乐意接受我的采访，我如愿以偿了。我将从玛丽莲在电视上的公开露面和公开演讲所获得的信息和我对格温采访所获得的信息进行比较。我的重点是为什么玛丽莲的记忆丢失了，而格温的记忆却保留了下来。我想试图理解为什么两个生活在同一个家庭的人在遭受同样的创伤时她们用以保护自己的方式是如此不同，以及这是如何做到的。我也想知道现在她们俩分别保留有多少记忆。

童年时的乱伦对成年人来说是非常难以记住的创伤之一。乱伦让人觉得特别羞耻。它会引起极大的忠诚冲突，而且持续的乱伦是可以被预期的，这些年幼的乱伦受害者知道下一次乱伦事件正在迫近，毕竟犯罪者在不断地接近，所以她们知道。乱伦发生时一个小女孩可能会自我催眠，比如数天花板上的点点或是不断祈祷，或是通过想象一些场景来隔离情感，或是分裂，她做好了准备，因为她不能接受她深爱的人会再一次过度刺激并伤害她，而且她无法承受乱伦时自己的反应。

玛丽莲意识到她父亲曾虐待过她之后的那些年里，她再次体验到一些她被虐待的情景记忆。“那些日子有时我父亲虐待我的一段记忆突然就回来了，”她告诉NBC（美国全国广播公司）“第一人”玛丽亚·施里弗，“这对我来说太可怕，太不能接受了，我想在治疗中说出来，‘我找不到地方把我头脑中的东西放出来！我找不到地方把我头脑中的东西放出来！’”即使是在玛丽莲开始意识到一些她早年的记忆之后，她仍不能忍受她意识到的东西。她下意识的冲动就是继续防御。[17]

我马上意识到我在报刊和电视上看到的玛丽莲不是完整的玛丽莲，那自始至终都是“白天小孩”。玛丽莲的“白天小孩”只包含了她部分的人格和记忆，完整的玛丽莲可能很难被了解。1989年我曾经对斯蒂芬·金做过这类间接分析，那是基于对他的书、电影以及他在采访中的陈述所进行的分析。但是金和玛丽莲很不一样，在采访中他会回答问他的任何问题，即使这个答案会透露私人信息，而显然玛丽莲把自己包裹得更紧。她在各种场合使用完全一样的言语，好像她提前做了准备而且把它们记在心里，她并不回答任何问她的问题，很多次她都优雅地切换了话题。[18]

毫无疑问"白天小孩"还是格外迷人的。在她刚 55 岁时，玛丽莲仍然高挑、苗条。她灰白的头发柔顺光滑，前面的头发亮一些，后面的颜色深一些，把她漂亮的脸衬托出来。做电视节目时，她和她的采访者会通过眼神热情地交流。她左脸颊有一个酒窝，这让她的笑容更迷人。她的穿着也很讲究，非常吸引人。她和莎莉・杰西・拉斐尔一起亮相时，穿着一身黑色小高领的白色套装，配上棕色翻领，很好地承托了她的外形。再比如，接受《新周周刊》采访时，她穿了一件蓝白相间的条纹女式衬衫，和她的眼睛的颜色很配，让人想起了她的父亲。

那个"白天小孩"的社交名媛气质在电视上展露无遗，她举止优雅且富有魅力。当詹妮弗、拉里以及日后成为玛丽莲朋友的前美国小姐林达・米德・沙伊参加玛丽莲的莎莉・杰西・拉斐尔秀时，玛丽莲特别注意和每一个坐在她身边的人握手。即使是在他们正和她交流时，她也可以非常轻松地把其他嘉宾拉到他们的谈话中来。

和美国电信公司五年的电视节目签约到期时，玛丽莲已经成为一位非常成功的、有激情的演讲者,"白天小孩"专业的演讲能力已经充分地展现出来。在她演讲时有些字词好像被加粗。玛丽莲也会不断重复以示强调，比如"永远，永远,"、"当且仅当"或是"我不知道，我不知道"。在莎莉秀中当她为乱伦幸存者朗诵自助信条时她受到摄影棚内所有观众自发的热烈的掌声。她的演讲自成一体，她拥有完美的时间掌控能力，大量的使用口语强调。可以推断出这个白天小孩的所作所为，如此狂热地在意演讲的方式，正是对夜间小孩缄默的补偿。

玛丽莲告诉公众弗朗西斯・范德伯白天对她并不在意。所以，白天小孩让自己非常努力以获得他的认可。当她是美国小姐时，玛丽莲有时一天露面20回。[19]现如今玛丽莲作为童年时被父母性虐待的成年人的支持者，她以飞快的速度工作。在某种程度上，显然她做的所有工作都是为了让她父亲留下深刻印象的一种努力，哪怕她父亲已去世。

“我只是希望他能再次搂着我，”她告诉玛丽亚·施里弗。“一部分的我相信可能明天这个愿望就会实现。所以，如果我再多做一道菜，或是再牵着他的狗出去散一次步，可能在今天他就会爱我。”玛丽莲似乎想要激起弗朗西斯普通的父爱，但是她试了又试。“我荣获美国大学优等生称号、成为美国小姐、在科罗拉多大学滑雪队滑雪，我精疲力竭了。”她告诉莎莉。

在玛丽莲还年轻时她的白天小孩沉溺于一系列冒险运动，比如训练马和滑雪比赛。在1991年9月《美开乐》（*McCall's*）的一篇文章中她说这种决一死战的勇气是白天小孩用以平衡夜间小孩沉默的一种方式。然而，无论做什么，玛丽莲白天小孩的所作所为都是为了她父亲。她告诉“科罗拉多，下午好（Good Afternoon, Colorado）”的观众每一次她成功做成某事就会对自己说，“你现在爱我了吗，爸爸？我是美国小姐，你现在爱我了吗，爸爸？”[20]

1991年7月哈维接受《丹佛邮报》（*Denver Post*）采访时解释他当初为什么会怀疑玛丽莲不对劲。在玛丽莲十几岁时她不让哈维靠近，“永远不变的笑容，重复的像故事书一样的生活，把父亲当偶像一样崇拜，始终和其他人保持距离”。他说所有这些都提醒他玛丽莲有哪里不对劲。作为一个成年人玛丽莲对牧师的友情总是躲闪不定。在很多场合，她会莫名其妙地疏远他，有时还会回避他。事实上无论何时年轻的玛丽莲都会在她和哈维之间隔着一些东西，比如桌子或是椅子。[21]

因为夜间小孩对她的生活失去控制，所以玛丽莲的白天小孩严于控制，这种控制一直持续到她成年，玛丽莲似乎不能拥有片刻的放松。即使是在不必要准备的时候她仍然做足准备。在肯普受益者演讲后的大事记分两期连载在《洛基山新闻报》上，玛丽莲写道，她花了一整天的时间和“第一人”的制片人在一起为了对她与玛丽亚·施里弗的采访做充分的准备。她同时写道，1991 年夏天她花了六个星期和罗森娜·阿诺德一起工作，为了对有关于她童年乱伦的公开声明做充分的准备。即使是对不屈不挠的罗森娜来说，对媒体的管理也是由玛丽莲说了算。“也许我是唯一一个相信我们可以做成这件事的人，”玛丽莲在《洛基山新闻报》上写道。最终白天小孩真的做到了，她像是有魔法一样可以在这类事情上投入无穷无尽的精力。

如果一个孩子被她的父亲按在她自己的房间，而且她对此无计可施时，她可能非常需要在其他她可以控制的情景中发号施令。比如，对我来说很明显的是莎莉的采访就是按照玛丽莲的规则来进行的。这位脱口秀女主持人小心翼翼地绕过白天小孩的敏感问题，接受她对“那晚发生了什么？”这样的问题保持沉默（“但是我很好奇是否那个夜间小孩藏在床底下呢？或是假装这个夜间小孩不在那？或是（晚上）待在外面不回家，这样就没人可以进入这个房间？”）她可以接受玛丽莲的沉默，这对于这位独特的脱口秀女主持人来说真是太稀奇了，她可是一个会据理力争、坚持不懈的盘问到底的人。也许玛丽莲事先就讲明了她的规则。证据马上就来了，在玛丽莲没有回答她的问题后，莎莉问她，“在你的头脑中有答案吗？我不会要求你回答我。”玛丽莲也没有回答这最后一个问题。谁在控制着这场脱口秀再清楚不过了。

这个白天小孩信任电视报纸却对书保持着令人费解的不信任。“只要有一台摄像机和一名带着笔的记者，我就可以让我的信息活起来，”她告诉《洛基山新闻报》的冯·格尔玛，“如果我被告知明天有八个采访等着我，我就会全部接受”。但玛丽莲这话绝不包括写书，也不包括她自己写的书。[22]“我不想在显微镜下讲我的家庭，而且出版商也不会对一本书感兴趣，除非你有《国家调查者》（*National Enquirer*，通俗杂志）的水平”，她在同一次采访中说道。玛丽莲显然倾向于选择她觉得可以对过程进行控制的媒体。图书的重新编辑，以及随之而来的广告和宣传，必定使得这个白天小孩感觉将要失去控制。

玛丽莲的白天小孩占据主导，绝不仅是一半那么多。她的分裂不仅让她在 24 岁之前丢失了乱伦的记忆，也使得她不记得她是如何设法在一开始就分裂了她自己。她写道她根本不知道她是如何遗忘的，但是她的分裂一定隔绝了她很多情景性记忆并使得它们几乎不可能被记起。她的情绪记忆和生理痛苦好像比任何气味、声音、字词或她能够回忆得起来的精神闪回来得生动得多。比如，玛丽莲告诉丹佛邮报的卡罗尔・克里克，当她重回从出生住到 10 岁的老房子时没有任何回忆。玛丽莲付给这房子现在的主人 100 美元让她进去看看，那块沉重的紫色天鹅绒窗帘还垂在窗前。“当我在房间穿行时我感到害怕，”她说，“但我对任何一个房间都没有记忆。我期待着闪回，可是除了一种大难临头的恐惧感，什么都没有发生。”[23]

玛丽莲的听众日益增多，她告诉他们作为她一半的“夜间小孩”庇护了所有创伤性记忆。这个夜间小孩只在一处存活，那就是她的卧室。或许如果玛丽莲在那间她度过了早年生活的房间睡上一晚她也许会想起点什么，但走进这个老屋的是那个带着 100 美元现金的白天小孩。而且，就像玛丽莲自己所说，这个白天小孩从未走近过她的夜间人格。

当谈及白天小孩试图填补记忆的缺失时，玛丽莲告诉新闻周报，“你必须编织一个幻想的世界，因为你需要依赖它才能活下来。”但是玛丽莲的白天小孩在把自己从最恐怖的经历中分离出来的同时也丢失了一些东西。玛丽莲在《洛基山新闻报》的一篇日志中写道，在她自我暴露后的一场公开露面时她遇到了一位女士，这位女士排了很长的队只为看她一眼。“你是真实的吗？”这位女士问她，“你真的是真实的吗？”也许这个提问者对玛丽莲的坚不可摧、自信和控制，即她完美无瑕的形象感到质疑，这完全是杂志封面般的生活。

我在电视和杂志上发现了隐藏在玛丽莲白天小孩身上的裂缝，通过这条裂缝我可以看到被围困的夜间小孩，但这其实并不是真的裂缝，而是几个细小的斑点，最明显的就是她优雅的举止和自信与她所描述的羞耻这种可怕的感觉之间奇怪的分裂。她曾不止一次对记者说，成为美国小姐对她来说是非常困难的事，因为她总是感觉到被她的听众品头论足。“虽然我极度害羞，但在聚光灯下我必须表现出我是最好的……虽然在那儿我从未感到舒服过”，她说。[24] 玛丽莲大部分生活被这种分裂弄得心神不宁。她回避和人亲近，甚至需要站在一个很远的地方向人们展示她自己。她说成为美国小姐给她带来的好处之一就是，就玛丽莲的夜间小孩而言，美国小姐所到之处都有人陪伴。

拉里和玛丽莲结婚时，拉里告诉她温暖而有爱的家人绝对不要触碰玛丽莲。那时他知道范德伯乱伦的事情已经有两年了，他早已意识到那个夜间小孩惧怕肢体接触。可以想象她大部分对肢体接触的抵触必定来自夜间小孩对范德伯先生夜间可怕触碰的厌恶，而且玛丽莲也确认了这个猜测，她在写给那些遭受（未具体说明的）性方面困扰的成年人的报纸日志上顺带提到了这一点。[25]

很快，在玛丽莲当选为美国小姐后，她拒绝出版一张她已经拍摄好的商业照片，她潜意识里意识到这张照片暴露了她的夜间小孩。这张被人物杂志翻印的照片里玛丽莲身着一件白色带锥形文胸的（流行于 20 世纪四五十年代，有尖尖的罩杯，很有型）露背礼服，她睡眼惺忪的双眼下一张暗红色湿润的唇充满了诱惑，一缕鬈发从向上微卷头发中散落下来。这张照片把令白天小孩对她的另一半感到厌恶的所有品质展露无遗：诱惑的、有意识的、混乱的、老到的。夜间小孩唯一没有在玛丽莲憎恨的这张照片中表现出来的是她感到非常害羞，非常非常的害羞。

玛丽莲的夜间小孩不能说话。与其把她的分裂描述成“白天小孩和夜间小孩”，玛丽莲可能更愿意把她自己的两个部分称为“能说会道的小孩和缄默的小孩”。玛丽莲作为一名儿童虐待的幸存者，她想要为所有儿童和那些永远说不出话的沉默的成年人说话。据格温所说，几年后玛丽莲在私人信笺中引用奥利弗·温德尔·霍姆斯的话来表达夜间小孩那无法言说的挫折：“为那些从未歌唱的人哀悼吧，他们在心中的歌还没被唱出时就死了。”在成年早期，玛丽莲就是那个因个人情感始终无法表达而垂死的人。

有没有可能那个沉默的夜间小孩的记忆变成了非陈述式或内隐记忆呢？这些记忆不能通过语言来获取。玛丽莲告诉媒体的故事暗示她父亲一定猥亵了她身体的几个不同部位。她的夜间记忆可能在暗中形成，随着时间不断植入，直至最后通过完整的非语言路径形成。比如，在她女儿青春期的几个月内玛丽莲的皮肤似乎惊声尖叫着，这就是一个很好的例子，说明一个孩子在经受了反复的和强迫的肢体接触后皮肤会产生的感觉。[26] 玛丽莲告诉玛丽亚・施里弗在她女儿青春期时她的感受，"对我来说，最困难的部分是我感觉我的身体快要爆炸了。我觉得我的身体就像是一台在同一时间播放十八个摇滚电台的马路音响。"当一位父亲对小女孩进行性刺激，她常常会在同一时间感觉到羞愧、羞耻、痛苦、愤怒和兴奋。对于这种内心的嘈杂声没有哪个描绘能比玛丽莲说的"马路音响"来得更为生动。

随着詹妮弗长大，玛丽莲参加了一个治疗性团体，她在某一节团体中被要求带一个娃娃来。她买了一个柔软的、几乎没有身体的娃娃，她恨不得用修正液把这个娃娃的嘴抹掉，这样做不仅可以让这个娃娃不说话，而且还能防止"什么东西放进她嘴里"。她在《美开乐》上写道，与此同时她还参加了一个被称为罗尔夫氏按摩法（rolfing）的深度按摩治疗。玛丽莲感觉有"东西"很奇怪地出现在她左边大腿里，她要求按摩师把它弄出来。当按摩师问这个"东西"是什么的时候，玛丽莲用了一个会让莎士比亚和弗洛伊德都感兴趣的词——"一个角蝰（北非的一种小毒蛇）"。[27]

1984年夏天，玛丽莲和拉里带着包括他们女儿在内的六个青少年去拉古纳海滩，她突然感觉到一阵剧痛，"好像一把斧头插进我的肛门"。[27] 即使那时她是站着的，她仍感觉受伤了。这个纯粹的情绪性问题持续了好几天。

夜间小孩被持续地、猛烈地强奸，以致她的身体几乎没有一寸是唯一属于她自己的。这带给玛丽莲这个观察者一种感觉，这种感觉就是毛骨悚然地、湮没性的恐惧，而这部分恐惧是储存在夜间小孩的内隐记忆里的。她在肯普中心进行的演讲中说道，她的恐惧"就像是一个人被锁进一间满是毒蛇的小房间”。她的白天小孩外显和陈述性的记忆里仍保留着来自另一半小孩的强烈的、重复的、模糊不清的内隐性恐惧。“当我看到他（她父亲）把一只反抗的小松狮拎起来，像一个足球一样扔到篱笆外”，她在《美开乐》上写道，“这只小狗实在是因太害怕而尖叫起来。”从这个描述可以看到玛丽莲分裂得有多彻底，在那时这个暴力事件并没有唤起她自己曾经有过的关于反抗的任何记忆。

玛丽莲自己不能尖叫，也不能反抗。她可以记住小狗的事，却记不起有多少这样的事发生在她身上，就像那只小狗一样。她防御性的分裂破坏了许多痛苦的记忆，而且她夜间小孩的非言语行为和想法甚至是她的认知都完全以非言语路径进行传输。她用语言一次又一次地提到她年幼时的可怕经历：“角蝰”、“毒蛇”、“小狗”和“尖叫”，这都是受到惊吓的孩子内心惊恐的世界里经常出现的东西。

玛丽莲不知道她一开始是怎么分裂的。她在任何公众场合都会说到她有一个想象中的玩伴或是很喜欢小娃娃，还会把自己的一些特征放到她们身上，但是大多数经历过回忆恢复的人并不知道最初他们是怎样丢失他们的记忆的，即使是在他们的记忆回来之后。分裂后的玛丽莲剩下的记忆通常是一些知识性描述，这是她的治疗师告诉她的关于一个人如何抹去她的记忆的知识。玛丽莲经常说她“解离”了，还会交替使用“分裂”这个词，甚至把这两个词当成同义词来使用。由美国精神病学协会出版的防御词汇表认为这两种防御是完全独立和不同的，而且毫无疑问在童年时期每一种防御都是独一无二的。玛丽莲并没有解离障碍，比如她不是多重人格，她在学校也没出现过拼写空白的现象，她是位非常优秀的学生，而且毕业时在丹佛东部高中名列前茅，也没有老师反馈她曾失去联系或是精神异常。她也没提过她会自我催眠或是进入出神的状态。事实上，无论何时我在电视上看到她，她总是可接近的，而且对她的观众富有热情。如果她解离了，绝不会逃过电视节目主持人或是新闻记者的眼睛。

要定义多重人格的特征需要同时使用分裂和解离这两个防御。对于多重人格障碍（MPD），主人格对自己其他的不同人格是不太清楚的。他可能感觉在外界影响下会经常听到这些人格的声音。他在不同时期的不同阶段会出现健忘或失忆，失忆时他扮演的是分裂后的“变体”。主人格会经常完全不知道另一个人格在做什么。比如这个人在他的车子上发现了一条凹痕，但他并不知道这是怎么发生的。他可能出门购物，随后就没知觉了，当账单来时他不知道他买了什么以及是在哪里买的。其他人会说他极度的情绪化，或者他的声音、着装或是举止也会在不同的时间发生极大的变化。有时他会为自己的不同面取名。他对自己的身份没有一个舒服的或成形的认知。

但是玛丽莲并没有表现出这种极端的人格和记忆的交替，她也没有暴露过相关的历史，她有着确定的统一性，她一遍又一遍地说着同样的故事，用同样的语言。她告诉她的听众早年和拉里的关系、和哈维的友谊会让她感到犹豫，但这种不可预测性听上去并不像多重人格障碍里提到的多重人格的交替。虽然她使用了完全相同的防御，但是玛丽莲似乎变出两种不同的命运——“西比尔”和“伊芙”。[*][28]

当她父亲在夜间走进她的房间时她可能就解离，然后在第二天早晨她凭借她简单的分裂策略把记忆赶出去。就像玛丽莲一样，大多数采用分裂这种防御机制的创伤儿童，他们会倾向钟情于一种非常简单的策略，他们通常也不会发展出多重人格。有个漂亮的亚洲小女孩，她被邻居虐待了将近一年。她告诉我她要成为一个蓝眼睛的金发女孩。她经过深思熟虑把自己分裂成一个她曾经看到过的漂亮的纯粹的人，与那个黑暗的、不洁的人截然不同。我的另一个病人“埃维·杰索普”，她现在五岁，她两岁时被一个总是在她日托中心徘徊的男人性虐待长达几个月时间。当她被送来进行心理咨询见到我时刚刚开始使用她的分裂。埃维有时指责她的父母不好，过会儿又突然改变想

* 西比尔是一位边缘人格患者；而伊芙则是著名的多重人格患者。——译者注

法，说他们是世界上最好的人，埃维的父母对她的这个新行为很好奇。她还开始一幅接一幅地画心。在她来见我前六个月，那些心都是色彩柔和的。实际上，那是年幼的埃维期待的。

当我见到杰索普时，那个在日托中心徘徊的男人因为性虐待另一个小女孩正在圣昆廷监狱（San Quentin）服刑。数月前埃维还记得她的虐待经历，比如她会和她父母说这些事：“在楼梯上拉粑粑”、“把很恶心的东西塞到我嘴巴里”、“追赶和伤害”，但从她最近的表现来看似乎她已经忘记了所有这一切。

我问埃维为什么她喜欢画心而不是画人、动物或房子呢？这个小女孩说，“心是美好的。”

在另一节咨询中我问她：“过去经常发生在你日托所后面的事情怎么样？”

“不美好，”她说。

埃维·杰索普显然让“美好”与“不美好”之间有明显的差异。最近她不再在幼儿园睡午觉，“不美好”，她说；她害怕陌生人，因为陌生人“不美好”。她讨厌她蒙特梭利项目里的一个 4 岁的小混混，因为她觉得他“不美好”。埃维·杰索普好像把这个世界分成两大类来适应。

在我见到埃维之前她就已经开始分裂了，但时间并不长。她还没有分裂她自己，像我们所说的她只是分裂了其他人。我和她父母在她分裂得很彻底之前赶上了她。

每次咨询前埃维在我的等候室都会画无数色彩柔和的心，当她把这些图画带进咨询室，我在一些心上随意画了几条歪曲的线，又在这些心的分界线上画了一些螺旋状的线条，我还在少数几颗心的里面用蜡笔涂上黑色。“心是非常有趣的”，我启发她，“一些是又深又黑的，一些是凌乱的”。埃维谨慎地看着那些被改变了的画，把一些带回了家。

我们的目的是想要向埃维展示事情是同时包含“不美好”与“美好”两面的，我们用她画的心来证明我们的观点。我想让埃维知道，人也是同时具有好坏两面的。她有很多有意思的品质，根本不需要砍掉她所有“不美好”

的部分也能成长得很好。我引导她用“还行”去体会自己的感受，即使是负性的情绪。我在她心的图画上乱画了几笔，又加上了一些阴影让他们有细微的差别，我告诉埃维，不管她是“美好”的还是“不美好的”，她父母和我都很爱她。她拥有“美好的”和“不美好的”这两面特质，甚至拥有比这多得多的特质。大约一个月不到，埃维不再画心，转而画人。她告诉她妈妈她既爱她又恨她。我们知道埃维在恢复的路上走得很好，不再会有两个埃维的情况出现了。

分裂并不会在任何一种疾病中都出现，它是一种防御机制。有些采用分裂的人并不是“分裂样人格”（分裂样人格是过去对精神分裂症错误的叫法），也不一定是多重人格。分裂意味着孩子把他们内在的品质投射到想象的玩伴或是超级英雄身上，这是许多正常的孩子也会使用的策略。分裂也并不意味着一定会丧失记忆，但是任何一种防御都可能会导致遗忘，包括分裂。

似乎玛丽莲分裂的结果就是让她丢失了很多记忆，她之所以会丢失记忆是因为她沉默的夜间小孩没有练习把正在发生的事用语言表达出来，夜间小孩还使用了解离的防御，她曾在丹佛邮报上说，“我的头脑和身体是分开的”，这都让她丢失了记忆。[29] 在埃维的个案中，内在和外在的分裂刚开始要带走她的记忆，一旦我们对此进行干预她就不再遗忘了。她开始反复讲述她在日托中心的经历。“那个男人在地板上画箭头”，她告诉我，“他让我们去他所在的地方。我生爸爸妈妈的气，是他们让他吓唬我。”是否让埃维遗忘会更好些呢？我并不这么认为。随着她能把过去的经历放到桌面上来说，我们就可以开始处理它。埃维花了四周的时间画了一只色彩鲜艳的猴子，她给它取名叫阿布，这其实代表她自己。这只猴子在阿拉丁（代表她父母）看不到的一个奇怪的山洞（代表日托中心）里迷路了，而且它感到很孤单。埃维现在正在用富有创造性的方式来对她的问题进行工作。“阿拉丁对阿布的遭遇帮不上忙，”她告诉我，“因为他并不知道发生了什么。”

当玛丽莲还很小的时候，她显然没有得到心理咨询的帮助。她的分裂使得她夜间的经历掉进了夜间小孩的黑洞里，而且她的解离就如同一个过滤器，只让她经历中的感官记忆和很少的情景性记忆被登记。玛丽莲告诉她的听众和读者的童年记忆都是彼此没有关联和破碎的。就她采用的防御而言，是可以预见到会出现这样的破碎的。玛丽莲在 24 岁时被哈维激发的是大量不可控的情感，而不是连贯的记忆。切断经历的后果，即使是最乐观的看法也认为会导致记忆的枯竭。

玛丽莲使用的另一个防御也值得注意，那就是投射性认同。它也会影响记忆。随着詹妮弗长大，玛丽莲潜意识里把她自己的记忆放在她孩子身上，即使詹妮弗从未被虐待过，所以当玛丽莲看到詹妮弗身上有“被虐待孩子”的特质时就会怒火中烧。她曾说有一天她和格温聊天，她说她看到 17 岁的詹妮弗就觉得不开心。“为什么詹妮弗不说‘不’”，格温记得玛丽莲这么问。或者讲到詹妮弗一个朋友的攻击，“为什么她不回击？她是大孩子了。她不能逆来顺受。”

在玛丽莲的头脑中詹妮弗的发展阶段反映出玛丽莲她自己在那个阶段的发展情况。玛丽莲告诉《人物》，“当詹妮弗 5 岁时，我告诉拉里‘我不再爱她了’，我花了十年的时间才明白我在詹妮弗身上看到的是 5 岁的我。”玛丽莲在此很久之前就恢复了她被虐待的经历，但是她的投射性认同防御却阻止她看到她自己和 5 岁的女儿之间明显的联结。

玛丽莲在肯普中心的演讲上还举了一个非常明显的投射性认同的例子。[30]“当詹妮弗 11 岁时，”玛丽莲说，“她在我们床上睡着了。拉里试图用胳膊把她抱起来。她长得很快，她的胳膊和腿都很长了，悬挂在床边。当他把她抱起来时我快崩溃了。我对她非常生气。她怎么能让自己睡得这么沉而且都不知道什么事正在她身上发生着？她甚至不知道有人把她抱起来了！”

玛丽莲把她自己童年的悲剧投射在她丈夫和孩子身上。投射会把自己丢失的记忆放在别人身上，从而让这个记忆显得很清晰，就像是一束亮光照在漆黑的屏幕上，但是也正是通过把经验放在别人身上，才可以与之保持距离和切断联结。通过投射性认同，玛丽莲在脑中同时浮现和防御着她夜间小孩的记忆。

玛丽莲还用除詹妮弗之外的其他客体来作为她投射认同的对象。作为一个孩子她讨厌娃娃，也绝不爱玩娃娃。她对莎莉承认，“我讨厌娃娃是因为你可以对娃娃做任何你想做的事，而且这些娃娃一点反抗之力都没有。”在很多方面其他人的痛苦都让玛丽莲感觉比她自己的痛苦来得真实。其他人，甚至是一个小娃娃的困境都有着开始、中间和结束这些阶段，而玛丽莲自己的故事却从来没有像这样按时间顺序排列过。

1992 年 5 月一个星期六的早晨，我开车到希尔斯伯勒对玛丽莲的大姐进行访谈。格温个子高挑，身穿一件定制的宽大的深蓝色夹克衫和一条小麦色的休闲裤。格温还记得她父亲虐待她的痛苦经历，在她的情景记忆册里的确存储了许多张记忆照片，但是这些记忆并不像电影那样可以一帧帧地播放。“在我脑中有一张照片，它就像是一个开关，我清楚地记得我父亲第一次虐待我时我的感受和在房间里到底发生了什么。我的爷爷奶奶在科罗拉多州费尔普莱经营了一个大型农场，每到夏天就会有一两个孩子去那里待上一阵子。尽管这很难说出口，我记得那时我大概 7 岁，这是我的猜测。”她停顿了一会儿，似乎在扫描她的记忆。“那是二楼卧室，床头靠着墙，如果你躺在这张床上你会看到一扇窗，从窗子看出去是走廊的屋顶。”

从乱伦开始的那一刻起，格温就把她童年记忆中最震惊的时刻和她在空间中准确的位置连接起来。她那时“大概 7 岁”，这是一个模糊的年龄。年龄往往是童年记忆中模糊的那部分。我们早年并不会认真地记住我们的具体年龄，就像是具体的大小、具体的年级，或是生活过的具体的房子一样。但在另一方面，我们对物理位置却有着非常精准的记忆，特别是在恐怖情境下形成的记忆。为了保护自己不会死，你不必记得你到底几岁，和危险相关性最大的是你必须记住你在哪里。你的位置帮助你制定防御行动或是逃跑方案，你的位置可以救你的命。

在科罗拉多州费尔普莱，小格温突然醒来，充满惊奇和困惑。“我醒了，”这个 6 岁的孩子长呼一口气，“那天半夜，我，哦，正在，呃，性高潮。”

格温转向我问其他孩子也会有“那些”吗，她尴尬地大笑。范德伯家族有个特点，就是范德伯的女性当说到和性相关的特定词时都有些困难。我告诉她孩子的确会有类似的性高潮，特别是当成年人或年长的孩子对非常小的孩子有性的引诱时，这些年幼的孩子就可能会“沉溺于”某种越来越频繁的行为，以释放压力和生理的反应。大多数年幼的孩子也会摆弄他们自己的身体，但完全不是为了性高潮。

“我醒来体会到一种加速的感觉”，格温继续说道，“我父亲用他的手指让我兴奋。当我明白发生了什么，恐惧感遍布全身。即使我还很小，我马上明白这是错的，这是坏的。我关闭我的感觉，就是那种感觉。我告诉你这种关闭对我和男人通过发生性关系达到性高潮的能力产生了终生的影响。”

“你是怎么做到关闭的呢？”我想要理解格温在她七八岁时发生了什么。

“我就是停止了，”格温说，“我关闭了，僵住了，我确信。而且，嗯，我永远不会记得。我不知道这是不是我一生中最糟糕的时刻，但是可以确定的是它对我之后的人生都产生了影响。”

当格温感觉到她自己正涌动着性冲动时，她在那一刻精准地解离了。她妹妹也一定有解离，但是她的解离比她妹妹的精准得多。格温的解离只有在一个特殊的情况下才会被触发，那就是快要达到性高潮的时候。可以准确地选择何时解离的结果是格温并没有遗忘太多，只是她父亲对她进行性行为的最后那部分她不记得了。也正是因为这种精准时刻的解离，格温并没有在其他地方也变得“目光呆滞”。她从来没有在白天迷迷糊糊，也没有失去作为人活着的感觉。

维吉尼亚·伍尔夫是被她两个同父异母的兄弟轮流性虐待的受害者，那时她解离得非常厉害，结果就是她终其一生都和其他人没有联结，也和自己的身体失去了联结。在《雪泥鸿爪》中伍尔夫注意到，“我对于美的自然之爱被一些原始的恐惧检视着，[31] 然而这并没有阻止我感受到发自内心的狂喜和兴奋，而且它们如此强烈，没有一点羞耻或是内疚，只要这和我的身体无关。”伍尔夫解离得如此厉害以致她和其他人保持着距离而且对性没有丝毫反应，她深爱着的母亲去世时她也没有感觉。然而，对于同样的挑衅，一个淡黄色头发的小女孩，只在一个特殊的时刻——性高潮来临之前保留了这种解离。防御是非常有趣的组合，但因为个体内在是不同的，所以这些组合也会使得他们特别有趣。

格温几乎总能准确地知道什么时候可以期待和她父亲有性互动。这个预期必然成为她最终可以使用如此精准的解离的因素之一。弗朗西斯·范德伯在他靠近她的大女儿之前会先弹一首钢琴曲，再喝一杯。“我会非常警觉，当我知道他弹完了曲子，”格温大笑道，“喝完酒，我就会等待着门被打开。”

两个女孩，每个都等待着门被打开，但是其中一个孩子在门打开的那一刻就头脑一片空白了，她变成一个完全不同的夜间小孩，她透过朦胧的双眼看待一切。而那个年长的女孩在逃脱前等待着属于她的时刻。她更好奇，也更爱冒险。她想先看看会发生什么，她期待着每个步骤，她知道她最终是可以逃脱的。一旦门被打开格温就让自己保持清醒，她父亲用手和嘴尝试了大部分标准的性行为，她甚至记得他的阴茎。“它松软无力，”她回忆道，“他试图在你身上摩擦它，我并不记得他真的勃起过。但是也许，那发生在我关闭自己之后。”她再次大笑。

格温通过让她的意识从正在发生的事情中离开来使自己在性高潮之前逃出来，在最后的阶段她转移了注意力，她得到了所有她想要的，就简单地“走开”了。

“我可以描述很多房间的墙纸，”她说。“还有百叶窗。我记得很多细节，也会将注意力集中在一些东西上，我记得我会盯着天花板数上面的花。14 岁时我扇了妈妈一个耳光，我被送到堪萨斯城的寄宿学校去，我想我可以逃脱了。但是那时我们一个月会有一次‘周末父母’的聚会，爸爸就会来接我，他把我带到酒店，我也渐渐熟悉了那里的墙纸和天花板，那种感觉真是非常糟糕，所以我把目标定到 18 岁，等我到了 18 岁我永远不会再回去。”

格温在她童年乱伦的记忆形成时使用的第二个防御就是幻想中否认。[32] 这是一个重要的发展性防御，安娜·弗洛伊德 1936 年在她的《自我与防御机制》这本书里首次描述了这个防御。当一个孩子试图摆脱外界环境给他带来的痛苦时，他们会创造出一个想象中的情境，幻想把现实转换当成目标。儿童用“幻想中的否认”来应对他们看到家庭中的谋杀。我发现看过挑战者号航天飞机爆炸案的小孩子普遍会使用这个防御，有许多孩子告诉我连着几天甚至几个星期他们都会做白日梦看到航天飞机宇航员已经降落在一个荒岛或月球上。通过“幻想中否认”，孩子们不再回避他们强烈的感受。相反，他们有意曲解了他们的感觉。这种防御一般不会影响记忆，更确切地说，它给了记忆一个新的理解。

在和弗朗西斯·范德伯发生性行为的过程中，格温想杀死他。被性骚扰的过程中她会花几个小时来幻想他的死亡。“我想我会得到武器”，她说，“就在今天，我告诉自己到了 18 岁我要怎么离开这里，到了 18 岁我就自由了，没有人会知道，他也不会告诉任何人，我确信他不会说，我喜欢这么想，‘实际上什么都没有发生，没有伤害，我很好。’”

当被用手指触摸、爱抚和用手指戳的时候格温就会刻意去想那些凶残的和逃避现实的念头，她计划了上百个逃跑方案。她大部分的记忆被登记、存储和被回忆，包括她放入幻想中的记忆。格温认为是她的愤怒让她活了下来，但她也对她的愤怒后悔。因为就像玛丽莲一样，她也爱她父亲。

格温的母亲也否认，因为她也爱弗朗西斯·范德伯。格温多林的母亲使用的是“否认外部现实”，这种防御会在短时记忆变成长时记忆的转折点上影响记忆。这两种不同的防御性否认对情景记忆的影响很不同：一种记忆被登记、存储，以后可以用幻想中的观点再被记起；一种记忆也许不会完全被存储，事件可以被感知，但被认为是不够重要而不让它进入长时记忆。格温多林拒绝重视她丈夫预备性的钢琴演奏、他身上性的气味和承认任何他从他们卧室缺席的重要性。在《人物》的报道文章中，她承认在日常生活中她对女儿们流露出的非常显著的袭击信号完全没有印象。

激起格温愤怒念头的不仅因为性，还有殴打。“他在他的领地实行铁腕政策，”她回忆道，“他因为我态度不好而惩罚我，我实际上什么坏事都没做，只是因为我的‘态度’。他把木钉钉在房子里的每个门上，他抬手拿着钉子痛打我。我是最大的一个，他要确保其他孩子都看到。每个人都很害怕。”

“有时，我愿意和爷爷奶奶在一起。有一次他们因为我被痛打想报警，我母亲说服他们别这么做，但是她知道我被打了，我祖父母也知道。显然没有人对此做什么，我必须靠我自己挺过来。”

格温不记得被阴茎插入，但是她相信那发生过，因为她 14 岁时她父亲曾带她去堕胎。当她告诉我这件事时格温用手比划了一下，我感受到了一种深入骨髓的悲伤。“我上初中时，”她说，“有一段时间没去上学。我母亲告诉他，他就带我去一个秘密医生那里。他说，‘这个医生会给你做检查，我告诉他你在汽车后面被强奸了。你上楼去见他，如果你怀孕了他会处理的。’然后我就上去了，我记得这些。但是我没有怀孕，所以这事就这么过去了。”

格温记得她去堕胎，也记得她和父亲的对话，但是她不记得父亲对她具体做了什么让他对她不上学那么关心。格温通过仔细地思考来推测她丢失的记忆。从她和她父亲乱伦关系的开始，格温在实质性性行为发生前就解离了，所以她不能回忆起他们之间最后发生了什么。在堕胎这件事上，她把一小块的记忆和一小块推理结合起来以弥补记忆的缺失。

对我们大多数人来说，很难区分哪些记忆是真实发生的、哪些记忆是被推理出来的。格温很好地区分着这两者，她推断出她一定是被她父亲性侵了，而这有可能是个错误的推断。

格温推断她父亲曾勃起并插入她身体并不能充分地解释她的记忆。她父亲也许不能射精但他误以为他射了，或是他认为叛逆的、违抗的女儿在青春期和其他男孩怀孕了。既然格温没有被她父亲插入的真实记忆，我们就不能从“秘密医生”这个已经存在的情境里构建出更多的情境。当我们把“深思熟虑”应用于陈旧的、形式不佳的记忆上时我们可能得不到什么，或者我们可能会得出错误的记忆。

格温问我在离开前是否可以看一些东西。她告诉我她有个持续了很久的习惯，当她这么说的时候她笑了一下。她要给我看的东西是茶巾。她拿出一块淡绿色花缎毛巾，用第三根和第四根手指搓它。“是茶巾让我过上正常的生活，”她说。“只有触摸布、搓它我才能平静，餐巾纸也可以，我把它放在指间摩擦。如果就餐时我发现餐巾纸是用纸做的，我会很失望。”

家庭中的每个人都知道格温的习惯，她说。每个人都嘲笑她。“看，结茧了。”我摸着格温手指间的老茧，非常硬。“我会用尽力气来搓毛巾，用两只手来搓，那感觉真好。它让我感到有点——”格温似乎想说“兴奋”这个词，但实际上应该是“性高潮”这个她说不出口的词。

格温搓茶巾是一个替代，这是一种防御，让一个人把他的注意力从某个产生强烈情绪的事物转移到另一个不会产生强烈情绪的事物上，我立即想知道格温小时候的床上是否有毛巾。创伤症状可以是特别有内涵的。

“你床上会放毛巾吗？”我问。

“我很大了还会尿床，”她回答。“可能那是唯一能让某人远离我房间、远离我的床的方法。人们会在夜里把我叫醒带我去浴室，于是我就用布把自己困在床上，告诉我自己没有人能把我叫醒。我不记得我从哪里可以得到破布条，但我记得我把它们绑在床上。我搓衣服，使劲搓，使劲搓。这可以让我觉得今天过得很好，我有时候还会搓床单。”

我发现格温的这种方法可以阻止一种非常具体的记忆，也就是性高潮的记忆。她发现了一种替代性兴奋，而且这种方法也可以和她成年人的性欲联结。格温把她的注意力转向她的手，两岁时她的指甲盖被冰箱门弄掉了，她的手对于她非常重要，她的生殖器亦然。

“只要谈到这个话题，我就还想告诉你一件事，”格温说，“如果现在我想要性幻想或是有一次好的性体验，最好的办法就是（假装）我被捆绑。我这么做了，而且我控制不了。它让我感觉良好所以它就是可以被接受的。你知道在我小时候我父亲想方设法让我产生某些感觉，而且他就是这么做的，但是我设法用我自己的方式来获得原来的体验，于是这捆绑幻想就这么来了，我当时根本不知道，但我是用柔软的布来绑的，也许还有茶巾。”

玛丽莲在《洛基山新闻》的“日记”里写道，在她记忆回来后她有时会怀疑她父亲也虐待过她学校的一个好朋友，而且的确在玛丽莲做了肯普受益者演讲后这个朋友给她电话谈到这件事。格温还确信她有个妹妹也被父亲强奸了，虽然她并不知道具体发生了什么。卡罗尔·克雷克在丹佛邮报上写道，范德伯家三个或所有四个女孩都被虐待了。[33]1992 年 5 月 3 日，在谈到玛丽莲的肯普中心的自我暴露时，她说：“后来其他范德伯家的姐妹说她们都被父亲虐待过，而且她们每个人都相信她是唯一的受害者。”

格温记得她中间的一个妹妹，她没有指明是谁，曾告诉过她，她和弗朗西斯·范德伯的性正是玛格丽特·米德曾报告过的更具有社会性、代表成人仪式的事，“虽然现在她会否认她说过这些，”格温对我说，“但是我永远不会忘记，她说他温柔好心地引导她完成这成人仪式。‘哦，真是巧妙啊，’我说”，格温大笑，“我对她说‘如果这对你有用，那就好’”，格温再次大笑，“但是我真是惊呆了。”

如果格温的记忆没错，她的一个妹妹就是合理化和仪式化了她父亲行为的心理表征（mental representations）。她用理智化控制了她的感觉，这是另一种防御。[34]根据格温的回忆，她妹妹过分关注她父亲有礼貌的、美好的细节，她并未参与全程。当你理智化时，你就通过过度抽象或合理化掩盖了让人不安的本能愿望或外部压力。这个过程有助于回避冲突的感觉，它通常并不影响记忆，虽然在理论上任何一种防御都有可能影响记忆。

弗朗西斯·范德伯的女儿们显然使用了至少六种不同的防御来处理她们共同的问题。她们使用了分裂、解离、投射性认同、在幻想中否认、置换和合理化。这其中，小女儿和大女儿都使用解离但却很不同。他们的母亲则运用了另一种防御——否认外部现实。

60 岁的格温外向，精力充沛，像发电机一样充满活力，而且她很幽默。而玛丽莲却紧紧地包裹着自己，她说她常常要逼自己去冒险。如果玛丽莲也拥有格温的能量，她也许能更开放，但是当她真要这么做时心里却很挣扎。古希腊可能会把格温的举止描述为狂妄自大，犹太人可能会称其为厚颜无耻。而所有的文化都会把玛丽莲的举止称为害羞，害羞贯穿玛丽莲的一生。尽管她想向这个世界展现她的勇敢，但是套用福尔摩斯的话来形容她则是——她已经带着死气沉沉的旋律死去。毫无疑问玛丽莲和格温的性格生来不同，而这个不同也许不仅可以用来解释她们选择防御的不同，也可以解释他们对同一防御的不同使用，这也进而导致了他们现今记忆的不同。

既然现在我知道了这么多，于是我再次拿出 1951 年那张照片，照片并没有把完整的故事讲出来。这可能是你希望看到的最上镜的家庭：青少年不蹙眉不长痘、男人温文尔雅，但是我却从照片里看到了更多。

妻子在哪里？为什么她缺席？她没有参加照片的拍摄，即使这是为报纸提供的专业拍摄。我们看不到格温多林，我想我知道这是为什么。她无法面对她家庭中的乱伦，她不允许自己去觉察家里正发生着什么，她要保护她和她的阿多尼斯的关系。

父亲坐在沙发的扶手上俯视着他非常特别的女儿们，他看上去充满占有权和权力，他占有了她们。

一位身着黑衣的金发少女朝着他父亲笑着。一位皮肤黑些的女孩坐得离父亲有些远，而她也微笑着。这两个漂亮女孩中的一位误解了她和父亲之间发生了什么，也许在她单纯幼小的心灵里正想象着他在帮助她调整自己以适应男人这个可怕的世界。

照片中间坐着一位骨瘦如柴、高个儿的女孩，她侧着脸。在摄影师闪光灯的照射下她只有半张脸显露出来，那是她人格中的一面。我们只能看到玛丽莲的“白天小孩”。在成为美国小姐的七年前，这个孩子过得非常痛苦。小卷发没有梳得很顺滑、手套被紧紧地抓住放在膝盖上，她的控制形同虚设。她父亲完全利用了她，他拥有了她整整八年。

坐在玛丽莲身旁的是一位浅金色头发的女孩，实际上是一个女人，她 19 岁。她面带微笑抬头直直地看着她父亲。她想要杀死他多年，但在她的脸上却看不出想要杀他的愿望。相反，我们看到的是解脱。她已经逃走了。弗朗西斯·范德伯再也不能占有格温。也许他从未占有过她，她“根本不在那儿”。

注释

1. The newspaper photo I describe at the beginning and end of this chapter was originally printed in 1951 in the *Rocky Mountain News.* It is reprinted in an article by J. R. Moehringer, “Ex-Miss America Reveals Horror,” *Rocky Mountain News,* May 10, 1991, p. 8.

2. The Bill McNichols quote comes from “Van Derburs Were Pillars of Denver Society,” *Denver Post,* May 9, 1991, p. 14A.

   Boots Van Derbur describes Van as an “Adonis” in *People,* June 10, 1991, p. 92. Her quote about their marriage, her quickened heartbeat at the sight of him, and the good things she tries to remember comes from the same article.

3. Francis S. Van Derbur’ s obituary appears in the *Denver Post,* September 17,

1984, p. 1, and the *Rocky Mountain News,* same date and page no.

The Van Derbur graves and the neon cross on Mt. Lindo: see "Van Derburs Were Pillars of Denver Society," *Denver Post,* May 9, 1991.

4. My source for Marilyn's scrapbook and the family's "initiative slips" program is Gwen Van Derbur Mitchell, whom I interviewed on May 9, 1992.

   For Marilyn's Miss America pageant history, see "Miss America Crown Fits Like a Glass Slipper," *Denver Post,* May 9, 1991, p. 14A.

5. The classic paper on child abuse is C. H. Kempe, F. N. Silverman, B. F. Steele, W. Droegmueller, and H. K. Silver, "The Battered- Child Syndrome," *Journal of the American Medical Association* 81 (1962): 17-24.

6. I quote Marilyn Van Derbur Atler's Kempe Center benefit speech from two sources: Kevin Simpson and Carol Kreck's article in the *Denver Post,* "Beauty Queen's Ordeal: Incest," May 9, 1991, p. 1; and Marilyn Van Derbur Atler's written version of the speech, a copy of which was sent to me by a friend.

7. Freud described splitting in "Splitting of the Ego in the Process of Defense" [1940], in *Standard Edition,* vol. 23, trans. and ed. J. Strachey (London: Hogarth Press, 1964), pp. 275-78.

8. Marilyn's lunch with D. D. Harvey: see interview of D. D. Harvey with religion writer Virginia Culver, in the *Denver Post,* "Minister's 'Miracle' Words Unlock Atler's Dark Secret," June 9, 1991, p. 1. The minister reports that he told Marilyn at lunch that "there is something deep inside you that needs to come out." She replied, "There's nothing, D. D." Almost without thinking, Harvey said the words "Father. Bedroom." And Marilyn burst into tears.

9. For Marilyn' s three-month marriage in 1961 and her on-and-off courtship with Larry Atler, see the June 10, 1991, article in *People.*

10. J. Christopher Perry differentiates between splitting of the self and splitting of the object in his "Defense Mechanism Rating Scale," in G. Vaillant, ed., *Ego Mechanisms of Defense: A Guide for Clinicians and Researchers* (Washington, D.C.: American Psychiatric Press, 1992).

11. Extreme splitting and MPD in children are described in R. P. Kluft, ed., *Childhood Antecedents of Multiple Personality* (Washington, D.C.: American Psychiatric Press, 1985); F. Putnam, "Dissociative Disorders in Children and Adolescents," *Psychiatric Clinics of North America* 14 (1991): 519-33; and N. L. Hornstein and S. Tyson, "Inpatient Treatment of Children with Multiple Person-ality Dissociative Disorders and Their Families," *Psychiatric Clinics of North America* 14 (1991): 631-48.

12. In her Kempe Center benefit speech, Marilyn Van Derbur Atler said, "I was hospitalized [with paralysis] for the better part of 3 months."

    The Kempe Center benefit speech is also a source for Marilyn' s other symptoms and the increasing difficulties she experienced as Jennifer entered adolescence. Symptoms are also noted in M. Van Derbur Atler' s "Say 'Incest' Out Loud," *McCall*' s, September 1991, p. 78.

13. Marilyn told of "undertaking a wide range of specific therapies," including individual psychotherapy, hypnotherapy, rolfing, and incest support groups in the September 1991 issue of *McCall*' s. In an article under her byline in *People,* June 10, 1991, Marilyn wrote that from 1984 to May 1991 she spent "many hours a week in various kinds of therapy." She told Carol Kreck, of the *Denver Post,* that she had also gone through acupuncture, acupressure, and self- defense classes: "She tried them all," Kreck says,

in "The Decision to Speak Out," May 10, 1991, p. 1.

14. Freud began speaking of "denial of external reality" —without using those specific words—in 1894. In 1915, he wrote of it again. Finally, in 1924, he named the defense *Verleugnung*. His English translator, James Strachey, renders it as "disavowal." See *Standard Edition,* "The Neuro-psychoses of Defense," vol. 3 (1962); "The Unconscious," vol. 14 (1957); and "The Loss of Reality in Neurosis and Psychosis," vol. 19 (1961).

Marilyn alludes to negative reaction on Denver talk radio in "Marilyn Van Derbur Atler's Diary," *Rocky Mountain News,* April 26 and 27, 1992, pp. 32 and 8.

15. Gwen Mitchell's revelation of her own sexual abuse can be found in F. Germer, "Ex-Beauty Queen's Sister Acknowledges Father Molested Her, Too," *Rocky Mountain News,* May 11, 1991, p. 6.

16. Boots' 1984 denial, "It's in your fantasy," is quoted in a speech Marilyn Atler gave at Montview Boulevard Presbyterian Church, May 23, 1991: J. R. Moehringer, "Incest Victims Gather," *Rocky Mountain News,* May 24, 1991, p. 6. Gwen Mitchell told me, in a personal interview in May 1992, that after her mother responded to Marilyn this way, Gwen and her mother spoke by phone and Gwen came to visit her mother in Denver to tell her that she, too, had been abused by Francis S. Van Derbur.

17. "First Person with Maria Shriver" featured Marilyn Van Derbur Atler on November 12, 1991. Marilyn appeared again with Maria Shriver on August 26, 1993. In this interview it was clear that her ambivalence about her father had disappeared. She said she no longer loved him.

18. My paper on Stephen King is "Terror Writing by the Formerly Terrified: A Look at Stephen King," *Psychoanalytic Study of the Child* 44 (1989): 369-

90.

I taped Marilyn' s appearance on "Sally Jessy Raphaël." It was a month after her Kempe benefit speech (June 7, 1991) and the program was entitled, "The Beauty Queen with the Ugly Past."

Newsweek covered Marilyn Van Derbur Atler' s story in N. Darnron (with K. Springen, L. Wright, and S. Keene-Osborn), "The Pain of the Last Taboo," October 7, 1991, p. 70.

19. Marilyn' s twenty appointments a day as Miss America were mentioned in her article in *People,* p. 91.
20. "Good Afternoon, Colorado" televised Marilyn on May 9, 1991.
21. See Culver interview of D. D. Harvey, *Denver Post,* June 9, 1991

    Marilyn told Sally Jessy Raphael' s audience about the physical barriers she habitually kept between herself and D. D. Harvey.
22. Marilyn' s refusal to write or authorize a book: see F. Germer, "Incest Revealed 'to Help Others,'" *Rocky Mountain News,* May 11, 1991. J. R. Moehringer also wrote about Marilyn Atler' s distrust of the publishing industry in "Ex-Miss America Reveals Horror," *Rocky Mountain News,* May 10, 1991.
23. Marilyn' s visit to her old house: see C. Kreck, "Sister Crucial in Van Derbur' s Healing Process," *Denver Post,* May 13, 1991, p. 1.
24. On Marilyn' s shyness, also see "Miss America Crown Fits Like a Glass Slipper," *Denver Post,* May 9, 1991. After she was named Miss America, Marilyn was quoted as saying, "I never expected to win the title. I was pudgy. I was horribly shy, and my biggest hope was that I wouldn' t fall off the runway." The shame about her body is evident here.
25. Marilyn' s allusion to her sexual problems is in a notation in her

newspaper "diary" about a talk that Larry Atler gave on Nov. 19, 1991, in Fort Collins, Colorado: "He spoke about sexual dysfunction. Every survivor [of incest] knows about that. Every significant other knows about that. I had spent 13 years of my life trying not to FEEL ANYTHING."

26. The "screaming skin" is mentioned by Marilyn in her Kempe benefit speech.

27. Marilyn' s erasure of the doll' s mouth: see "Incest Victims Gather," *Rocky Mountain News,* May 24, 1991.

    Marilyn describes her anal pain in the *Rocky Mountain News* "diary," April 26, 1992, p. 33.

28. The story of Sybil, who was an MPD sufferer and a patient of the psychiatrist Cornelia Wilbur, is told in F. R. Schreiber, *Sybil* (Chicago: Henry Regnery, 1975). Eve, a famous multiple- personality patient, was described in C. Thigpen and H. Cleckley, *The Three Faces of Eve* (Augusta: Cleckley-Thigpen, 1955). "Eve" published her own story, taking exception to some of what Thigpen and Cleckley wrote about her, in C. Sizemore, *I'm Eve* (Garden City, N.Y.: Doubleday, 1977).

29. Marilyn' s quote about her mind leaving her body comes from "Sister Crucial in Van Derbur' s Healing Process," *Denver Post,* May 13, 1991.

30. Projective identification is a defense first described by the European psychoanalyst Melanie Klein. See her *Envy and Gratitude* (London: Tavistock, 1957). The American psychoanalyst Otto Kernberg expanded on this defense in "Borderline Personality Organization," *Journal of the American Psychoanalytic Association* 15 (1967): 641-85, and *Borderline Conditions and Pathological Narcissism* (New York: Jason Aronson, 1975).

31. Virginia Woolfs "A Sketch of the Past" is in J. Schulkind, ed., *Moments*

of Being (San Diego: Harcourt Brace Jovanovich, 1985), See also L. Terr, "Who' s Afraid in Virginia Woolf? Clues to Early Sexual Abuse in Literature," *Psychoanalytic Study of the Child* 45 (1990): 533-46.

32. On children' s use of "denial in fantasy," see R. Pynoos and S. Eth, "The Child As Witness to Homicide," *Journal of Social Issues* 40 (1984) : 87-108.

The *Challenger* study is L. Terr, D. Bloch, B. Michel, J. Reinhart, and S. Matayer, "Children' s Responses to the *Challenger* Spacecraft Disaster," *New Research Program and Abstracts,* American Psychiatric Association, Annual Meeting, New York City, May 17,1990, p. 269.

33. On Carol Kreck' s statement in the *Denver Post* that other Van Der bur sisters were abused: In the spring of 1993, I phoned Ms. Kreck and asked her for her sources. She told me that the sisters' family members and coworkers had given her the material about these additional abuses. She also said that she considered it significant that well over a year after the release of Marilyn' s and Gwen' s incest stories the middle two Van Derbur sisters had still issued no denials of their own.

34. Intellectualization is defined by George Vaillant as "thinking about instinctual wishes in formal, bland terms that leaves the associated affect unconscious," in *Ego Mechanisms of Defense,* p. 246. J. Christopher Perry sees intellectualization as a defense against psychic trauma as well as instinctual wishes. ("The individual deals with emotional conflicts, or internal or external stressors, by the excessive use of abstract thinking or generalizing to avoid experiencing disturbing feelings.") See *Ego Mechanisms of Defense,* p. 258.

6

童星的故事

翻录的磁带质量很好，比用我装在厨房红酒架上的那台录像机复制出来的好多了。录像带是由俄克拉荷马市警察局的多曼警官摄制的，考虑到他两次为这孩子录像时都没有把摄像机放在一个固定的位置上并打开灯光，我觉得能看到这样的内容简直是小小的奇迹。屏幕上清晰地显示出多曼警官坐着的侧影。当他的眼光不时地往下偷看他手上握着的一张小卡片——很可能是线索提示卡——的时候，光秃秃的头顶上可以看见细小的汗珠。屏幕中间面向他坐着的是他的“采访对象”—— 一位梳着金色马尾辫的 10 岁女孩，正控告两位医生性侵她。当灯光落在她的额头上时，她看起来一滴汗也没有。

女孩的一些话好像没录上，听不清楚，这可能是因为在她和警官之间的桌面上放着摄像机。她的一些手势被两个超大的仿真娃娃挡住了——一个黄头发的男娃娃和一个胡萝卜色头发的女娃娃——从两个娃娃放在桌上的位置看不出他们之间是什么关系。不过每个人都会忽略多曼警官录像带中的这些技术瑕疵，真正抓住人眼球的是“采访对象”本人。

我不知道 10 岁的英格丽·褒曼是什么样的，10 岁的谢丽尔·提格丝和茱莉亚·罗伯茨呢？她们跟这个孩子一样漂亮吗？但让她媲美童星的并不仅仅是美貌，她的镜头感非常好。她几乎不看镜头，这只意味着她本能地知道该如何面对镜头——而且，好像并没有告诉过她这样的新人：“不要直视镜头。”

女孩的手、肩膀、脖子、脸甚至她那丝滑的马尾辫都能摆出自然的姿势，像会说话一样。她似乎并不需要努力或者提醒自己打起精神，只是对着采访她的人自由自在地微笑着，无论低头还是点头，都那么迷人。在第一盘磁带中，她穿着一件大号的深紫色毛衣和白衬衣，她不时地用手指轻轻敲着额头或者偶尔歪一下脑袋，挂在脖子上的银链子就在灯光下闪闪发光。在第二盘磁带中，她在长袖白色T恤外套了一件淡紫色短袖衬衣。这两套衣服让她看起来就是一个“酷酷的”10岁女孩。当她说“我不记得了”或者“嗯，是的，就是这样！”或者“不，我永远不会这么做”的时候，会习惯性地配以优雅手势。此时她的声音也会与表达其他短语时不太一样，与你在电视上看到的普通童星稍微有些区别。这个女孩是天生的电视迷，这些都是非常关键的“表演”。

我眼前的录像带录制于四年前。在它们录制完成后不久，汽车修理工菲尔·格里尼菲尔·格里尼和他的太太凯伦代表他们10岁的女儿以儿童猥亵罪提起刑事指控，他们报告说两位心理健康专家爱德华·莱利医生和莎拉·阿尔斯顿医生涉嫌性侵。由于没有证据，俄克拉荷马市地区检察官办公室放弃了刑事起诉。但是刑事起诉撤销前，格里尼夫妇向医生提起了民事诉讼。他们带着女儿发起了舆论攻势，获得了一些社会反响。每当洛不得不去投诉、进行心理测试或者接受检查，都由凯伦陪着。这一套流程渐渐成为她的全职工作。

莱利医生是一位教育心理学家，阿尔斯顿医生则是一位儿童精神病学家，他们从大学时代开始就是好朋友，与其他几位治疗师一起分享了一大套办公室。洛在莱利医生那里治疗了四年，他的任务是与她潜在的严重人格问题一起工作：低自尊、习惯性撒谎、不断需要关注以及难以与母亲相处。菲尔和凯伦夫妇有两个孩子，老大是儿子，也是家里的宠儿。洛看起来没什么权利。女孩和妈妈之间冲突不断，这孩子总是毫不介意地跟妈妈顶嘴。她做作业时需要帮助但拒绝妈妈想要提供帮助的努力。而她哥哥完全相反，他的功课始终保持着平均“A”级的水平，连体育也棒极了。无论在学校还是在家里，人人都喜欢他。

阿尔斯顿医生是评估洛的第一位专家，她告诉她的律师，这孩子被诊断为注意力缺陷 / 多动障碍[1]，一种因严重的缺少专注力又难以集中注意力的重大缺陷，随着孩子成长需服用利他林（Ritalin）—— 一种帮助孩子们集中精神和学习的精神活性药物。阿尔斯顿医生偶尔会走进莱利医生的咨询室，为洛制定新的处方或者检查她的进展情况。根据莱利医生的证词，他采用游戏和谈话相结合的方式为女孩做治疗。有时候，他用洛的治疗换取格里尼先生为他维护几辆旧车的服务。在儿童虐待控诉案发生前，他和格里尼一家有些社交关系。他们在一起共度过感恩节，有时候还会在周六晚上聚一聚。

已经是晚上的 11 点，夜已深，除了灯火通明的厨房，房子在黑暗中沉默着。这些录像带是阿尔斯顿医生的辩护律师汤姆·布莱克本送过来的。他从俄克拉荷马市给我打来电话请求我的帮助；而这个案子中让我倍感兴趣的主要是儿童精神病学家，尤其是女性儿童精神病学家几乎没有过被指控性虐待患者的先例。这名医生被起诉附带 300 万美元赔偿金，而在被指控前，无论作为一名治疗师还是法庭专家证人，她都享有盛誉。

汤姆·布莱克本想知道我是否会认为是多曼警官暗示了洛。"这孩子是被当局洗脑了吗？"他问我，"有人在给她讲故事吗？"看录像带的时候，我仔细地倾听多曼警官的问题并思考，这些问题有引导作用吗？对同一事件采用不同的表达，差别可以很大，比如你说"告诉我你的一天"，或者问道"今天你作弊了吗"或者"今天你过得愉快吗"产生的结果是不一样的。孩子们灵敏的触觉很容易被外界的意图潜移默化。他们能快速觉察并寻求避免被控制的欲望使得谎言在咄咄逼人的权威的问询下自然产生。《你去哪里了？出去了。你做什么了？没什么。》（*Where did you go？ Out. What did you do？ Nothing.*）这本老书的题目很好地抓住了许多无效代际交流的精髓。引导性的问题可能会使孩子做出错误的反应。有些孩子被问到此类问题时会不说话，有些会提供错误的细节或完全错误的回忆。如果说他们是在撒谎，很可能并不是"故意的”。但是无论孩子们出于什么动机，当他们面对一个引导性问题时所给出的答案可能是不正确的。

在询问模式中，确实不能设置暗示性或引导性的材料，以免影响记忆。访谈者的言论、申明甚至随意变更的措辞都会使人们偏离自己的想法而朝着访谈者期待的方向发展。听众点头、眨眼、身体倒向或者远离受访者的姿势都充满了足以改变一个故事的能量。

在华盛顿大学的心理学家伊丽莎白·洛夫特斯和她的同事们设计的“误导”实验中[2]，受试者（大部分是大学生）被引导相信他们感知到的一个东西实际上是其他的事物。这些试验创造了知觉记忆的错误细节。引导行为可以在记忆过程的任何一个阶段——感知、存储或检索阶段获得完全的成功。提问技术的微妙变化或面试官微妙的态度及暗示都会在受试者的反应中产生巨大差异。

洛夫特斯博士的被试们观看模拟事故和犯罪过程的小电影，同时在记忆过程的某些节点内置了错误信息。在提交材料或随后的时间里，通过实验员看似无意的口误，植入暗示信息。比如，用“你看到车里的凹痕了吗”代替“你看到凹痕了吗”，两个问题差别很小然而导向的结果可以完全不同，所谓差之毫厘，谬以千里。1992 年 8 月在华盛顿举行的美国心理协会年会上，洛夫特斯博士在题为“被压抑记忆的真相”的讲话中总结了她的发现。她说，明明看到了皮卡车的人们可以在暗示下相信那其实是小汽车或者旅行车，目睹了直发犯罪嫌疑人行凶的被试能够被引导认为嫌疑人是卷发，而在观看了毫无特点的乡村田园景色后，人们可以被误导并肯定他们看到了碎玻璃、录音机或是一个谷仓。洛夫特斯博士和她的合作者甚至可以让看到米老鼠的人认为自己看到了米妮。

多曼警官是不是也对洛使用了引导技术呢？我不得不亲自看到和听到他们的对话，并且了解洛自己是否存在偏见。打个比方，如果她恨治疗师并且在治疗中的某个时间点上做了决定，那么这个时间点之前发生的所有事情的记忆都将受到影响。在 1971—1972 年间，卡内基梅隆大学的认知心理学家巴鲁克·费斯科霍夫以此为线索做过一个有趣的实验[3]。实验对象是 251 名大学生，他们被要求预测即将到来的尼克松总统访华访苏之行的结果。一年后，这些学生被要求写下一年前的预测。大部分学生写下了尼克松总统真实的访问结果，但是事实上真正预测到这个结果的学生数量要少得多。这就是所谓的事后诸葛亮，生活中很多“我告诉过你的”也是同样的原因。

基于诸如此类的实验结果，一个人千万不要询问对结果有诱导性的问题，也不要给他人留下提示线索。但是在向儿童提出问题时，你不得不在一定程度上引导他们，以便让他们说出任何实质性的内容。幼儿和学龄前儿童有时需要口头或图片提示，才能帮助他们用语言表达记忆。年幼的孩子语言能力弱，对单词比较陌生，需要其他线索的帮助来构建记忆。但是，我认为在调查中使用仿真娃娃的暗示性太强了。它们迫使一个孩子直接面对娃娃的生殖器官，而且这是它们最突出的特征。比如说，这些娃娃的眼睛没有玻璃体、没有眉毛、不会眨眼睛、没有能合上的眼皮，然而它们的阴部是完整的，覆盖着阴毛、有阴道口和阴部的褶皱。

学龄儿童常常认为被要求回忆是对他们隐私的侵犯，这样的感受也干扰了自由回忆。加利福尼亚大学的心理学家盖尔·古德曼[4]和加利福尼亚大学洛杉矶分校的大卫和凯伦·塞维兹设计了一个实验来研究儿童作为目击者的表现。实验在洛杉矶的海港医院门诊进行，他们将被试儿童分为两组——每组包括 36 名 5 岁和 7 岁的女孩——分别接受一套完整的儿科检查。第一组接受了生殖器和肛门检查，另一组则没有，几天后回访这些女孩们。开始时，每个女孩都有机会用她自己的方式表达发生了什么，然后给她一个仿真娃娃表演出她的经历，最后调查人员对每个女孩提出了一系列引导性和误导性的问题。

访谈初期，没有接受生殖器或肛门检查的女孩自由地描述了曾发生的一切。这组女孩也没有人在仿真娃娃阶段犯错，但是到了引导性和误导性提问阶段，其中的两名女孩提供了完全错误的报告，一名女孩竟然说医生用一根棍子给她的肛门挠痒痒。

而在接受了肛门和生殖器检查的组中，只有八个女孩子一开始就主动报告了这些信息，年幼的孩子比年长的孩子稍主动些。然而当给她们提供了仿真娃娃后，其中的六名女孩说出了相关内容。在回答引导性和误导性问题时，大多数的女孩准确描述了发生的事情。她们并没有被暗示性的问题误导，讲的是真实的故事。但是，研究显示她们需要强有力的提示才能做到。

那么洛是否也需要这样的提示呢？问题是在没有提示的情况下如何从孩子身上引出真相。用性为主题访谈一名 10 岁的孩子是一件棘手的事情。我很有兴趣了解警察和他的“童星”会怎样处置这个话题。

警官多曼从让女孩选择使用“洛”还是“艾米”称呼她开始了访谈，艾米是女孩中间的名字。“这问题真奇怪，”我想。看起来似乎多曼警官希望洛称呼自己为“艾米”。

女孩笑着选了“洛”。第二天，当我跟汤姆 · 布莱克本交流时，我了解到格里尼周围每一个人包括女孩在内都知道的故事。1978 年，菲尔和凯伦夫妇曾在墨西哥度假，他们喝着 Kahlau——当地的咖啡甜酒——欢庆了一整夜。那晚偶尔怀上的孩子就取名为“洛”（Lau）作为纪念。多曼警官是不赞成醉酒还是放荡的行为呢？他的第一个问题，就已经暴露他提出引导性问题的能力。

洛在回答多曼关于她学校的问题时说自己是四年级学生。

“哦，那么你会乘法了？”

“会一些。”女孩调皮地笑了。

“7 乘以 7 等于几？”

“不，这题我不会。”女孩从容不迫地说，“但是我知道 9 乘以 8，这一题更难。”

“答案是什么呢？”警官咬了孩子抛出的饵。

“72。”

多曼看起来很满意，女孩也很满意，但这表明女孩开始构建自己的方式，她可以引导，也可以逃避，她有应付成年人的能力。纳博科夫可能已经发现洛就像12岁的洛丽塔一样迷人。

录像嗞嗞地转动着。“我们接到你父母的报告，他们说你发生了一些事情。”警官说。

“是的，”女孩沉默了。

“你知道有好的抚摸和坏的抚摸吗？”

“引导性问题，”我想，尤其考虑到多曼的突然转变。

孩子什么也没说。

“你知道隐私部位的名字和它们在哪里吗？你能在这个娃娃上指给我看吗？”

孩子耸耸肩，微笑着，用手拨弄着她的金发。今天真不应该提供仿真娃娃来演示，但是她给这些性器官使用了自己的名字，她和多曼警官似乎一言不发达成了相互妥协。“咪咪（俚语，指乳房），”洛说，声音很可爱，充满了魅力。“妹妹。屁屁。”

“你怎么使用这些部位呢？”警官期待地问道。

女孩咯咯笑着，很快点了点头，耸了耸肩，没有说话。

“有人抚摸过你吗？”他问。

“没有，”小孩回答说。

“但是我们明白发生了什么，”多曼警官不耐烦地反驳。

莱利医生“可怕又肮脏”，洛回答说。她似乎急于让警官收回他撅着的嘴。“他想跟我做爱，他让我看了电影，里面有人杀了其他人，而且他应该是一个治疗师。”

孩子接着告诉多曼警官，莱利医生给她放了一集又一集《猫和老鼠》，还有成人性爱电影，电影里有人被杀掉。当被问到演员们是否裸体时，孩子说：“我不知道，我没看。”当问她莱利医生是否是裸体时，孩子回答说，“他也脱掉了他的衣服，边看电影边摸自己。”

“他的阴茎看起来像什么？”多曼问。这个问题要求没有特别的新信息，只是阐述。这是个好问题，我想。

“我不知道阴茎看起来像什么。”孩子回答。

她看到莱利医生裸体自慰，却没有看到他的阴茎？前后有矛盾，而且她的一些回答也很模糊。当多曼警官问她：“色情电影中的人在做什么？”她回答：“他们发生了性关系。”

“那是什么？”——警察又问了一个好问题。“他们脱掉了衣服互相抚摸。咪咪和屁屁碰在一起，”孩子回答说。这是性关系？对于一名据称观看了成人性爱电影和男性自慰的孩子来说，报告这样的观察结果天真到不可思议。

“他们用了嘴巴吗？”现在多曼明显植入了信息，让洛了解大人的嘴巴也是性器官。

“不，”孩子回答，闭上了她自己的嘴。

“你看到的电影中，他们是怎么做爱的？”

“他们生孩子。”

这不是回答。不管这位青春期前期的美少女有多迷人，她完全回避了警官的问题。

洛有可能压抑了与莱利医生有关的全部性经验，我想，或者她压抑了部分。当性侵进行的时候，她很可能解离并进入了梦一般茫然的幻境中，甚至于她还可能将自己分裂成在现场的“坏的洛”和身处别处的“好的洛”。但是一旦她的记忆回来——显然存在这样的记忆，因为她提出了指控——她应该知道一些事情，也许是一段记忆，但肯定有一些事情。

洛·格里尼的案子处于被称为虚假记忆争论的风暴眼中。虚假记忆是一种强烈的想象记忆、完全扭曲的记忆、谎言或者错误的印象。通常这样的记忆是回忆者受到了外部暗示形成的。在虚假记忆的极端案例中，人们总能发现极端邪恶的谎言和彻底的洗脑过程。处于中间状态更常见的情况是有些来访者，通过他们的治疗师的暗示和解释相信了他们在孩童时期曾经经历过性创伤，而这些记忆被他们完全忘记了。很多心理健康专家在这场争论中站队，一方认为没有过性创伤的人是不会存在性虐待记忆的，企图驳斥虐待存在就是企图否定已有的伤害；另一方则认为虚假记忆一直都在发生：人们记得他们的治疗师或者自助小组给他们的建议。事实上，根据该观点，催眠和阿米妥麻醉分析法应该完全取缔，因为这些治疗形式的暗示性太强了。

精神卫生专业人士中的很多人都非常关心治疗师是否给患者制造了虚假记忆。治疗团队和自助小组会影响成员的记忆吗？媒体是否通过介绍促使人们认同耸人听闻的故事鼓励他们产生虚假记忆？有一些渴望助人的治疗师，全盘接受患者的故事，而不会严格检查确认内在与外在的真实性。最近一个关于 53 名涉嫌乱伦记忆的妇女研究表明，当她们努力确认记忆的真实性时，大多数人成功了。但是治疗师常常在真相揭示前就下了结论，他们往往像科学家那样寻找证据证明患者的记忆而不是试图反驳它们。[5]

当治疗师是创伤领域的知名专家并且只接待乱伦受害者时，虚假记忆更容易出现。这种情况下，患者从治疗伊始就期待唤回童年的乱伦记忆。如果咨访双方都相信除非创伤记忆被找回来否则治疗不会起作用，那么问题会变得更加夸张。在临床实践中，患者对怀疑他们记忆的治疗师不感冒。如果有一位治疗师说“让我们先看看这些记忆，然后在治疗当中或者在你决定你的生活时使用它们”时，咨访关系会更融洽。治疗的成功与否并不像捕鱼取决于捞到多少鱼那样取决于记忆是否回来。为了感觉更好、表现更好，人们并不必须揭开尘封的记忆。

对易受暗示型患者使用暗示技术可能会引发各种灾难。约翰霍普金斯大学精神病学与行为科学系主任保罗·麦克霍曾经在《美国学者》（*The American Scholar*）杂志上发表相关文章（1992 年秋），认为治疗师可能在实际上“给予”更多的易受暗示型患者超出最大计量的暗示量；他说这种诊断的流行是塞壬女巫歇斯底里的现代版本。他描写了五位深受心理治疗师影响的患者，尽管他们罹患完全不同的疾病却发展出了相似的症状。记者劳伦斯·赖特曾在《纽约客》发表了一篇关于保罗·英格拉姆的长篇报道。这位男子曾经在自我催眠下承认与女儿一起参与了撒旦仪式。后来，在被判入狱二十年后，英格拉姆推翻了自己的陈述。他说他曾经被他的审判者——两名警察、一名心理学家和一名牧师误导，他们向他保证，只要他承认发生过什么就会回忆起他性虐女儿的经历。

判断一个人是否存在虚假记忆的方法之一是寻找是否存在与记忆相关的症状或体征。如果儿童曾遇到过令人震惊的、可怕的痛苦或过激事件，他会表现出曾经历过该事件的心理症状。儿童会重演这些可怕的场景，会抱怨存在事件发生时曾体验的身体感觉。他们会害怕该场景的再现，并且常常对未来抱着普遍而又非同一般的悲观感受。

另外，如果儿童只是听说了可怕的流言或者知道了另一位创伤受害者的一些症状，他可能会选择其中一种或两种症状，甚至于也可能是整个“故事”——但是他们不会存在一系列的症状和体征。例如，我知道一个小女孩，尽管她姐姐因发生可怕的游泳池意外而切除内脏时她并不在场，却在心里“看到”了发生的灾难。维尼从她哥哥姐姐那里听说了霍莉的事故，而他们俩正是现场目击者。他们俩表现出很多的症状，男孩一直在游戏中搭建游泳池，而女孩则玩着类似于肠子那样的字符串，他们经常胃疼，无法安眠，但是维尼没有这些症状，她没有去过事故现场。一个可怕的故事不会导致头脑失灵，就算故事由最佳洗脑者植入，儿童也不会表现出与“记忆”相随的任何症状。维尼对她记忆的叙述并不是谎言。在我看来，她的故事完全是虚假记忆，尽管她是无辜的。

并不是所有的虚假记忆都是故意造假或故意植入的。今天大部分关于虚假记忆的争议与拥有该记忆的人或灌输该记忆的人是否无辜没有关系。善意的人们无意间受到了治疗师、朋友、家人或者警察的影响，或者被他们所读的书中选择的概念、他们看的电影或电视节目误导，开始相信他们曾经经历过一些从未发生的事情。这才是讨论的重点。

我记得曾经约见过一个女人——让我们称呼她为安·霍夫曼吧——她已故的父亲是一位政界与慈善界的名人。安·霍夫曼问我该如何处理她女儿薇薇卡告诉她的秘密，32 岁的女儿开始做治疗，几乎在一开始就想起很久以前曾经被她著名的祖父性侵。薇薇卡“看到”她祖父站在她脚下，把一些令人痛苦的东西塞进她的阴道强奸她。她的治疗师建议她立刻告诉妈妈并且考虑向公众公开揭露她的名人祖父。

“我跟她闹崩了，”安妮说。“我已经有整整三个月不能见到她，甚至没办法给她打电话。”安·霍夫曼不相信女儿。在她的童年记忆里，父亲无论在白天还是黑夜都是一副温和而提不起兴致的样子。

安妮把女儿的病史告诉我，她唯一的医疗问题是孩提时代曾经“漏尿”（giggle bladder）。只要她大笑、打喷嚏或者提一些比较重的东西，就会不由自主地“尿裤子”，她 3 岁时去看了泌尿科医生。“外科医生让我离开手术室，”安妮回忆说，“他告诉我要给薇薇安装一个仪器，我想这一定很痛，她一连几天生我的气。但是医生说在她的尿路上有一个膜，此后一切都会好的。”

“这位医生长什么样？”我问她。

“他穿一件绿色的西装，”安妮回忆道。“他有胡子，个子高高的，长相端庄。我的天哪，他看起来就像我爸爸。”

在心理治疗中，安的女儿确实经历了被压抑记忆的回归，这是真实事件。事实上并非薇薇卡的阴道而是她的尿道被“攻击”了，但是一个 3 岁的孩子怎么能知道呢？薇薇卡和她固着于 3 岁的天真的问题是，她误认了肇事者，还有隐藏在误认背后的动机。

伟大的瑞典儿童心理学家让·皮亚杰两岁时曾被他的保姆蓄意误导，后来他将该故事发表成完全的虚假记忆的知名案例。为了让富裕的皮亚杰家庭留下深刻印象，他的保姆谎称有人企图绑架小皮亚杰但小皮亚杰被她救下了。

15 岁那年，保姆承认当年的故事是她编造的。但在此之前，他对这个莫须有的事件保存着清晰生动、充满细节的记忆。皮亚杰没有告诉我们的是，他是否因为想象的诱拐遭受过精神症状。我猜很可能跟小维尼一样没有症状，虚假记忆并不会伴随着心理创伤症状——恢复的知觉、行为重演、特定创伤恐惧和没有未来感。完全的虚假记忆仅仅是一个故事，它可能具有内部一致性，还充满细节，但它仍然只是一个故事。[7]

读者可能会注意到当我描写“虚假”的时候使用了“完全”作为修饰语。在虚假记忆领域最大的问题之一是区分研究人员和临床工作者的虚假记忆定义。比如说，伊丽莎白·洛夫特斯认为虚假记忆指的是记忆中的误报细节，诸如将等级“B”记成了“F”。而在我看来，视觉错误、时间序列错误或者错误的动机都不构成虚假记忆。[8]

我对乔奇拉校车绑架案研究表明，大量被绑架儿童后来都存在关于他们痛苦经历的不正确的记忆。在挑战者飞船爆炸后，在我随机采访的 153 名 8 岁和 15 岁的孩子中，有 1/3 的孩子的记忆出现了细节上的错误。然而，没有人怀疑，乔奇拉的孩子确实从他们的校车上被绑架了，也不会有人驳斥描述暴露在挑战者号灾难中的孩子们。虚假的细节扭曲了记忆，但是很多真实的记忆也会被扭曲，虽然基本上是正确的。[8]

打个比方，如果一个 8 岁的孩子从学校回到家说，全班同学花了整整一天的时间参观科学博物馆，由道奇太太开车，最后大家吃着冰激凌回来了。之后老师告诉家长他们去的是自然历史博物馆，而且只去了半天，开车的是怀特考克太太，最后每人吃了一个冻香蕉，那么父母会认为孩子在说谎。而我觉得 8 岁的孩子已经向他妈妈提供了真实的记忆，只是因为细微误会和童年理解力的原因被扭曲了——这非常常见。但是 8 岁的孩子回家后详细地描述了在科学博物馆的一天，然后老师来电话说这孩子考试失败了，那么这就是他撒谎被抓了现行。他可能会使用完全的虚假报告转移父母的注意力，不去关注考试失败的事情。如果这孩子后来开始相信他假造的故事，那么我就称之为“完全虚假记忆”——完全无中生有的记忆。

很多完全虚假记忆具有创造悲剧的潜力，洛的记忆当然也是这样。两位医生站在被告席上，面临着失去一切的危险。在美国的家庭法庭中曾经出现过一些“完全虚假记忆”的惨剧。从20世纪70年代开始，离婚律师开始介入有孩子指控离婚父母存在性侵犯的争议性案子。通常情况下，这些孩子没有机会完成一个自愿的、没有指导的陈述。在对18名曾在离婚大战中提出该指控的孩子的研究中，精神病学家爱丽莎·贝内德克和戴安·谢特克发现，大多数的孩子做出了虚假报告。[9]

但是，诸如“虚假记忆综合征基金会”这样的政治倡导团体[10]，对此做了大量的宣传，以至于今天在对该现象的诊断上存在疑问。近期会议上，有位治疗师问我，我们讨论过的患者是否患有“虚假记忆综合征”。然而，并没有这个疾病，这只是一个名词，代表那些认为他们被诬告的父母、叔伯、祖父或手足的一个组织。现在还有一个团体叫“罢工者”，是一样的道理。还有一个名词叫“虚假的缺失记忆”（false lack of memory），是被诬告的父母所创造的，这个词希望人们思考为什么这些被控告的父母没有虐待他们孩子的记忆。这些都是流行的短语，而不是精神病学的专业术语。辩论变得太政治化了。

只有一系列关于童年虐待事件的成人记忆的强有力的研究，才能解决关于虚假记忆的争议。我们需要设计长程研究来跟踪这些孩子，在他们的生活背景中研究他们被举证的虐待。在完成这些确定性研究之前，每个案例都只能为自己代言。案件的事实将解决个人层面的辩论，每一个案子都必须根据其特定的事实进行评估和诊断，每一位患者必须接受具体症状和体征的检查。成年患者不仅必须探索内在感受，还需要探索随着新恢复记忆再现的外部表征。缺少外部表征并不能否认记忆的真实性，但是有更多记忆将使它们更能让人信服。

那天晚上当我在厨房看着洛的录像带时，我看到她和我在乔奇拉绑架案中或者暴露在挑战者号爆炸事件的年轻“被试们”不一样。在乔奇拉和挑战者号事件中的孩子们坚持完全相同的一系列事件或行动，尽管每个人描述的细节会有变化，而洛坚持她描述的细节却大肆修改整个事件中的行动。虽然我不认为可以凭空去评估一个故事，然而洛讲述的故事本身就很难令人信服。那么在把她从莱利医生那里带走后，她是否还看过其他的治疗师，并且在不经意中植入了这个故事？

还有，阿尔斯顿医生又是怎么成为她的被告的呢？阿尔斯顿医生是汤姆·布莱克本的客户，这也是我会在深夜观看这卷录像的原因。

“阿尔斯顿医生做了什么？”多曼警官这句话惊得我从椅子中一下子站了起来。“她也来到了莱利博士的办公室吗？”我身体前倾，等待女孩的回答。

“阿尔斯顿进来了。”洛笑了。“她看到了坏坏的电影，电影中有死人。”

“阿尔斯顿医生说了什么？”

“没有，她什么都没说。”孩子继续微笑着。

“就这些？”多曼警官靠回到椅背。

孩子接收到了警官非语言的引导。“嗯，有时阿尔斯顿会说，‘莱利，把电影关了。你应该和你的病人说话，而不是继续播放这些坏电影！’”

漂亮的孩子用手指摆弄着闪闪发光的项链，多曼看起来很累。“你知道什么是撒谎吗？”他问。

“当然，”她得意又自信地回答说。“撒谎会让你陷入麻烦。”在这个孩子的头脑中，撒谎是实际的事情——是处理自己与他人关系的策略。撒谎是由他人的反应来定义的。到10岁时，大部分的孩子开始认为撒谎是道德问题。洛的道德感发展比较慢，显得滞后且存在瑕疵，我想——她的过度活跃的触角似乎感觉到了一些不对劲，即使“不对劲的什么”远在千里之外或者四年之后。“这是所有的真相！”她直盯着摄像机，大声强调每句话。然后洛对着我笑了笑，磁带出现了空白。

一瞬间后它又复活了，进入了第二部分。多曼警官宣布了一个新的日期，是第一次录像两周后的一天。他告诉洛，他会问她一系列与性犯罪有关的问题。他说，洛的妈妈根据洛告诉她的事情做好了准备。这份问题清单是怎么来的呢？是不是有一位治疗师继莱利和阿尔斯顿之后参与到洛的案子里，并且为凯伦·格里尼准备了这份性活动清单？是这位治疗师最早暗示洛这些事情吗？或者是凯伦·格里尼亲自暗示过女儿后列出的清单？紧紧拽在多曼警官手中的这份清单透露出成年人影响了洛的强烈味道。

警官问了十一项活动，洛附和说每一项都发生过，除了被莱利医生拍裸照。穿着淡紫色衬衫的女孩承认当时她被催眠了，然后在莱利和阿尔斯顿做爱的时候被绑了起来。她还说她被下了药，莱利给阿尔斯顿拍了裸照。她还在录像里说莱利医生带着橡胶手套抚摸了另一个年轻的女病人，她曾经和洛一起拍过“讨厌的照片”。莱利医生还在她的办公室里跟别的女人做爱，他还乘着她被催眠的时候拍摄了“讨厌的”视频，他曾经威胁要杀了她。

这份清单，理所当然是彻头彻尾的引导性问题，因为这个孩子被要求逐项回应每一个行为，但是洛的阐述显示她对此毫无兴趣。当多曼警官问她关于被催眠的事时，她深深地打了两个呵欠作为回应。接着她伸长脖子做梦似的说：“我不记得这一切。”她说她还记得在催眠时为阿尔斯顿要了咖啡，接着两位医生把她绑了起来，一边啜饮咖啡，一边做爱。

这引出了另一个有趣的阐述，或者说，是一个失败的阐述。“他们做爱了？”多曼警官问，“怎么做？”

“他们只是做，”洛说。她似乎没有能力描述成年人的性爱。

“用娃娃做给我看。”

孩子拿起黄头发的男人偶和橙色头发的女人偶，把女人偶的脸朝下放在男人偶之上。警官困惑地问：“女孩在男孩的上面？”

“哎呀，”孩子嘀咕了。“男孩子应该在上面。”她改变了人偶的位置以满足多曼警官的口味，然后就把它们放着不管了。

两个娃娃都没有动，也没有脱下衣服，没有仔细缝合的生殖器填充物相互靠在一起。性，在小洛·格里尼眼中是男性与女性静静相对的状态。

“这里说莱利和阿尔斯顿亲吻了（彼此的）私处，”多曼拿着清单往下读。我想起两周前他提出的暗示性问题——“他们用嘴了吗？”——而且洛做了消极回复。这个孩子会不会因为充分的暗示开始将嘴作为性器官纳入她的记忆中了？

洛笑了，“这很尴尬，”她说。“阿尔斯顿做了，不是莱利……只是有时候……他们还穿着衣服。”

“嗯，”我想。“穿着衣服很难‘亲吻私处’”。显然，这个孩子在植入的概念中加进了她自己的想象。她并没有理解这个概念，没有人充分描述过这种经验。“穿着衣服”对洛来说，听起来是可以的。

现在，警官放下了“妈妈的清单”。他想了解阿尔斯顿和莱利是不是对洛性侵过。他开始用各种各样的方式提出问题，但是孩子一再否认曾经被抚摸过或者用任何方式被插入过。但是，多曼不会轻易放弃。“把所有的事情都说出来，所有的！”他强迫说。他这么做对孩子的影响确实很大。

洛终于低头了。“是的，”她说。“莱利抚摸了我的私处。在老的办公室里。不，也许是新的。我不确定。那天快过节了，圣诞节。阿尔斯顿也在那里，他只是摸了我的私处，我还穿着衣服。”她向镜头优雅地展示两条腿之间的部位。

这是一条可获大惩罚的新罪行。“阿尔斯顿呢？她摸过你吗？”多曼问。

“是的，在复活节。”洛说。

在做词语联想游戏时，“圣诞节”和“复活节”、“狗”和“猫”或者“足球”和“棒球”总是成对出现。“复活节”听起来是一个方便的答案，对洛来说并不是努力尝试弄清楚曾发生过可怕事件的那个时间点。“这发生了很多次，”孩子说，加快了她的步伐。“真的很多，他们拍了各种照片，很多，真的很多，三十次。我看到了（这里洛提到了另一位患者的名字）和一些我不认识的人，他们的衣服脱掉了，莱利把照片和相机放在了一艘牙签做得模型帆船中了，他的毒品也放在那里。”

“戴手铐”、“各种相机照片”、“毒品”、“三十次”，洛故事中的细节都是拼凑的，不成调调。

“你为什么不告诉你妈妈和爸爸呢？”多曼看起来准备把提示卡放好，要回家了。

“因为莱利和阿尔斯顿说他们会杀了我，”洛说。磁带放到这里也结束了。我从椅子里站起来，上床睡觉。

多年来，心理学家们进行了数百次引人入胜的实验，试图找出儿童记忆是否可以、在什么程度上可以以及什么年龄之后可以被认为具有法律效应。史蒂芬·塞西和他在康奈尔大学的发展心理学研究团队设计了一个实验[11]，他们先给孩子们讲故事，几天后再把与故事有关的错误信息告诉他们。结果发现，如果由另一个孩子给他们植入错误信息，大部分的孩子往往会忘记植入的信息而记住最初的故事。但是，如果将错误信息带给他们的是成年人，那么他们中的多数人会把新材料添加到他们的记忆中。这个实验不仅证明儿童的记忆可以在存储过程中被修改，更指出了成年人对儿童记忆的影响远大于其他儿童。

塞西和他的合作伙伴设计了一个非常迷人的灌输研究，研究对象是混合年龄的164位学龄前儿童。这项研究测量了孩子们对一个名为“山姆·斯通”的成年笨瓜——由研究者扮演——的反应。孩子们被分成四组。在第一组孩子们见到山姆·斯通前被告知他是个笨瓜；第二组的孩子则是在见过山姆·斯通后听说了这个信息；第三组孩子在事前事后都获得了这些信息；而第四组孩子则完全没有被灌输相关的内容。

在访问前的一个月里，孩子们一周两次接受灌输的故事，诸如山姆·斯通曾经借了别人的芭比娃娃，跑上楼梯时绊了一跤，摔坏了娃娃的胳膊。当山姆来到幼儿园时，他几乎什么也没做，只是站在那里，拍了几下脑袋，然后离开了。但是提前宣传是有效果的：那些被“预置程序”的孩子们一直死死地盯着他。有一些会喊出声：“山姆，别摸任何东西！”或者“山姆，小心！”山姆结束访问后，两个接受事后灌输信息的小组在连续12周内被给予引导性的错误信息。他们被引导性提问：“你还记得山姆·斯通在学校撕书的时候是故意的吗？还是他只是在犯傻？”

12周之后，一位新的调查员被介绍给孩子们，他向164位儿童中的每一位问了同一个问题，“山姆·斯通来的那天我不在那里。你能告诉我发生了什么事吗？”孩子们在没有任何指导的情况下自行叙述，研究者们从他们的故事中获得了很多细节，比如撕坏的书、弄脏的泰迪熊和破碎的芭比娃娃。

结果表明，在四组被试中，3岁的孩子相对于5岁的孩子来说，犯了更多记忆错误。但是，如果你问一位自由叙述后的3岁孩子：“你亲眼看到了这一切吗？”不准确的数字立即下降。如果你温和地再推一把，“哦，得了。是真的吗？”——这些幼小的孩子倾向于完全放弃他们的错误故事。五个人中只有一人会紧紧抓住原来的意见不放。当5岁的孩子面对“哦，得了”的问题时，只有不足十人仍然坚持被植入的关于山姆的错误信息。

在比较了各种影响孩子们关于“山姆·斯通”的记忆的效果后发现，似乎将事前与事后暗示相结合是最有效的，然后是单独的事后暗示，接着是单独的事前暗示。而在没有植入任何暗示时，人们可能会认为，所有的记忆都是真的。但是有部分无暗示组的3岁儿童在听到一个成年人说“哦，得了！”后改变了他们的故事。成人权威能影响非常年幼的孩子。

塞西博士的研究表明，父母的评论和心理治疗相结合可以影响学龄前儿童的记忆，认知误区和社会影响可以结合起来误导儿童的记忆，但是学龄前儿童并非唯一可能受影响的群体。这样的组合信息是不是也会影响年长一些的孩子，像洛那么大的孩子，让她以为实际上并不存在的现实曾经发生过？

我从深夜观看的洛的录像带上也看到了一些成人的潜在影响——多曼警官引导性的问题当然是，她妈妈提出的十一条问题清单也是。也许这份清单出自一位新的治疗师之手。也许洛曾造访过色情商店或者进入过限制级电视频道。因为对我来说，洛的记忆看起来是虚假的，弄清楚她的这些记忆是怎么来的、是谁给她植入的，就变得很重要了。是她妈妈吗？她哥哥？一个治疗师？究竟是谁？

看过录像带的第二天，我给远在俄克拉荷马的汤姆·布莱克本打了电话，问他在离开了莱利和阿尔斯顿两位医生后，洛是否看过其他的治疗师。

“有六位，”布莱克本说。“还不包括一位所谓的撒旦专家。”

“那么在开除的莱利医生之后，与多曼警官一起拍录像带之前总共看过多少治疗师呢？”

“有一位治疗师没有发现任何性虐的迹象，”布莱克本回答说，“而另一位认为她被虐待了，但没有形成特定的症状。”布莱克本不能确定在此期间格里尼的家里可以接触到什么样的读物、画报或者录像等，但是这是他计划中要调查的内容。

我告诉汤姆·布莱克本，我不相信洛在录像带中的陈述。她的故事确实有细节，但是不一致，而且多曼警官做了太多的引导。而且，很可能她妈妈也曾误导过她，那份十一条问题清单充满了暗示，但是录像带中有一件事保留着现实经验的痕迹。洛曾描述了一个振动器，她说莱利医生在她面前使用过。“它是白色的，”她说，“设置有高、中、低三个频道。艾德在穿衣服和脱衣服两种情况下用振动器抚摸他的私处，也用它抚摸过他的肌肉。”在这个故事里，孩子提供了一致的动词和确凿的细节。除非她曾经在什么地方看到过或者使用过振动器，如果莱利曾经给她看过振动器，那么这会是一个好的突破口——如果洛的故事中只有很小的部分是真实的，针对阿尔斯顿医生的指控就可能被推翻。振动器的片段听起来是“真实的”，我告诉阿尔斯顿医生的律师说，我们必须找出隐藏在背后的真相。

汤姆·布莱克本说他会给我寄来一箱子材料，包括洛的医疗和心理治疗档案、案件的副本、洛的妈妈和她一起制作的录音带。几天后箱子到了，可真够大的。我已经参与到格里尼起诉莱利和阿尔斯顿的案件中了。布莱克本告诉我他将在陪审团面前介绍这起案件。阿尔斯顿拒绝考虑格里尼提出的现金赔偿方案。无论有没有振动器，她坚持自己被诬告了，所以案件正在审判中。

陪审团和心理专家用于确定什么是记忆的“真相”的证据，基本上是一样的。目击证人是否表现出了一些迹象——内在的迹象——表明他曾经历了所描述的事件？是否有证据支持这个故事？我花了好几个小时阅读汤姆·布莱克本提供的材料，在这只塞满了文件的箱子里寻找支持或不支持洛记忆的证据。

在莱利和阿尔斯顿两位医生被解雇后，洛看过的六位治疗师的记录中，很少有关于与洛令人恐惧的指控相关的行为或者症状的描述。这些笔记也没有显示任何可以证实或否认某位治疗师曾经影响过洛的记忆。女孩跟治疗师们提到了一些恐惧，包括害怕黑夜，害怕在晚上的时候一个人待在自己的床上，但是任何一个孩子都可能体验到这样的恐惧。洛也会做一些噩梦，但这些梦都很模糊，没有特别的指向。她在房间里点蜡烛，她还曾经多次威胁说要离家出走，但是为什么呢？她对其他医生的恐惧在哪里呢？关于性？手铐？催眠？咖啡？橡胶手套？还有性虐儿童受害者经常出现的躯体疼痛和行为重演又在哪里呢？

洛的症状是非特异性的。这种非特异性正是那些并没有童年性侵回忆但认为自己是性虐受害者的人们的“症状”。加利福尼亚的治疗师艾伦·贝斯和劳拉·戴维斯撰写了一本畅销自助书籍《治愈的勇气》(*The Courage to Heal*)，该书是为了帮助那些经历了儿童性虐待的成年人，书中列出了一些性虐“幸存者”的症状。它们在虐待受害者中都是真实的发现，但是他们中的许多人是如此的非特异性，显示出很可能属于其他类型的情绪问题的迹象。“你觉得自己很坏、很肮脏或者很羞耻吗？”贝斯和戴维斯问道，“你感觉好像你内心深处有什么不对劲”，感到想要“自我毁灭或自杀”，恨自己，有“难以培养”自己的感觉，害怕成功。作者指出了更糟的状况：“如果你不能记起任何具体的实例……但是仍然感觉自己曾经被虐待过，这很可能是真的。”[12]

好的临床医生根据特定的创伤后症状诊断早期创伤，儿童性虐待幸存者通常存在与性相关的特定问题，他们也会存在有关控制的特定问题，经常落入受他人影响的情境中，比如被他们的朋友、老师、辅导员，并且最终受到他们的恋人们的影响。作为孩子，他们会玩一些需要想象力的奇怪游戏，经常带有性的色彩。他们的下腹部或者皮肤上经常会有疼痛或者伤痛。他们对于性有关的身体部位的麻木无感令人不安，他们也深感羞愧，他们不打算要自己的孩子，即使有，也不打算自己好好抚养。

这是因为防御在真实的记忆中起作用，这些记忆听起来常常是支离破碎的，尤其一再经历虐待或者创伤时。另一方面，通常不能凭借叙述记忆时细节的数量，把真正的记忆从虚假记忆中区分出来。那些摆脱了可怕童年记忆的人可以从电视、纸媒或者暗示性的治疗师那里获取错误的细节。另外，一段来自重度解离者的记忆，无论它是真还是假，可能听起来都很奇特。你不能单从一个故事就做出记忆是真是假的判断，每一个案例都需要单独进行确证。

对某事“有一种感觉”也不是做诊断的标准。在医学院研究甲状腺时，我们都觉得自己得了格雷夫斯病或者桥本病。当学习到肝脏时，就怀疑自己患有肝炎或者肝癌，但是我们当中并没有人在校期间罹患这些疾病。仅仅简单地怀疑过去曾有过性虐待是不够的，在认为这种可能性是真实的之前，必须有一些特定的或者具体的东西指向它提供证明。

我确实从汤姆·布莱克本的证据箱中找到了一个特定的标记，证明成人性对洛存在影响。它呼应了洛关于白色振动器的记忆，它可能是真实的。当这个孩子 9 岁时，凯伦意外地走到她身边，发现她正在生殖器上使用振动器。后来，凯伦断定她使用振动器是从莱利医生的性虐待创伤经历中演变而来。

“当凯伦发现洛的行为时做了什么？”我问自己。答案就在凯伦的陈述里，她马上说“把振动器放回抽屉去”。

一般情况下，凯伦可能会说：“把那个放回到你找到它的地方！”或者“把这给我！”或者“那是我的，你不能碰它。”但是她对孩子使用了振动器这个词，仿佛这是一个常见的家用工具。菲尔和凯伦拥有这个振动器多久了？它是白色的吗？三速的？现在我知道洛能够描述一个振动器，是因为她在家里用过。我想知道她是怎么想到这是用到生殖器上的。她可能从莱利医生那里了解到，也可能看到或者听到她父母曾经用过，也可能是她哥哥。

我把听录音留到最后——原因很简单，我的录放机坏了，但是汤姆·布莱克本并不关心。他对我说：“在你作证前必须了解所有的文件。”在进一步陷入文件堆后，我发现随着格里尼诉讼案的推进，凯伦亲自设计大型公众宣传活动，她致信多位知名官员和记者，向他们抱怨洛案件没有获得适当的对待。由格里尼家庭发起的宣传如此之多，以至于俄克拉荷马市的媒体自由地提及洛的名字，通常包括父母的全名。

在这个孩子与警官多曼摄制录像带两年后，她在国家执业医师资格和监督委员会上担任目击证人，反对阿尔斯顿医生获得行医执照。（莱利获得了教育心理学博士学位，不符合俄克拉荷马州临床心理学家执业证书申请规定，也就没有执业牌照可被取消。）那时，洛的故事已经传开，也更加详细，故事里的阿尔斯顿医生上穿黑色“露乳”皮革捆绑带，下着黑色无裆皮裤，而莱利医生是与此相对应的男性服饰。阿尔斯顿医生在她的出生地申请行医资格，因为有人通风报信，申请被拒绝了。然后她向中西部一所州立精神病院申请了工作，在这个缺医少药的地方，几乎自动提供工作临时许可证。她的申请被接受，再次作为精神科医生回到工作中。

洛在指证莱利医生和阿尔斯顿医生的宣誓中，以及在国家医疗委员会上提供证词时转而指责撒旦主义。据说洛目睹了带着血迹的刀子，医生们穿着黑色的衣服，将性与催眠合在一起，还有其他的孩子也涉入其中。这些点我不敢相信洛。她并没有可证实的迹象，她也没有报告可确认的症状。那么是谁给了她这些观点？那位所谓的撒旦专家？凯伦曾经写信四处宣传女儿的困境，而且她为多曼警官整理了十一条疑问清单。我迫不及待地想修好录放机或者借一个回来，听听这个孩子和她妈妈的对话应该会是一件有趣的事。

审判将在10月的俄克拉荷马市举行。开庭前几个月，洛的律师拿走了我的证词。莱利和阿尔斯顿两位医生的律师们也来到旧金山见证这一初步的证词。吃午饭时，汤姆·布莱克本告诉我，他已经知道洛案子的提交过程。在多曼警官为洛录制视频前大约早一个多月的光景，俄克拉荷马市的八卦圈里流言四起，据说莱利医生被起诉了。该案件指控他与一位正接受治疗的已婚女性发生了性关系。这位来访者原先是由阿尔斯顿医生提供治疗的，后来转接给莱利医生。之后不久，这位女性和她丈夫复合了，并且对两位医生提起诉讼。当这个案子的消息传出后，他们又接到了三起其他的诉讼，起诉人都是两位医生以前的病人。他们声称与莱利医生存在不正当性行为，而阿尔斯顿则存在过失性行为不端。这有可能源于两位医生的邪恶阴谋，也可能因为女性来访者传染性的起诉需要。在这个点上，从我对本案件的评估来说，更倾向于后一种解释。

凯伦最初是听一位女朋友提到这些针对莱利和阿尔斯顿的法律行动的，她们当即决定去“读一读这些抱怨”。她们造访了县法院，翻阅公开的民事文件。当她们翻看到这些诉讼时，立刻被恐惧抓住了，因为洛在莱利医生那里做了四年治疗，她也有可能成为他的受害者。

这样，这对关系有问题的母女（偏袒哥哥的妈妈和通过争吵、撒谎和寻求关注的女儿）突然找到了一个新的焦点——想象的莱利医生的性灾难。我在法庭上宣誓后对洛的律师和莱利及阿尔斯顿的辩护律师团说，这个孩子的故事很可能是虚假的。我并不认为这是一个谎言，而是洛在潜意识中渴望吸引凯伦的母亲的爱的尝试。她那么努力，但可能是不假思索地需要修复她们的关系，就像患有孟乔森综合征的孩子那样[13]，洛看起来想要带上妈妈的怀疑跟他们一起跑。当格里尼一家带着故事走上法庭时，女孩对父母来说可以像她完美的哥哥一样重要了。最后，人们爱她，尊重她，看到她，并且记住她。

我的证词没有解决格里尼家庭和莱利—阿尔斯顿争端。6 个月后，我到俄克拉荷马市法院参加案件的审理，审理程序在两周前就已经开始。一个主要有蓝领工人组成的陪审团，已经从很多心理学家和格里尼家庭那里听到了很多内容，除了洛，她将在我出席前提供证词。

在格里尼案件审判期的前两周，我在旧金山听了录音。我有了一个很好的录音机，收听凯伦和洛在最初提起诉讼时的录音。汤姆·布莱克本和我决定根据这些磁带为我即将到来的证词制定策略。一共有六段录音，四段发生在多曼警官首次录像之前，另外两段则发生在他第二次录像之前。洛的律师认为这些录音足够支持他方论点，并且已经向陪审团播放了其中的部分，所以它们是证据。布莱克本和我将会向陪审团重播该内容，但这次是播放全部内容，而我将为陪审团进行解释。不同的录音，不一样的证词。

正是这些磁带，汤姆·布莱克本和我在审判前夜，在我作为专家证人提供证词之前又播听了一遍。由此我确信洛的记忆是完全虚假的，它们是由凯伦灌输给洛的。因为母女俩的对话如此夸张而露骨堪称洗脑典范，我不禁想起约翰·弗兰肯海默的经典惊悚片《满洲候选人》(*Manchurian Candidate*)。凯伦熟练使用的技能更容易让人联想到行刑室，也类似圈养的儿童家庭。洗脑是由暗示、误传和条件作用（关联学习）组成。这比在临床或者实验环境中做的任何事情都极端。通过使用这项技术，凯伦成功地让她女儿提出了只在凯伦头脑中发生过的“记忆”事件。

凯伦决定在楼下问 10 岁的女儿，这里位于房子的底层，是她和丈夫睡觉的地方。她说之所以要选在这个地方，是因为女儿有非常严重的注意力问题，这个房间不会有干扰。凯伦打开录音机，洛被困在了那里。

开始时凯伦告诉洛，莱利医生对他的女病人做了一些“坏事”。她还说莱利患有多种性病。(这个想法似乎是凯伦独有的，据我所知，在其他法律诉讼中并没有提及这些信息。）这是非常强烈的暗示，比斯蒂芬·塞西研究中的学龄前儿童听说的“山姆·斯通”的故事离谱多了。为了保护洛，凯伦说她需要知道“一切”——莱利医生曾做过的每一件事情。洛在磁带中对妈妈做出的第一个反应以及此后经常做出的反应是“没有”和“不”。最开始的时候，她说她喜欢莱利，但是这些感觉很快就改变了。

凯伦似乎在小事情上也很轻率。例如，她告诉洛，录音后可以不去学校而跟爷爷奶奶待在一起。“可是如果我不去学校，他们（爷爷和奶奶）会担心的，”洛说。“什么？”凯伦听起来有些困惑。“好吧，我们就告诉他们（祖父母）这一天学校放假了。”

“哦，妈妈，”孩子叹了一口气，你能很明显地听出她的沮丧。

凯伦把她自己和录音机称呼为“我们”，但是她并没有告诉洛录音要做什么。这个孩子完全有理由相信她是和妈妈单独待在一起。“告诉我们，”凯伦说。洛纠正了一次：“告诉你们？”凯伦退让了一会。“是的，好吧，告诉我和麦克风吧。”后来凯伦说：“你想独自和麦克风谈谈吗？私下里？”洛立刻领会到这是个骗局。“不，谢谢！”她说。

还有一次，洛对妈妈说，“别录了。”

“为什么？”

“因为我想跟你说话！”

“你保证什么都不会告诉爸爸，”洛在另一个时机请求妈妈。“好的，我保证，”凯伦说道。凯伦有拉过勾吗？她的孩子注定没有隐私。

故意植入虚假信息需要的不仅是谎言，还需要植入者具有绝对的权威。在电影《满洲候选人》中，安吉拉·兰斯伯瑞扮演的角色对她的成年儿子（由劳伦斯·哈维扮演）来说象征着强有力的钻石皇后。凯伦对洛表达了同样的控制感，不只因为她是母亲，而且她看起来洞察一切。

凯伦： 莱利曾经让你脱了衣服拍照吗？

洛：是，不。我讨厌这样。这会让我生气的。

凯伦：我正在解读你的肢体语言。

洛（大声地）：好了，妈妈，我会告诉你一切的。

凯伦：好了，别对我大喊大叫的。

如果一个妈妈坚持了解你的每一件事情，你会觉得自己无处可藏。

凯伦：你表现得很傻。

洛：我在帮你。

凯伦：你在说实话吗？

洛：是的，我是！

凯伦：因为很多时候你不想说真话时表现得神经兮兮的。

洛：我说的是真的。

凯伦：好吧。我能指出你什么时候没有说真话，你知道的。

洛：我知道。

凯伦自以为是最高权威。“我告诉你，”她对女儿说，“妈妈知道的比孩子以为的多得多。”

条件作用是让洗脑与一般的错误信息实验有所区分的一个重要因素。凯伦利用控制者的身份进行积极引导。她保证说如果孩子说出更多的性故事，就让她睡在妈妈的床上。她用零食、口香糖和糖果交换故事。显然洛喜欢家用打字机，“你以后可以用它，”凯伦答应她，心照不宣地要求洛先对“我们”多说一些。逃学、跟妈妈一起购物、奖金等都是激励。还有关于小洛和妈妈之间更加微妙的奖励被提了出来。“全部告诉我，妈妈会更加爱你的，”凯伦承诺道，“你会因为能告诉我这一切让我感到骄傲。”陪审团辨认出，凯伦在她一贯紧张而干巴巴的声音中注入了温情。

凯伦还用了重复技术，同样的问题她会问上四五遍，她强调相同的观点。孩子坚持对妈妈说“不”的时间远远多于多曼警官。但是，往往问到第五次或第六次时，孩子的立场崩溃了。“该死的，洛，”当我听着磁带时心里大声地喊着，“不要放弃！”但是每一次，孩子都溃败下来。

无处可逃。“我胃疼，”孩子尝试着说，“好吧，别生气……放松。我们进行得越快……就能越快地放下。”孩子累得直求饶，没用。孩子说饿了，“我上楼给你拿半个三明治，你可以带到这里吃。”

禁锢是战俘营、酷刑室和圈养家庭的标识。洛试图通过疯狂的恳求挣脱桎梏。“你也快把我逼疯了，”凯伦厉声说。

凯伦大喊“真相”的次数太多，数都数不过来。“真相，”是凯伦最喜欢用的反驳词——几乎是一个信号——当她不喜欢一个“不”的回答时就会出现。凯伦要求更多，越来越多。“好的，让我们把所有的事情都说出来，好吗？”她无情地推着她的小女儿。“我已经说了一米多长的磁带了，”洛恳求道。但是他们继续录音，直到妈妈而不是孩子认为已经足够了。

洛记忆中的事件因为凯伦的暗示而改变了。令人惊讶的是，洛并没有接受性行为，这甚至比她在多曼警官和国家医疗委员会面前作证更加神奇。

凯伦：莱利有没有拿着铅笔或者类似的东西碰你？

洛：没有。

凯伦：好吧，我只是问问。我必须什么都问到。

洛：你疯了。

凯伦是在第五盘录音磁带中提到阿尔斯顿的名字的，洛的反应不能让她满意。

凯伦：阿尔斯顿也跟莱利和你一起待在办公室吗？

洛：是的。

凯伦：跟我说说这个。

洛：她真的很好。

凯伦：好吧，让我们再来一遍。

等到洛完成她最后的录音时，凯伦已经成功将阿尔斯顿植入洛的心里了。凯伦问了数百个关于观看成人性的问题，包括观看和抚摸。她一次又一次直接或间接地询问洛关于阿尔斯顿的问题。而且，妈妈和孩子还有无数次录音间隙交谈的机会。

凯伦：你说了阿尔斯顿的事（没录在磁带上），我想知道你会说什么。

洛：你指的是阿尔斯顿？阿尔斯顿女士？莎拉·阿尔斯顿。（洛的强调语气带着校园风的嘲讽）嗯，她告诉我说，如果我不坐下来让她和莱利做他们想做的事情的话，就用一根绳子把我的胳膊绑起来。

凯伦：他们要做什么？

洛：他们想脱下我的裤子看看。她这么做了。

凯伦：她脱了？这事发生了不止一次？

洛：是的。

凯伦：是她脱了你的裤子并且看着你？

洛：是的。我不想她这么做，但是她逼我。

有时候人们会用磁带做一些自我挫败的事情。理查德·尼克松是这样，凯伦·格里尼也是这样。她录音是为了用证据把莱利和阿尔斯顿医生钉死。然而实际上，至少在俄克拉荷马市的陪审团面前，却只钉住了她自己。凯伦这种低空开伞的方式倒是为我提供了让任何陪审员都可以理解的框架结构解释虚假记忆的灌输模式。

洛本人僵硬地坐在位置上，提及恐怖经历时没有什么情感表现。她作证时讲的故事与她在国家医疗执照和监督委员会面前讲的不一致。当她被交叉审问时说的内容，与她稍早前直接作证时所说的也不一致。

汤姆·布莱克本在最后的法庭陈词中说，洛缺少特定的性虐症状，在陪审团前的陈述也缺乏相应的情感。他提醒陪审团，洛曾在宣誓时说过她觉得不得不在她父母提起诉讼前“说出真相”。洛说了太多的故事，但不同的时间故事的内容变化了很多次。布莱克本总结了我关于暗示的证词，同时他回忆了一位与格里尼较为疏远的朋友的证词，在格里尼家的马桶盖上放着一堆《阁楼》（*Penthouse*）杂志。难怪洛了解那么多色情元素，什么姿势啊、皮革之类的。她是伴随着这些元素长大的。

莱利的律师的总结简洁而戏剧化。他只是站起来，走到原告的桌边，用肉嘟嘟的食指指着凯伦，眼里燃起俄克拉荷马圣火，他开口道：“无耻啊，凯伦·格里尼！你太无耻了！！”

陪审团驳回了所有针对莱利和阿尔斯顿的指控，认为他们不存在不法行为或疏忽。随后，陪审团成员告诉汤姆·布莱克本团队，他们相信洛的故事是完全虚假的。

在格里尼诉讼莱利和阿尔斯顿案件审理期间，我不能跟其他证人交流。但在我完成证人任务后确实了解到，那对最初起诉莱利和阿尔斯顿的夫妻，赢得了莱利医生的官司，获得总额为 7.7 万美金的情感赔偿。然而，这次莱利总算踏实了，他将搬到另一个州继续他的职业生涯。所有的其他民事案件最终都被驳回。没有任何不利于阿尔斯顿的判决。

尽管最终获得了胜利，阿尔斯顿医生依然名誉受损，但是判决生效一年后我了解到，她在中西部州立医院——就是当初她几乎被逐出俄克拉荷马市时申请到职位的医院——获得了很大的职位提升。好医生上哪儿都受欢迎。

后来我在一次精神病学会议上与阿尔斯顿交流过。她是一位聪明又讨人喜欢的女性，对儿童虚假记忆案件给她造成的伤害毫无怨言。

法庭审判那天是我唯一在“现场”看到那位童星。我坐在法官办公室的接待厅里等待洛完成她的证词。从这个有利的角度，我能看到她但听不到她说的话。她刚满14岁，加入了一所模特学校，已经为她的职业生涯准备了一系列的照片。她真漂亮。但有些事情改变了，她白金条纹的衣服，刻板的卷发，霓虹灯似的闪烁的微笑，给我留下了虚假的感觉。她曾经绽放耀眼如明星，现在更像是崭露头角露头角的新星。

当我写下这个故事时，我问自己洛输掉了官司吗？她并没有从这场花费了数百万的法律纠纷中获得钱财，从这个角度来说她确实输了，但是她赢得了一个母亲。对一个被拒绝的孩子来说赢得母亲是重大的胜利。在录音带的最后，还有一段对话。

凯伦：你认为我们的关系也许可以更好，处得更好，因为你没有——

洛：是的。我很高兴终于都结束了。

凯伦：你曾经害怕跟我做朋友，跟我保持亲密关系，对吗？因为你害怕跟我说话，对不对？

洛：怕你怀疑？

凯伦：嗯。

洛：所以我没跟你说话吗？

凯伦：好吧。现在我们可以把这些都翻过去了，不是吗？

洛：嗯哼。

凯伦：我们可以成为好朋友，相互交流，彼此理解。

洛：是的！

注释

1. For more information on attention-deficit/hyperactivity disorder and its treatment with Ritalin, see L. Silver, *The Misunderstood Child: A Guide for Parents of Learning Disabled Children* (New York: McGraw-Hill, 1984); and P. Wender, *The Hyperactive Child, Adolescent, and Adult: Attention Deficit Disorder Through the Lifespan* (New York: Oxford University Press, 1987).
2. On Elizabeth Loftus' work on misinformation, see particularly her *Memory* (Reading, Mass.: Addison-Wesley, 1980).
3. Baruch Fischhoff's study on hindsight and its effect on memory is in B. Fischoff and R. Beyth, "'I Knew It Would Happen' — Remembered Probabilities of OnceFuture Things," *Organiza-tional Behavior and Human Performance* 13 (1975): 1-16. Another interesting Fischhoff paper on this subject is "Hindsigh ≠ Fore- sight: The Effect of Outcome Knowledge on Judgment Under Uncertainty," *Journal of Experimental Psychology. Human Perception and Performance* 104 (1975): 288-99.

   An excellent review of the importance of cuing in helping children to remember is R. Fivush, "Developmental Perspectives on Autobiographical Recall," in G. S. Goodman and B. L. Bottoms, eds., *Child Victims, Child Witnesses: Understanding and Improving Testimony* (New York: Guilford, 1993).

   My opinions on anatomically correct dolls were published in debate form, including a rebuttal, against the opinions and rebuttal of Dr. Alayne Yates, the chief of the Division of Child Psychiatry at the University of Arizona Medical School; see A. Yates and L. Terr, "Anatomically Correct Dolls: Should They Be Used as the Basis for Expert Testimony?" *Journal of the American*

Academy of Child and Adolescent Psychiatry 27 (1988): 254-57 and 387-88. The California Court of Appeal has banned information from coming into court if it is obtained from a child' s use of anatomically correct dolls. See *In re Amber B. and Teela C.* 191 Cal. App. 3rd 682(1987).

4. Gail Goodman is a leading psychological researcher on children' s credibility as witnesses. See K. J. Saywitz, G. S. Goodman, E. Nicholas, and S. Moan, "Children' s Memories of Physical Examinations Involving Genital Touch: Implications for Reports of Child Sexual Abuse," *Journal of Consulting and Clinical Psychology* 59(1991): 682-91.

5. The study of fifty-three women' s attempts to confirm incest memories is J. Herman and E. Schatzow, "Recovery and Verification of Memories of Childhood Sexual Trauma," *Psychoanalytic Psychology* 4(1987): 1-14.

6. Lawrence Wright' s article on Paul Ingram' s confession and retraction appears in *The New Yorker,* May 17 and 24, 1993. A paper by the Berkeley sociologist Richard Ofshe also discusses the Ingram case; it is "Inadvertent Hypnosis During Interrogation," *International Journal of Clinical and Experimental Hypnosis* 40 (1992): 125-56. Paul Ingram' s motion to withdraw his guilty plea was rejected by the Washington State appellate court in January 1992, and by the State Supreme Court in September 1992.

7. Jean Piaget told his story of false memory in *Play, Dreams, and Imitation in Childhood,* trans. L. Gattegno and F. M. Hodgson (New York: W. W. Norton, 1951). My friend Peter Tanguay, a psychiatric researcher at UCLA, heard Piaget tell the incident to a small group of visiting psychiatrists and psychologists in Switzerland. He said nothing at the time about having suffered any symptoms, but Peter also assures me that Piaget was particularly tight-lipped about himself.

8. I have referred to a number of Elizabeth Loftus' s writings in my notes on chapter 2. Others include: E. Loftus, "Reconstructing Memory: The Incredible Eyewitness," *Psychology Today* 8 (1974): 116-18; and E. Loftus and J. Palmer, "Reconstruction of Automobile Destruction: An Example of the Interaction Between Language and Memory," *Journal of Verbal Learning and Verbal Behavior* 13 (1974): 585-89.

   On incorrectly remembered details in the Chowchilla schoolbus kidnapping, see L. Terr, "Children of Chowchilla: A Study of Psychic Trauma" *Psychoanalytic Study of the Child* 34 (1979): 547-623; and in the *Challenger* study, see: L. Terr, D. Bloch, B. Michel, J. Reinhart, and S. Matayer, "Children' s Responses to the *Challenger* Spacecraft Disaster," *New Research Program and Abstracts,* American Psychiatric Association Annual Meeting, New York City, May 17, 1990, p. 269.

9. The study of eighteen children in custody battles is E. P. Benedek and D. H. Schetky, "Allegations of Sexual Abuse in Child Custody and Visitation Disputes," in D. H. Schetky and E. P. Benedek, eds., *Emerging Issues in Child Psychiatry and the Law* (New York: Brunner/Mazel, 1985).

   In 1989, the psychologists Mark Everson and Barbara Boat surveyed workers from the Child Protective Service agencies in North Carolina, in an attempt to calculate the percentage of false reporting of sexual abuse by children and adolescents. Among preschool and kindergarten-age children, the percentage of false allegations appeared to be between 1.7% and 2.7%. Among adolescents, the percentage was substantially higher—between 8.0% and 12.7%. The overall false reporting rate was 4.7% to 7.6%. Everson and Boat' s paper is "False Allegations of Sexual *Abuse," Journal of the American Academy of Child and Adolescent Psychiatry* 28 (1989): 230-35.

10. The False Memory Syndrome Foundation claims a membership of a few thousand people nationwide. It was founded in March 1992, and its headquarters are in Philadelphia.

11. Stephen Ceci' s experiments through the 1980s are summarized in S. J. Ceci, D. Ross, and M. P. Toglia, *Children' s Eyewitness Memory* (New York: Springer-Verlag, 1987) and in S. J. Ceci, M. P. Toglia, and D. Ross, *Perspectives on Children' s Testimony* (New York: Springer-Verlag, 1989). The "Sam Stone" experiment appears in S. J. Ceci, M. Leichtman, and T. White, "Interviewing Preschoolers: Remembrance of Things Planted," in D. P. Peters, ed., *The Child Witness in Context: Cognitive, Social, and Legal Perspectives* (Holland: Kluwer, in press).

12. Re E. Bass and L. Davis, *The Courage to Heal* (New York: Harper & Row, 1988): There are many good things in this book, despite its suggestiveness. The idea of writing journal entries, poems, and stories related to personal pain is a good one and works well for a number of patients in therapy. This idea was popularized in the Bass and Davis book.

On the symptoms of childhood sex-abuse survivors, see J. L. Herman, *Father-Daughter Incest* (Cambridge: Harvard University Press, 1981), and her *Trauma and Recovery* (New York: Basic Books, 1992).

Another excellent source for understanding the symptoms and signs in adults of childhood sexual abuse is John Briere' s *Child Abuse Trauma* (Newberry Park, Calif.: Sage Publications, 1992). My paper "Childhood Traumas: An Outline and Overview," *American Journal of Psychiatry* 148 (1991): 10-20, ties these symptoms to the findings in other kinds of childhood traumas.

13. On Münchhausen by proxy, see R. Meadow, "Münchhausen by Proxy: The

Hinterland of Child Abuse," *Lancet* 2 (1977): 343-45;D. Rogers, J. Tripp, A. Bentovim, et al.; "Non-Accidental Poisoning: An Extended Syndrome of Child Abuse," *British Journal of Medicine* 2 (1976): 793-96; and H. A. Schreier and J. A. Libow, *Hurting for Love: Münchhausen Syndrome by Proxy* (New York: Guilford, 1993).

7

黑色大丽花的儿子

我经常在书店的推理小说区浏览。尤其是当我发现自己只身一人来到一个大城市时，会径直走向推理小说，并且总会感到像在家里。孩提时，我阅读阿加莎・克里斯蒂、埃勒里・奎因、柯南・道尔和爱伦坡的小说。我一定是自己学会了在推理小说中阅读细节。我花费相当多的11岁孩子的热情，试图在作者自己提供解决办法之前找到阿加莎・克里斯蒂的凶手。这样一来就迫使我形成了一种特别的阅读风格，磨蹭着翻阅已经读过的内容，来回比较不同的部分以寻找线索。我读推理小说的方式，换句话说就像一个受过教育的门外汉拿着医学课本下诊断那样。

几年前的一个晚上，在我的第一本书出版之后，我在奥克兰海湾大桥书店举办阅读会。结束之后感觉到肾上腺激素大量分泌后减退了，于是我走到书店的推理小说区放松自己。经理走过来对我说，“看得出你喜欢推理小说，”真是一个好的读书爱好者的开场白，“你看过詹姆斯・艾尔罗伊新的小说《L.A. 秘密》（*L.A.Confidential*）？”

不，我还没有。我还从没有花时间看过詹姆斯的书，因为它们看起来更像是犯罪小说而不是推理小说。

“你会感兴趣的，”她说，她意识到我对这位童年有过创伤的作者有过研究。“我听说当詹姆斯还是个小男孩的时候，他的母亲被人谋杀了。他曾经对于某些像你一样的人来说是令人痴迷的研究对象。"

我快速搜索眼前的"E"开头的字母。詹姆斯新出版的精装本《L.A. 秘密》一定是被放在了前排，但是这里还有三本软皮的作品——《秘密》(*Clandestine*)、《广袤的无名之地》(*The big Nowhere*) 和《黑色大丽花》(*The Black Dahcia*)。

"黑色大丽花"，我想起来这是一起真实的谋杀案的名字，这也是一部经常出现在大量电影中的著名的犯罪题材之一。大丽花是一位雄心勃勃的女演员，她在 20 世纪 40 年代的某个时间在洛杉矶被人谋杀了。在她被杀害之前曾被虐待，尸体被拖到一个热闹的街角附近的空地上，尸体也是在那里被人发现了。对她的死亡命名中的前一个部分可能是源自她乌黑的头发，但是我不清楚后半部分"大丽花"代表什么意思。据我所知，这起凶杀案一直没有破案。

詹姆斯四本书的题目听起来都像是处于 20 世纪 40 年代的洛杉矶——詹姆斯 · M. 该隐和雷蒙德 · 钱德勒时期的过去的洛杉矶。我想，可能作者现在或曾经生活在那里。詹姆斯被人谋杀的母亲和黑色大丽花之间有什么联系吗？我拿下这本书，快速地翻阅着，停在了献给某人的这一页。它的格式看起来如此的对称以至于很像是墓碑上的文字。"献给杰妮娃 · 希利克 · 艾尔罗伊"，"1915—1958，母亲：29 年后，这是用鲜血来告别。"版权日期是 1987 年，作者母亲死后的 29 年。很明显在作者的想法当中存在着关联，但是是什么呢？我买了《黑色大丽花》并且带回家——但是我的首要任务是找到更多关于杰妮娃 · 艾尔罗伊谋杀案的线索。

我的母亲——埃丝特 · 卡根 · 雷肯——一位非常有吸引力的八旬老人，住在旧金山，她是一位专业的图书员和执着的研究者。第二天我给她打了电话。"妈妈，你可以去一趟大的公共图书馆查找 1958 年洛杉矶泰晤士报存档，寻找关于一位名叫杰妮娃 · 希利克 · 艾尔罗伊的女性谋杀案的新闻故事吗？她有一个儿子，当时 9 岁或者 10 岁。不是要讣告，除非是长篇的，要新闻报道。"

“好的，女儿，什么时候要？”

“尽快吧。”

几天后，我在治疗一个小男孩时，她打电话到我办公室。“蕾妮，”她说，她的声音很兴奋。“我找到一位被谋杀的珍·艾尔罗伊，不是杰妮娃。但是这位珍，她有一个10岁的儿子，并且是在1958年。需要我过去一趟复印出来吗？”

“好的，非常感谢。我想你找到的正是我要的，”我说，并且把注意力转回到我年轻的病人身上，很小心地没有在挂电话前说“妈妈”。

洛杉矶泰晤士报，1958年6月23日，讲述了一个十分可怕的故事，你最好别读，独自沉思一会儿。一位叫珍·艾尔罗伊的女性，护士，一个周日的清晨在洛杉矶埃尔蒙特区发现被扼死。她穿着衣服的那部分身体是在阿罗约高中附近的草坪上被人发现的，是一群去参加贝比·鲁斯联盟棒球比赛的年轻男孩们在路上发现的。她被撕破的印花服装被撩到了腰部以上，她的内裤被脱掉了，她的胸罩挂在常春藤上，离她的身体不远。她光着脚，一只长筒袜被拉到了脚踝处，另一只裹在她的颈部。她身体的下半部分盖着一件女士的海军蓝色的外套。她的珍珠项链断了，珍珠散落了一地。她的手指上戴着一个大大的假的珍珠戒指。

珍是被一条又细又结实的棉质绳子勒死的，从受害者颈部留下的痕迹来看很显然丝袜并非作案工具。她曾极力地与凶手反抗，她的指甲断了。她左边臀部沾有沥青，提示她被沿路拖拽过。因为这个痕迹与学校附近的道路不吻合，警察得出的结论是她在其他某个地方被伤害之后被抛尸。死者身上没有钱包或任何身份证明。无线电新闻广播向市民求助辨认死者并且对受害者做了描述——光亮的红发，淡褐色的眼睛，1.5~1.8米高，体重60千克左右。在尸体被发现后的几个小时后，珍的女房东给警察打了电话，他们把假的珍珠戒指拿到房东家里，接下来死者的身份被确认了。警察告诉泰晤士报，周六晚上她被杀害，有人看到珍曾和一位梳着马尾辫的金发女人及一位深色头发的男人一起离开埃尔蒙特的一家酒吧。酒吧里没有人知道这两个人是谁，也没有人知道被害人和这两个陌生人之间的关系。被害人的尸体被发现和身份确认后，人们发现她的车停在酒吧附近。新闻报道最后提到珍曾经与阿尔芒·李·艾尔罗伊结婚，两人四年前离婚，他们有一个孩子，这个 10 岁的男孩当时去他的父亲家里度周末了。

除了这位女士的名对不上，日期和姓都是正确的。我给妈妈布置了另一项任务，让她给洛杉矶泰晤士报和洛杉矶警察局打电话了解一下艾尔罗伊谋杀案是否破获。我们所拿到资料就是这家报纸有关此案的全部资料。警察确定杀害珍的凶手从未被找到。

令我对詹姆斯感兴趣的，当然，很明显的一个问题是关于一个男孩如何围绕着一起令人震惊的悲剧塑造他的生活，但是更加吸引我的问题是关于詹姆斯的记忆。此时的情形是，多亏我的妈妈，我掌握了外部的确认，记述一个可怕的谋杀案的相当长的新闻报道。詹姆斯的回忆是否可以作为新闻的补充？他会从他的记忆中增加或者删除什么信息？

我通过他的出版商给詹姆斯写了信，告诉他我想要就他对一本书的回忆给他做个访谈。我想要与他谈谈他对母亲谋杀案的回忆，从一个孩子的视角去了解这件事，如果可能的话。如果能了解到他如何看待这些记忆对他的生活和写作产生的影响，一定会很有趣。我告诉他我打算阅读他已经出版的所有的小说，并且我想到时听听他对于我的看法是怎么想的。我提议交流彼此的想法，但是最重要的是，我写到，我想要评估他的记忆。

我好奇地想要知道詹姆斯是否对于是谁杀了他的妈妈有他的想法。他在寻求解决方案时表现出了相当的专业性，这不仅是因为他写了九本犯罪小说，而且也是因为他对自己家庭的了解。透过一个 10 岁孩子的眼睛，詹姆斯能够记住整个故事吗？作家通常能够重获一个孩子的记忆，以一种比他人更加生动、更活灵活现的方式。这个故事是否在詹姆斯的记忆中已经被加工过？或许他已经改变了他的记忆以适应他的情感结构。是否他的记忆已经编织进他书中形形色色的谋杀当中?

詹姆斯最终在 1991 年春天的一个下午给我打了电话，这是在我第一次尝试跟他联系的八个月之后。我感到很吃惊，几乎已经放弃了，是的，他决定见我。他和他的妻子不住在洛杉矶，而是住在康涅狄格州。他在纽约伊斯特彻斯特——一个寡妇的房子的地下工作室进行写作，这个地方离他的家有半小时的路程。他要在伊斯特切斯特的工作室见我。我们约好见面时间就在下周，我正好有足够的时间阅读《黑色大丽花》。我没有犹豫不决，我问道我是否应该叫他詹姆斯。“就叫我狗吧，”他说，“我的朋友叫我狗，我希望你本人并不介意狗。我这里养了一只名叫巴尔克的大狗。”狗确实总是想要吓我，尤其是大狗，但是我并不打算因此而做罢，我告诉他，我根本不介意。“再见。”我说道。

“汪汪，”詹姆斯说。

这间地下工作室还不算差。我发现这是个宽敞而舒适的空间，与草坪齐平，朝向一个东方风格的后院儿。篱笆是锁上的，以防詹姆斯的狗跑出去，我一跨过这道篱笆，这位犯罪小说家就向我招手并没有朝我叫喊，而且示意我经过一张铺着牛皮垫子的坐卧两用沙发，来到一张大大的橡木桌旁。这张桌子看起来已经用了很久，我把我的录音机放在了上面。詹姆斯的九本精装版的作品整齐地摆放在墙上的书架里。[1] 巴尔克这只面目凶悍的英国牛头梗，卧在牛皮床罩上，几乎快要睡着了。詹姆斯本人看起来也是面目十分可怕，他大概 40 多岁，身高超过 1.8 米，身材瘦长，穿着一件格子的法兰绒衬衣和一条很旧的蓝色灯芯绒裤，给人很随意的感觉，但是他的表情，加上他又大、颜色又深的眼睛以及突出的骨骼，使他看上去忧心忡忡。

在康涅狄格州，我住在朋友家，他建议我带上他的移动电话。他们认为詹姆斯以及他的历史、他的职业、他的地下室、他的狗，听起来确实危险。我拒绝了他们的手提电话，但是我把他们的警告记在心里。“狗”递给我一杯茶，他自己也拿了一杯，到目前为止一切都还好。我打开我的录音机，他开始了他的讲述。

“我于1948年出生在洛杉矶，”他说，“我出生的时候我爸爸50岁，他是我妈妈见过的最英俊的男人，她告诉我。我的妈妈33岁，是一个注册护士。他是一个退伍军官，并且是一个风流成性的人，他也是一个发明家，但是他从来没有赚到过多少钱，他经常到处去当会计。”

他的父母双方都有外遇，并且他的父亲，在詹姆斯6岁的时候搬了出去，从那时起这个男孩儿就意识到家中显而易见的紧张和冲突。“有很多争斗、大喊和尖叫”，詹姆斯回忆道，“尽管如此，没有肢体暴力。”詹姆斯的父亲出生在马塞诸塞州，祖父母在他很小的时候就去世了，父亲5岁的时候就被送到了孤儿院抚养。詹姆斯的妈妈来自坦纳尔城的威斯康辛（被詹姆斯称为白菜城）。她的家人是德国和土耳其农民，她的父母给她取名杰妮娃，是以威斯康星的湖命名的。但是当她逐渐长大，她的朋友开始叫她珍，她有一个姐妹叫蕾奥塔，詹姆斯已经很久没有见过姨妈了，姨妈有两个女儿。

我问：“这其中有什么原因吗？”

“原因是我的姨妈蕾奥塔认为是我的父亲杀害了我的妈妈。”

“你威斯康辛的家人认为你的父亲是谋杀者或者是他雇人杀害了你的妈妈？”

“是的。”

传奇故事在家庭生活中起着重要的作用，在詹姆斯的原生家庭中就有两个故事。一个是他妈妈的大盗狄林杰的故事，另一个是他父亲的丽塔·海华丝的故事。“我妈妈在芝加哥的一所护士学校上学，”他说。她最喜欢的一个故事是一个犯罪的故事，当1934年狄林杰在传奇剧院外被射杀时，她正在芝加哥。我的妈妈目睹了事情的发生。她是狄林杰被枪杀的目击者，她并没有讲述细节。我希望确实如她所说的那样。这会是一个可以讲得更好的故事，但是正如这个故事本身，它并没有构成家庭中的传说。

“我爸爸参加了第一次世界大战，”他的声音发生了变化，可以听得出有骄傲的意味。“令人难以置信的是，如果你可以相信，他在墨西哥抓捕了潘丘·维拉，他在国外赢得了一枚银质勋章。我的父亲也是一位非常糟糕的艺术家，这是一个关于我父亲的经典的故事，在我 14 岁的时候，我们躺在垫子上。‘你知道吗？’他说。‘你知道吗，我曾经跟丽塔·海华丝上过床。’”

我忍不住笑出声来，想起丽塔海华丝生命中著名的枪杀案，她穿着丝质的睡衣跪在床上。巴尔克的眼睛仍然闭着，但是它卷起了嘴唇，露出了牙齿，然后他打了一个滚儿，发出一声低沉的狗吠。我不得不降低我的音量，我想我没有必要去打扰这样一个动物。

“我对我的父亲说，去你的老爸，你从来不可能跟丽塔·海华丝上床。然后他说，‘我跟她上了床。你知道吗，我在 20 世纪 40 年代末是她的经纪人。’好吧，我再也没去想过这件事。然后，他在 1965 年去世了。1975 年在洛杉矶的韦斯特伍德村，我在一家书店的橱窗里看到了丽塔·海华丝的自传，出于本能我走进书店，并且我在序言中寻找我父亲的名字。它就在那里，在 20 世纪 40 年代末，他是她的经纪人，好吧，这是真的。或许他跟她真的有些什么。

詹姆斯摇着头陷入沉思。“耶，他是这样一个许下了很多承诺的人，但他从没有找到一个合适的位置。”他说。詹姆斯仍然爱着阿尔芒·李·艾尔罗伊，你不需要是一个精神科医生也能看得出来。他确实获得了一枚银质奖章，他编造说他还获得过很多奖章，如果他真的获得了他所说的那些奖章，那么他在第一次世界大战中就可以和奥迪·墨菲相提并论了。

所以阿尔芒·李·艾尔罗伊对于准确讲述关于他自己的故事是有障碍的。在有些事件中，他是对的，有些他是错的。他的个人叙述中充满了夸大和不准确。

在 1992 年出版的《重述生活》(*Retelling a Life*) 一书中，精神分析师罗伊·谢弗尝试揭开一个普遍存在的想法的真相，即个人经历的故事涉及个别和统一的自我概念。“所谓的自我存在于描述之中，仅仅在描述中，并且通常是在多种同时存在的描述中。”他说。如果我们关于自己的描述每分钟都在发生变化，我们如何能够确保自己的记忆千真万确？阿尔芒·李·艾尔罗伊可能对他的儿子提供了错误的记忆，可能撒了谎，也可能詹姆斯的爸爸以他自己的视角扭曲了他的自我描述。一个客观的自传会这样描述，他是一个成功的战士、一个相对不成功的流动的会计和一个相对成功的受女人喜欢的男人、宠爱儿子的父亲。而他个人的叙述中取而代之会强调，跟丽塔·海华丝上过床和一个重要的英雄。谢弗提出的问题关系到精神分析当中倾听病人的过程，但是或许这涉及人们听到的所有个人的记忆片段。哪些自我故事此时此刻正在被隐藏，或者被发现，或者正在被建构的过程，或者被改写，并且是为了什么目的。如詹姆斯对他父母的描述，谢弗的提问也是适用的。

詹姆斯仍然拥有大量3岁之前的记忆，那时他还住在好莱坞的西部。“记得我一直穿着一件针织短领衬衫，”他说，“让人觉得刺痒。”显然詹姆斯记得的是刺痒的感觉而不是嬉皮士的时尚。“我还记得——我想说，在我三四岁的时候我骑着自行车猛地撞在一个电线杆儿上。我记得当时我想，‘哇欧，我将要撞到一个电线杆儿上了。’这是辆三轮车而不是一辆自行车。在我的三轮车上，我想我能够记得头晕的感觉，并且，我就撞了上去。你知道，撞在了我的前额上，而且令我吃惊的是撞得可真是结结实实的。”

詹姆斯的故事有一种非常美妙的自发的声响。他在说最后两句话的时候他的情绪从欢乐转为恐惧，但是这是我们的记忆第一次进入我们的思维的方式吗？它们看起来可能更像是一个画面——冲向电线杆或者感到更像是一种感觉——对疼痛的吃惊，但是大多数时候它们并没有组织成像故事一样，渐渐地我们把那种方式连贯起来。当我们把它们组织起来的时候它们会丢失一小部分历史的真实性。它们并非变成了错误的记忆，但是他们与真实发生的事件稍微有些偏离。

非常早期的记忆，大约来自5岁之前的记忆，通常代表了那些发生在我们童年早期的令人不安的事情、令人恐惧的事情。我们当中大部分人倾向于保留有关我们最早的自我欺骗的决定、恐惧的和惊讶的事情的记忆。这并不意味着童年是令人恐惧的，它只是说明情感承载的材料最容易让小孩子记住。詹姆斯的令人刺痒的衬衣和当他撞向电线杆时的惊讶是典型的最初的记忆。极度的欢乐、恼怒或害怕——我们对最初片段的重新收集，通常都是那些能够激发我们强烈感受的事件。我曾经询问过一些专业人士，我和他们在埃尔伯特·爱因斯坦科德角研讨会上一起工作，并且记录了他们最早的童年记忆和一些有关的联想，并且对此未做评论。大部分最早的记忆是关于令人害怕的事件，相当一部分的人诉说了愉快的事情，有些是平淡的，但是当这些记忆本身听起来是平淡的，而记忆的持有者却把这些记忆与某些事件联系起来时，通常这些事件来自他们童年早期有强烈情感的时刻。

情感驱使我们保留和提取大量的片段的记忆。或许与强烈情感有关的神经递质的释放（可能一种神经肽促皮质释放因子或者神经兴奋剂5-羟色胺）帮助我们把情感事件固定在我们的长期记忆当中。在分子水平上，这些化学物质可能在当一个承载情感的记忆植入时被激活。当提取这些记忆时，他们可能被释放。我们不知道哪一些脑活化化学物质对这些早期的记忆起到巩固的作用，但是我们知道这些早期的记忆被很好地巩固下来。

后来，防御进入并掩盖了一些记忆，使得它们更难被提取出来，但是防御会被付诸实践，所以当我们无法记起童年后期有冲突的记忆时，最早的和最强烈的情感记忆仍然可以被获取。

詹姆斯对他父母的分手和离婚记忆犹新，当时他6岁。他童年这部分痛苦的记忆中有大量的细节。“我记得我妈妈告诉我，她和我的父亲要离婚了。”他说，“我记得我哭了。我从一档名为‘秘密档案’的流行的电视节目上知道离婚是个很严重的事情。这是某种‘社会议题’层面的事情，无论如何在20世纪50年代它又重新被如此命名。我记得对此我做了一个小小的默哀数字，并且我记得去了城里的高级法院或者中级法院。不管是什么，关于他们争夺抚养权时，我被要求出庭。我的父亲侦查围捕我的母亲，想要捉奸在床。我认为他们没有成功，因为她得到了我的抚养权。”他的脸上露出悲伤的表情。“啊，不知何故，”詹姆斯继续说，“我的父亲有很长一段时间没有见到我。一次我和妈妈在假期里一起出门时，我爸爸突然抓住我，把我带到了男厕所，而且对我说，在这里他是安全的，他能够有一点儿时间跟我聊一聊。”

就像一个专业的魔术师，“狗”尽力转移我的注意力，在他提出两个令人痛苦的主题之后我们立刻转向了半喜剧场景的公共男厕所、妈妈的出轨和抚养权之战的结果。对于这一点我说一下心理机制——转换或者是替代——正如我们在精神病学中知道的那样，把注意力从一个重要的冲突当中移开。我想从某种程度上这在詹姆斯的记忆当中可以体现出来。

“这位亲爱的女士，”詹姆斯很明显现在无法说“妈妈”或是“母亲”。“她是个脾气火暴的人，有一头火红的头发。她冲进男厕所，我仍然能够记得，有个男人站在小便池边。他的表现就像在说，没法再糟糕了！我依然能够看到那个男人的脸。”

面部表情、姿势和姿态，可以更好地标记我们非常早期的记忆，与我们对时间的觉察、事件发生时我们的年龄或者人名相比。很多时候，某个记忆只是一张脸、一个简单的动作，或是一个姿势。直到对这个记忆加以叙述的时候它才形成某种形式，并且这种叙述可能并不完全准确。精神分析师唐纳德·斯宾塞写道，“对某段记忆的叙述部分非常容易偏离它的历史真实性。对于谈论过去这样的一个行为，倾向于对于某些特别之处具体化，但会使用有些随意的语言，而且这种语言，反过来会起到歪曲早期记忆的作用。”并且当治疗师在他的病人提供的这些记忆片段中加入叙述的桥梁时，他们会别有用心地从准确的记忆当中移开。这种解释来自治疗师的想象，并非全部来自病人原本的觉察。在治疗中，记忆会变得更加扭曲，而并非如它第一次在病人的头脑中浮现的那样。[3]

詹姆斯小时候与其他孩子非常的隔离。他说他忍受着极度的孤单，他一直请求妈妈给他养一只狗，但是她没有给他一只。在 1956 年，当詹姆斯 8 岁时，珍带他去一个移动剧场，当时上映迪恩·马丁和杰瑞·刘易斯的影片《好莱坞或胸》。"影片中"，"狗"开始轻声笑起来，"杰瑞·刘易斯在宾夕法尼亚州的公路上开车，他有一只巨大的大丹犬坐在后座上，他撞出个肿块，然后他的大大丹犬把爪子放在方向盘上并且开始开车，像这样。"

犯罪小说家此刻摆出姿势向我展示一只大狗是如何开车的，他笑得如此开心以至于巴尔克被吵醒了，它离开了沙发。巴尔克朝我跑过来，并且活泼地蹭着我的腿，但是它看起来也非常的友好，我想要不去注意它。詹姆斯沉浸在他自己童年中奇妙的时刻，关于一只不同的狗在不同的时刻，他不由自主地抚摸着这只动物的背。"我笑那只狗，"他说，并且朝着某个只有他能看到的东西露出微笑，"一只大丹犬开着一辆车，我想这是我见过的最好笑的事。我咆哮着，并且尿了自己一身，接下来的几天我都会痉挛性地发笑。"

"我笑得过头了，"他继续说，并且听上去有些后悔。巴尔克安静地躺下来，但是卧在了詹姆斯的脚边，听上去完全像是一个关于狗的故事，而不是关于一个男孩儿的故事。"我母亲带我去看一位儿童精神科医生，或者是个心理治疗师或其他的人。那是一位女性，她给了我一些积木和一些材料，以及小的玩具士兵和印第安人，或者是其他什么东西。接下来，我把这些印第安人和士兵放在了桌子的正中间，而且我做了一个非常非常高的墙围着他们。精神科医生说，'为什么你觉得这些印第安人和玩具士兵需要如此地被保护起来呢？为什么要造一个这么高的墙呢？您想要把所有的人都挡在外面，还是你自己想要待在里面呢？'这是我能够记起来的，并且这是我第一次体验到畏缩，我想出去。就是这样，我没有再回去。我的妈妈认为这个钱花的不值。"

詹姆斯把这个相同的精神科就诊的片段写进了他其中一本书中——《路上的杀手》（*Killer on the Road*），是关于随意杀人的凶手。詹姆斯不喜欢他妈妈为他选的这位精神科医生，但是成年后的詹姆斯知道，那个女人是对的。

“那里有一座墙，”他说，“我把自己和其他人隔离开了。”

讽刺的是，尽管如此，詹姆斯和他美丽的妈妈之间仅仅隔了一层皮肤这么薄的墙。在离婚之后，詹姆斯看着珍的男人进进出出，他也看到了她的身体。“她对此很开放，你知道，她的裸体，”他说，“她是一个身材丰满的红发女人。我在很长一段时间拥有一样关于身材丰满的红色女人的东西。她非常地吸引人，并且你知道，我回想起我打发时间的时候，那非常有趣，我能够看见她的裸体，在我们住的这个房子里。我过去常常在浴室里打发时间，走来走去并且在浴缸里漂浮，就在那时候，她不得不进来小便。有时她是光着身子小便，所以我会在那里等着。”

我有一张詹姆斯在浴缸里赤裸上身的照片。它是在 1992 年 10 月 19 日拍摄的，他目光斜视，身穿怪物一样的装扮，伸出他的手指，目光指向心灵深处，他的胸部覆盖着头发。通过这个姿势，詹姆斯迫使观众假设他的一个从前的角色，一个有窥淫癖的孩子在浴缸中打发时间，等待某些事情的发生。它看上去不是一张令人舒服的照片。

珍的诱惑力对她自身产生了危害，她明显地用它伤害了这个男孩儿。可能她被杀也是因为它。詹姆斯热切希望能够和他的父亲一起生活。

1956 年，珍和她的儿子开车去墨西哥短期度假。当时，这个男孩感到耳朵痛。珍收拾行装并且开车去了墨西哥的药店，然后回到车里给詹姆斯打了一针，她往北开着车回家了。“这一针一定是吗啡或是其他什么，”詹姆斯回忆道。我当时在汽车后座上，一切变得极其模糊，并且在回家的路上一直都是这样一种状态。詹姆斯在一本小说《秘密》的结尾写到了这样的场景。这是他的第二本小说，也是他最接近自传的小说。迈克·哈里斯——故事的主人公——是个男孩，爸爸给他打了吗啡。他躺在爸爸的汽车后座上，一起开车去拜访他的妈妈，在这个男孩儿意识不清的时候，他的爸爸杀害了他的妈妈，他成为了爸爸不在犯罪现场的证词。

“你是如何想到这些的？”我问。这很明显是对他妈妈死亡的一个加工。

“这个想法自然而然地出现了。”他回答道。

詹姆斯继续表现出过度的兴奋，作为一个 10 岁的男孩儿，他在其他孩子面前暴露自己，他“经常”自慰。詹姆斯尽力想要把这个粗野的、与童年相联系的、过度的兴奋，穿插到他的神秘小说中。在詹姆斯的犯罪小说当中，孩子同样也是性欲过度的。在《秘密》这本书中，迈克·哈里斯在其他孩子面前暴露自己，并且强迫性地自慰。在詹姆斯大部分的书中，男人是无休止的窥淫癖者。他们被禁锢在一个 8—10 岁的男孩儿的性强迫当中，这个男孩儿独自与她美丽动人的、毫不收敛的妈妈生活在一起。

詹姆斯关于他 8 岁生活的记忆，非常的丰富并且充满了细节，这样的现象是典型的吗？埃默里大学的发展心理学家罗宾·菲伍什，研究了幼儿在不同的年龄阶段是如何记忆的。她提出了三个重要的方面：记忆的量、记忆的准确性和记忆的连贯性。[4] 2 岁的孩子会被询问，确认他们对一些事件的描述，比如说他们的假期如何度过，或者是与菲伍什的研究者们一起外出去参观博物馆。然后会比较孩子与父母经历的和与研究者经历的事件在叙述时的准确性以及记忆的程度，并且会比较在不同时间点以及不同的访谈者询问时孩子叙述的连贯性。

菲伍什博士和她后继的研究者发现，虽然记忆的准确性与年龄无关，但是年龄较大的孩子，8—10 岁的孩子，能够在记忆时包括更多的细节以及更加连贯。他们持续地重组他们的记忆，包括开始、中间和结尾。尽管如此，幼儿会提供他们某个记忆中的一部分和另一个时间发生的记忆当中的一部分。他们往往需要线索并且需要从询问记忆的人那里得到启发，以促使他们能够提取信息。似乎两三岁的孩子必须从问话者那里学会如何组织他们的记忆，在他们能够自发地这么做之前。

詹姆斯从他 8 岁的记忆到他 10 岁时关于他难以置信的性感的妈妈和他自己的性行为习惯听上去是正确的。我们无法像菲伍什做的那样，通过第二个观察者来进行求证。詹姆斯早期的记忆从内部来看与他成年后的行为一致，

“我仍然对性狂热，”他告诉我，并且与他的作品也是一致的。这些记忆相对来说是完整的，并且也很详细。它们构成了菲伍什博士和其他心理学家所称的权威似的叙述，即一种符合当时的故事讲述者需要的叙述。两三岁的孩子还无法这么做，当我们试图从我们的记忆当中去提取两三岁时的记忆时，两三岁不成熟的叙述方式，仍然占主导地位。詹姆斯的“令人刺痒的衬衣”的记忆就是这样的一个例子。他无法记住当他穿着这件价格不菲的 Hopalong Cassidy 衬衣去了哪里，或者是他做了什么，或者是当他穿着这件衬衣出去的时候和谁在一起，即使大部分的作家似乎并不需要刻意地去做尝试。詹姆斯并没有对于他非常早期的记忆刻意地去回忆，它封存在无法叙述的形式当中被保留下来。

詹姆斯到了 9 岁或 10 岁的时候，他的妈妈在他心中已经离他很远了，这个男孩儿想要离开。在珍被谋杀的四个月前，她和她的儿子从圣莫妮卡搬到了艾尔蒙特的蓝领街区。他们租的小房子是个“垃圾场”。艾尔罗伊回忆道。这个 10 岁的男孩被迫离开他那所面向低中产阶级的小型私立学校，转到一所大型的拉丁美洲公立学校。这次搬家使得他需要花两个小时去拜访他深爱的父亲，这使得詹姆斯大怒。这次搬家是珍惩罚阿芒多·李的一种方式吗？使詹姆斯周末去拜访他的父亲变得困难？珍最后劝服儿子搬家的方法是允许他养一只狗——一只小型的、神经质的狗，保证只能是一只狗。

那时詹姆斯相对于他的年龄发展得过快，过于成熟。他在埃尔蒙特的空地上第一次吸了毒品，他不认识任何人，他感到非常的孤单，这堵“墙”变得越来越高。对于他五年级的书籍报告，他捏造了不存在的文献，并且评论他自己编造的大量情节。人们可能会说这些不存在的书体现了詹姆斯的年幼无知。

詹姆斯这个时期的另一些记忆在他的心目中与她妈妈被谋杀的记忆紧密联系在一起。被恐惧和惊异包围着的记忆的碎片，往往会成为关于这些惊异的心理表征的一个部分。它们会和这些事件“压缩”在一起，并且，如果它对于个人来说是有意义的，就会成为记忆当中永久的附属物。在艾尔蒙特他快要过10岁生日的时候，他的妈妈给他提供了一个选择的机会。“你更想和父母当中的哪一位生活在一起，在加利福尼亚州，孩子10岁的时候可以做出决定。”事实并非如此，但是珍可能相信是这样的。不出意外，这个男孩儿立即做出了他的选择，“我想和爸爸一起生活。”他说。妈妈立马做出反应，对这个男孩儿粗鲁地扇了一耳光。儿子忍着疼痛，感到震惊，并且非常地愤怒。他只能自己安慰自己，詹姆斯记得，在那一刻，他自己默默地发誓：“她永远都不可能再扇我耳光了。”几个月之后，珍被杀了。

在他妈妈的尸体被发现后的第二天的夜里，詹姆斯搬到了他爸爸那儿，位于离好莱坞派拉蒙电影公司向南几个街区的地方。毒品，是他在艾尔蒙特空地上以及他从墨西哥回来的路上的经历的一部分，成为他青春期行为的主要的日常生活的部分。撒谎和伪造，他在埃尔蒙特公立学校生活的内容，成为他少年时的特点。这只弱小的、迟到了很久的作为礼物的狗，成了他的知己。“叫我狗，”艾尔罗伊对他的朋友说，“汪汪，”当他拿起电话时，他会这么发出声音。更重要的是，尽管如此，这个男孩儿无辜的发誓——“她永远都不可能再扇我耳光”——成为关于他的妈妈谋杀记忆当中的一个重要部分，它成为一个强大的“预兆”。

我在研究乔奇拉被绑架的孩子的时候，发现了预兆。[5]在被绑架之后，乔奇拉的孩子们在很多方面发现了可以觉察到绑架的迟到的讯息，绑架前的几秒钟到几星期，几个月，甚至几年。比如，一个8岁的乔奇拉女孩儿感到愤怒，因为她拒绝父母带她参加只有成人的内华达山丘的野外露营活动，在同一天她被绑架。她如果跟他们一起去山上，她指出，她就不会被绑架。一个5岁的女孩儿，责备自己进入了一个“带来厄运的广场”。一个9岁男孩儿认为绑架的发生是因为就在事情发生前没多久，他曾经想过，“我什么事也没发生过”。一个11岁的孩子责备自己，没有能够回答他爸爸在几年前问他的一个问题，当时他们在看一部电影《肮脏的亨利》(*Dirty Harry*)，场景是一个杀手劫持了一辆马丁郡校车。“如果你被绑架的话你会怎么做？他的爸爸问他，打断了银幕上这个令人兴奋的剧情。这个男孩儿并没有回答这个问题。后来他认为是因为他没有能够意识到那些处于麻烦之中的“迹象”。

我发现在乔奇拉绑架案发生后的五年，26 位受害者当中有 19 位把早些或晚些时候发生的事件作为心理表征加入到了关于他们受害的记忆当中。比如，一个 11 岁的女孩儿，她告诉我，一个古怪的电话已经有好几次打到家里，预示着绑架的发生，虽然这个电话事实上是在事件发生之后才打的。“我确定是在之前，”女孩儿说。“这似乎是一个警告。五个被绑架的孩子认为他们的父母对于没有意识到“迹象”负有责任。迄今为止有十人表示他们本人或许在其他的情况下有预知未来的能力。预兆制造了心理上的错误，但是它们并没有制造完全错误的记忆。它们引起记忆的拉伸，制造更长的开始和更晚的结束。

预兆是当孩子们在一个令人意想不到的强烈的、突然的和难以预测的事件当中努力寻找一个转折点时形成的，在这一个点上所有的事情都可以被避免。在试图对那些无意义赋予意义的过程中，孩子可能以某种非理性的方式着眼于一些只有微不足道的联系但是仍然有联系的事件上。这些事件可能相互联系，因为它们都是重要的，也可以说，它们都使孩子感到愤怒，或者因为它们的名字相似。它们可能仅仅在很薄弱的根基上相互联系，它们两者都具有情感上的重要意义。这就是为什么詹姆斯把他生日前的誓言和他妈妈的谋杀联系起来，这两者之间的联系，虽然没有逻辑性，但是仍然有操作性。

加利福尼亚大学洛杉矶分校（UCLA）的精神病学家罗伯特·费诺斯，研究童年创伤，他把这些记忆的附属物称为“认知重评”。[6]他的这一概念可能与我所使用的“预兆”这个词指的是同一件事，然而这两个词都不完全正确。认知重评假设过多蓄意的想法。某些进入记忆的经历是潜意识的，初级的，并且几乎完全是身体的，虽然它符合事件的意识层面的心理表征，并且“预兆”这个词也并非没有问题，既然我们在运用它时，是一种回顾性的，而非前瞻性的。

其他形式的压缩发生在真实的记忆和其他相关的想法或事件之间。认知心理学家已经通过实验发现，如果一个人暴露在多个相似的片段当中，那么这些片段在思想中容易被合并起来。一个 5 岁以下的孩子如果经历了一段相当长的充满情感体验的事件或是一系列情感的事件，他将更有机会把多个片段压缩到一个记忆当中。

比如，一个 27 个月大的幼儿，我叫她马菲，她坐在关着的卧室门外痛苦了两个星期，她的妈妈就是在这间卧室里去世的，死于病毒感染。马菲有一位管家——艾拉梅——一年之后被马菲的继母解雇了。但是马菲，当她 11 岁的时候我再见到她时，并没有完全把她记忆中的这两个事件分开。对于我的提问："请你告诉我你的生活中曾经发生过的可怕的事情。"她回答我，"我坐在关着的门外的地上。"她认为这个记忆与她妈妈去世的时候有关系。当我立即问她，"你的管家发生了什么？"她说艾拉梅在我妈妈之前死了。我想她是在之前离开，不，之后，不，在我妈妈之前去世的。等一下，我想艾拉梅已经去世了。不，我认为她不是在之后去世的"，在此马菲突然神经性地咯咯笑了起来。"我想艾拉梅是在之后离开的。不，不，是在我妈妈去世之前。"

一个男孩儿，我叫他西尔维斯特，也是把两件相隔较久的事件在他的记忆发展当中压缩在一起。当他 3 岁半的时候，西尔维斯特和他 28 个月大的弟弟"克林特"被他们的父亲绑架了，他是一位出名的电影演员，那天他们由保姆照看着在公园玩耍。接下来的两周，父亲带着两个男孩儿飞到了芝加哥、瑞士和非洲，每天都是乘着直升机到其他的地方，每次都比他们妈妈的侦探提前到达一两个小时。大约半年之后，他带着两个男孩儿到曼哈顿无线电城市音乐厅参加圣诞节表演，他把他们放在舞台上，每个人穿了一件小小的晚礼服。我在克林特 7 岁的时候见到他，当时他无法回忆在公园里被抓走。事情发生时他正处于形成叙事记忆的边界年龄，但是他完全记得在无线电城市舞台上的表现。另一方面，西尔维斯特记得两件事，但是他的焦虑导致他把两个事件压缩到了一个故事当中。并且事实上，这两件压力性事件相对来说间隔时间较长，有助于记忆的压缩。8 岁的时候，西尔维斯特记忆当中最令他恐怖的时刻是这样的，“曾经有一次令人恐惧的旅行，我去了芝加哥、瑞士或许还有非洲，我当时 3 岁（所有这些是正确的），我想当时正好是过圣诞节期间（错误），我穿了一件礼服，是的，我穿了一件婴儿的晚礼服（错误）。我想我当时认为我的妈妈离开了（正确，当我见到西尔维斯特时他最终回到了妈妈的身边，并且他不让他的妈妈离开他的视线）。在旅途中，我经常坐飞机（正确）。当我走路的时候人们摸我（这可能指的是圣诞节表演的时候）。我记得妈妈离开了我（正确）。”西尔维斯特混合在一起的叙述并不是错误的记忆。他的妈妈的侦探可以为芝加哥、瑞士和非洲的旅行作证，并且纽约成千上万的剧院观众可以为第二件事作证。尽管如此，他的叙述由于不准确的压缩而被损坏了。

在我的询问下，詹姆斯告诉我他的关于谋杀的记忆。巴尔克醒着卧在他的脚边。詹姆斯的声音听起来放松随意，至少当他开始讲的时候，毕竟这些痛苦的记忆已经有 33 年的历史了。

“只不过，”他说，“这个老男人没有车。”那个夏天我们在一起度周末。“你知道，这个老男人喜欢追求女人、阅读、喜欢玩球类的比赛，在电视上看战争片，忍受高尔夫，你知道，他喜欢坐着和思考，并且我是他的儿子绝对不意外。”再一次的话题转换。詹姆斯会重回妈妈被杀这个主题吗？我保持沉默。“星期天晚上我爸爸带我坐公交车回到艾尔蒙特。在艾尔蒙特，他把我放在出租车上，并且对我说下个周末见。我们在公交车站告别，我乘着出租车到了布赖恩特和枫树林，这是我和我的妈妈住的地方。那里看起来有些变化，因为我上周去过那里，并且我现在是根据最近的记忆讲的，但是当时那里有两座房子。房东太太的一座房子就在那里，我们的房子在院子里与它垂直的位置。”詹姆斯用他的手比试两座房子的相对位置，就他周围的空间而言他当然能够看到这些让人充满压力的过去的记忆。“等我到了那里，有很多面容冰冷、体型巨大的男人，尤其是一个有一双浅蓝色的眼睛和灰色平头的男人。”

我可以从这个小男孩儿的眼中看到当时的场景，房子确切的位置，有浅色眼睛和海军式剪发的警察，以及其他所有的官员表情的男人在附近转来转去。这些都熔入了视觉记忆中，它们迫使听众也将其视觉化。

“出租车停在街道的右手边”，詹姆斯继续说，没有停顿。“我可以在出租车停靠的地方划出一个‘X’。”10 岁的詹姆斯的恐惧显而易见。

我们对恐怖事件能够有如此特征性的空间感知能力的原因可以追溯到我们洞穴时代的祖先。在那个年代，当你被一头猛犸象或是一只剑齿虎追赶时，你能否活下来就取决于你是否能够准确无误地记住躲藏的位置。我们能够存活到 20 世纪的今天可能就是依赖于优秀的位置空间认知技能。位置在应激事件的记忆片断中尤为突出，即使我们如今可能不需要像远古时期的人们那样精确地掌握这些记忆片段。

“那个浅蓝色眼睛的家伙，”詹姆斯继续说，“在我走下出租车时，他把我拉到一边，我确切地知道他准备告诉我什么。

在他关于谋杀记忆的这个关键点上，詹姆斯证实了在这个蓝眼睛的人告诉他之前，他已经知道了他的妈妈被杀了。很有可能，这是对记忆的潜意识的加工——一个错误。他的妈妈可能是被强奸，或是被抢劫，或是抓捕罪犯，或者可能某个邻居或是朋友受伤。这些事情当中的任何一件都可以解释警察的出现。这个男孩很可能本能地怀疑发生了可怕的事情，但是后来他强行让自己对于无法控制表现出了过于控制。他在思维当中回到过去，并对他的记忆进行加工。他为自己赋予“即刻认知”的力量，一种超常的力量。这是一个不知所措的孩子试图重新创造一种控制感的表现。为了获得控制感，詹姆斯心理上达到了某种状态，当然事实上根本来不及控制任何事情的发生。

这种超常的“获悉”感在灾难发生时被证实在孩子们当中也是存在的，在挑战者号爆炸之后，我在康科德、新汉普郡、波特维尔、加利福尼亚进行了研究。在太空悲剧发生后的 5~7 周，我对 134 位我见到的孩子关于事件发生后的超常体验进行询问。在东海岸居住的青少年“现场”目睹了灾难的发生，因此没有任何警告，他们十个当中有四个告诉我，他们在事发后有那样的体验。十位年龄较小的东部的孩子当中有两位也有同类的体验。东海岸的孩子当中有些看到了“好的幽灵”，其他人感觉到“某种存在”。他们当中很多人有似曾相识的体验或是心灵感应。（在西海岸的孩子当中没有明显的类似发现，他们是在收听了关于爆炸的报道之后才在电视上看到录像。）一年之后，有 19 位孩子新加入了研究，东部的青少年组中有不到 1/6 以及儿童组有 1/10 的孩子声称他们在那一年里有那样的体验。超常体验，显然是在经历了震惊事件之后的早期出现的，并且尤其是在青少年当中，容易与创伤性的记忆压缩在一起，创造出真相的变异版本。[7]

“那个浅色眼睛的男人是这样做的，”詹姆斯说。“他告诉我，‘孩子，你的妈妈死了，你的爸爸在哪里？’我说，‘我爸爸在公交车上，他回洛杉矶了。’我没有哭。”詹姆斯可能过于恐惧而无法哭出来。“就在那一刻，我感觉时间凝固了。死亡如同一尊雕像，就在那里，没有回头路。”

詹姆斯意识到与这段记忆相联系的一种对时间的特殊的感知。当他处于应激状态之中，他的过去、现在和未来之间失去了它们的背景和联系性。创伤体验中对时间的感知是受损的[8]，在创伤记忆中可以体现出来，是由相对近期的进化而获得的行为，当一个人处于严重的压力之下，或是遭受头部创伤，或是药物或酒精依赖，它会很快消失。当年幼的詹姆斯听说他的妈妈死了，他感到完全不知所措。他的时间停滞了，失去了所有即时的感知。尽管如此，詹姆斯并不接受这样的观点，即他对时间的感知发生了嵌入，那个晚上构成了他记忆当中的一个问题。“这并不是任何形式的对记忆的改写”，他坚持说，他不耐烦地用他黑曜石般的眼睛看着我，“当我打开出租车门下车，看到所有那些人在附近走来走去的时候，我立刻就知道了——我知道我的妈妈死了。”

扭曲的时间感知使得记忆变得不准确。在乔奇拉绑架案的五年后，有四个年龄较小的孩子说事件持续的时间好像并没有实际上 27 小时那么长。两个乔奇拉的孩子，分不清白天和晚上。另外七名发生了时间扭曲，他们记忆当中在绑架案之后发生的事件的时间都提前了。[9]

记忆经常会因为时间的扭曲、预兆的形成和视觉上错误的感知而变得不准确。这些错误可能会影响对单个事件的记忆，即使这个记忆主观上是让人感到非常清晰明了的。这种影响会持续到成人阶段，而且纠正的机会微乎其微。比如说这样一个例子，有一位著名的歌手由于陷入一场与他的老板之间的严重的合同纠纷，被商业八卦专栏报道出来，这位歌手对于他的个人生活暴露于公众感到恐惧万分。他发现自己长时间地陷入另外一个情形当中，这是一个很早以前的情形。那时候他的故事也被报纸报道，这是一个被他排除在记忆之外的意外事件，却从来没有忘记。

在这位歌手的记忆中，他 9 岁的时候，在一个夏天的晚上，他和妈妈在小城昏暗的灯光下离开市场时，他被一个陌生人劫持了，他被拖到了附近的一个公园里，然后那个人用口交的方式强奸了他，这个人事后让他回去了，他回到了家。虽然他强烈反对，但是他的妈妈仍然坚持让他告诉当地的警察发生了什么。男孩儿只想自己待一会儿，并且想忘记这件事，但是他还是去了警察局。在强奸发生的几天后，这个陌生人被逮捕了。男孩做了确认，那个男人被判入狱。但是这个男孩儿感觉自己被曝光了，他离开了小城去了新西兰的海外学校，因为他认为这件事一定会被当地的报纸报道，每个人通过搜索都会知道他。他认识到在他成年之后，当他的名字出现在八卦专栏的时候，他持续地出现了非常相似的被暴露的感觉。

他在专栏上看到自己的名字后没多久，因为这件事，这个歌手感到无法抑制地要回到他的故乡，并去确认他过去的记忆。这些记忆从来没有受到压抑，但是他想要从一个更加客观的视角去看看发生了什么。在这座沉睡的小城，他去了他借过第一本书的图书馆。以往的城市报纸被保存在单片缩影胶片上。他坐下来查阅了他 9 岁以后所有的报道，没有这个故事。难道是 10 岁？不，11 岁。是的，有一些文章。这位歌手认为他被强奸时是 9 岁。年龄，作为纪年性记忆的一部分，被扭曲了。他查看了页面顶部的日期，是 2 月份，冬天已经过去。时间与夏天还相差很远，那天的温度是零下 0.6 摄氏度，时间再一次脱节了。

这位歌手从头到尾阅读了有关他被袭击的文章。报纸报道了那个强奸他的陌生人的名字，他已经忘记了这个名字，但是并没有提到他的名字。报道中讲到一个男孩儿从他妈妈那里被人绑架，并遭到性侵犯，并未使用“口交”这样的词汇。任何一个读者从这份城市报纸上既无法对他的身份也无法对性侵犯的性质进行猜测。

在他对过去的记忆进行了外部确认之后，这个人感到非常地解脱。他受辱的经历只有当初他告诉过的几个人知道——他的妈妈、警察、法官，当然还有罪犯。他意识到，这桩最近发生的事远远没有那么糟糕，他和经理人之间的法律问题的报道，也“不是个大问题”，即使它被更加广泛地报道。这个歌手感到放松，并开始准备他的新节目。他为没有早一点儿知道事实感到抱歉，这个图书馆给他带来了安慰。

即使一个人持续多年地记着一件恐怖的事情，就像这个人那样，但是伴随的感知未必准确。尽管如此，主要的事件通常会被准确地记忆。[10] 比如说，对于一个被口交袭击的人来说，极不可能记成是一次肛交袭击，对于他来说也极不可能把从他妈妈那里被带走记成从他的爸爸或者是从他的朋友那里被带走，并且对于他来说也不可能把袭击者记成是一个女人。记忆的主干是正确的，但是有一些细节丢失了。这就是为什么我并不在意错误记忆当中那些完全颠倒的信息。那些认为他们的指控者完全是在编造事实的人，可能丢失了创伤记忆呈现给他们的实质。部分记忆是正确的，通常是主干。部分是错误的，有时是对罪犯细节的描述。

如果关于某些重复事件的记忆被压抑、解离、分裂和替代，等它们被唤回时，其准确性未必不如那些总是被记着的单个事件的记忆。它们通常是非常碎片化的，尽管如此，它们更容易被压缩。如果罪犯在这些记忆中清晰可见，那么他们的身份通常是正确的，因为他们往往是熟悉的人。毕竟，在重复的事件当中，罪犯往往不会是有可能会被认错的陌生人。但是如果在记忆中由于严重的解离和分裂阻碍了清楚地“看到”罪犯，那么对罪犯的描述可能会不准确。通常在长期存在的或是反复的创伤当中不出现“预兆”。儿童一旦被虐待，更多的能量会被用来阻止想法和感受，而不是进行回顾。这种阻止会干扰看到罪犯的脸，因此他们后来会准确地记起他是祖父、乔治哥哥或是乔叔叔。

随着年龄的增长，我们会对记忆重新评估，它们的重点有时在这个过程中会发生转移。一个男孩儿，我叫他艾伦·巴斯康，他 3 岁的时候被一个陌生人绑架，当时他责备妈妈放弃了他。但是当他 8 岁时，艾伦记忆中内部的重点转移了，“我已经知道很有可能会死，会被杀掉。”他告诉我，“我现在意识到那个劫持我的男人可能会杀掉我，（并且）我知道他用一把枪对着妈妈，他可能会杀掉她。现在我对妈妈的感受变好了，但是我对自己的感觉有一点糟糕。”

我们会用发展出的高级思维功能重新对图片式记忆进行评价。画面保持不变，但是字幕发生了变化，艾伦·巴斯康意识到，在他 8 岁的时候那个绑架他的男人“比他的爸爸高 5 厘米”。这种语言的描述对于 3 岁的孩子是不可能有的。艾伦当时原本的想法是，那个男人的枪里会射出子弹。“我知道”，在他 8 岁的时候他说，“这是一把有子弹的真枪。”

我不清楚这位上年纪的蓝眼睛的洛杉矶警察是否知道他出现在詹姆斯两本畅销的犯罪小说当中。在艾尔罗伊的第一本书——《布朗的安魂曲》（*Brown'Requiem*）中，主人公默默地想着一位有力量的老年男性，“只是一双浅蓝色的眼睛，但是已经足够了。”在《自杀山丘》（*Suicide Hill*）一书中，一位名叫加福尼的凶恶的洛杉矶警察发现有一位传道士酒鬼“在他的睡梦中用他蓝色的眼睛看着他，为他唱诵……这双蓝色的眼睛……总是离他半步之遥，当他认为一切都会变好的时候却伺机向他猛扑过来。”詹姆斯可能并没有清楚地记住警察眼睛的颜色，但是他一定保留着它们的意义。

“他们把我带到警察局”，詹姆斯继续回忆。“在那里的某个地方他们告诉我，我的妈妈被人谋杀了。我不确定他们是怎么告诉我的，以及什么时候说的。这个部分模糊不清。警察强烈地怀疑是阿尔芒·李·艾尔罗伊杀害了他的前妻。他有一个动机——孩子的抚养权，但是警察别无选择只能相信这个小男孩坚定的描述。他的父亲一直和他待在家里，没有其他的照顾人。在夜里他没有察觉有其他人进来或是出去。星期六的晚上和往常他待在爸爸的公寓里的夜晚是一样的。

在我的要求下，詹姆斯叙述了他对 1958 年 6 月 23 日洛杉矶泰晤士报关于他妈妈被杀报道的记忆，虽然他告诉我他只读过一遍，是在他 10 岁的时候。（这是真的吗？他让我在访谈结束后寄给他这篇文章，他说他自己没有。）后来我吃惊地发现詹姆斯在《秘密》一书中所用的描述与那篇文章非常接近，甚至日期也是 6 月 23 日。在《布朗的安魂曲》当中，他也写到了其中的一小部分。使用他自己母亲被谋杀当中的细节在我看来不寒而栗，是冷血的——虽然在创伤后的重复往往会是令人不安地逐字地描述。詹姆斯在他对我的叙述以及在他的小说当中所引用的泰晤士报报道的叙述中，说错了一个小的细节。那些发现珍的尸体的男孩不是童子军队员，而是鲁思宝贝联盟棒球队的队员。更重要的是，我认为，在他对这篇文章的回忆中有一个盲点。在他的叙述中，他忘记了他妈妈的脖子上缠绕着的丝袜。他忘记了在他妈妈的臀部有沥青的痕迹。换句话说，他已经把某些事实完全排除在他的记忆之外，这个杀手胡乱摆弄他妈妈的尸体。

1991 年 8 月下旬，我第二次见到了詹姆斯，他住在洛杉矶一幢租住的房子里——一幢两层的乡村隐居处，房东是一位法国伯爵夫人。那个夏天他为德国的一家电影公司做屏幕处理的工作。当时我已经阅读了他所有的书，并且我想与他讨论他们的心理。《黑色大丽花》令我如此着迷，以至于我读了两遍。我知道这本书对于詹姆斯尤其意义重大，在《黑色大丽花》中，一位名叫巴克·布莱切特的警察与死去的大丽花相爱，于是他开始调查大丽花可怕的谋杀案。（小说里这一部分的描述读起来完全不像是小说，因为詹姆斯纳入了黑色大丽花案件中大量真实的细节。）布莱切特遇到了一位长得像大丽花的名叫玛德琳·斯普雷格的人，并且他们开始了一段风流韵事，但是布莱切特仍然十分爱慕死去的大丽花。他的伴侣和最好的朋友突然在墨西哥被杀，布莱切特在失去了友谊之际，开始越来越多地与斯普雷格家庭待在一起。雷蒙娜是玛德琳的妈妈——一位放荡不羁的女人，埃米特·斯普雷格是她的父亲——一位成功的房地产商人。在故事的结尾，布莱切特发现玛德琳是杀害他伴侣的凶手。他同时发现，雷蒙娜·斯普雷格帮助黑色大丽花的凶手在这位难逃一死的女演员死前折磨她。杀害这位女孩儿的凶手是一个怪异的隐士，他住在斯普雷格家的一幢房子里，是雷蒙娜的秘密情人，他精神完全失常，并且是精神变态的玛德琳的亲生父亲。

早上我到洛杉矶后詹姆斯到机场来接我，带我回家进行访谈。他停在比弗利山庄前，向我展示这一座大大的砖砌的房子，它装有超大的前窗，1947年从这扇窗户里黑手党*的职业杀手开枪击倒了巴格西·西格尔。很明显詹姆士喜爱20世纪中期的城市历史。诸如约翰·刘易斯、约翰·F. 肯尼迪、玛丽莲·梦露和沃尔特·迪斯尼这些人物布满了他的谈话。艾瑞的房子是一个木质墙面，有大量家具的地方，坐落在长满枫树的大峡谷，这正是令加利福尼亚人害怕的地方，尤其是在八月份。这位伯爵夫人能够把房子出租，真是一个奇迹。

“我的父亲在我妈妈被杀之后就开始给我买犯罪小说，”当我打开录音机时詹姆斯告诉我，“我很快开始偷犯罪小说。在我妈妈死后的一年当中，我整个人都卷入黑色大丽花的谋杀案中。”

---

* 电影《教父之祖》。——译者注

1947年1月15日，一位22岁想要成为女演员的名叫伊丽莎白·安·肖特的死者尸体被发现，就在人行道外的39号大街和诺顿大道交叉角落的一片空地上，位于洛杉矶南部中心。尸体被拦腰砍成了两段，在乳房和大腿处有香烟灼烧和刀割的伤口，膝盖碎裂，关节处有绳子灼烧伤口，显示出她在被谋杀前遭受了两天的折磨。她的嘴被切开到两个耳根处，展现出可怕的微笑。(“我知道我将带着这个微笑进入我的坟墓，”巴克·布莱切特说。)在她的尸体被发现后，洛杉矶报给伊丽莎白·肖特起了黑色大丽花的绰号。在调查的头24小时内，有18人被错误地指认为凶手。关于伊丽莎白·肖特的死亡当中有一些信息吸引了公众，包括常人和怪人。报纸上把她描述成一个无辜的女孩儿，她来到洛杉矶想要成为一名电影明星，但是在短时间内变成了一个穿着黑衣服、令男人饥渴的荡妇。

虽然洛杉矶警察进行了规模最大、最有政治意义、最公开的谋杀案调查，但是大丽花的施虐者——凶手和抛尸者从未被发现过。我对詹姆斯的“卷入”做了一个标记，他作为一个11岁的男孩儿卷进了一个性感的但是已经去世很久的谋杀受害者。可能詹姆斯使用了“替代”的防御机制，他在11岁时已经开始应用这种防御机制，为了避免对他性感的妈妈和她的死亡，以及被重新摆放的尸体的记忆。

“而且我开始深夜到街上四处走动，并且向窗户里看，”詹姆斯继续说道。“夜间盗窃和窥阴癖，是我的游戏。我当时也非常热衷Jack Webb的‘搜索网’电视秀。这个节目濒于被淘汰，但是我很喜欢。”

詹姆斯到12岁时，他强迫性地玩性和死亡的游戏。“我会在商店里偷飞机模型，”詹姆斯告诉我，“我会拿关于大丽花的书。”他偷了他喜爱的杰克·韦布写于1958年向洛杉矶警察局的致敬——《徽章》——书上有关于大丽花的长篇报道和一张她的迷人的照片。“并且我偷了很多关于她的生活和死亡的更加深入探究的出版物、犯罪杂志、各种图片等。我做了一张关于大丽花的资料的照片墙。我父亲经常工作到很晚，我变成了一个不折不扣的商店窃贼。”

“我会把偷来的汽车模型和飞机模型组装起来，然后我就想要毁掉它们，所以我会做的事是，坐在比弗利和欧文的人行道边上，这是我住的地方，是一个在夜里也会很繁忙的地方，然后我会等到凌晨两点钟，西大街所有的酒吧都关门之后。人们会从这条路上高速向西朝比弗利行驶。然后我会把我的这些小车、汽车模型放在路上，并且我会挤出胶水，你知道这是我做飞机模型时用的胶，把这些胶全都涂在模型车上，然后再挤出一小段胶涂在人行道的镶边上使两者契合，然后我会点燃模型车或是点燃这一段胶。我会观察模型车爆炸，我尝试掌握好爆炸的时间，刚好有车开过来的时候使它爆炸。有一天我拿出我的模型车，放在双黄线上，迎面驶来的汽车，看到着火了，在最后一分钟，它调转了方向，驶向了比弗利布尔瓦街另一边的人行道，撞了灌木丛并且失去了控制。我飞速地跑回了家，”艾尔罗伊笑着说。

作为一个孩子，詹姆斯几乎成了一个杀人凶手。我能够看到我自己在那辆行驶在比弗利布尔瓦街上的车里，完全失控，像是冒着烟的蒸汽机。感谢我的幸运星，迎面没有驶过来的车辆。詹姆斯直接是在“玩火”，一个谋杀者——一个真正的谋杀者——他的行为毫无疑问就是谋杀。

詹姆斯青春期前玩的着火的模型车的游戏使我想到了另外一个富有创造力并且受过创伤的男孩玩的游戏，这个男孩就是斯蒂芬·金。在 1948 年 4 月关于楼顶房屋事件的访谈中金讲到，他发明了一个游戏。在他还是孩子的时候，他一个人一直在玩这个游戏，他把这个游戏称为邪恶之城所多玛和蛾摩拉城，这个游戏包括想象中的大火吞噬，硫磺雨从天而降。金 4 岁的时候，他和一个小朋友在火车铁轨上玩，一列货运列车撞死了他的朋友。金在《死亡之舞》一书中写道，关于这个可怕的事故他什么也不记得了，在他的作品中也没有出现相关的描述。但是金在很多作品里会写到机械怪物，他偶尔也会使用火车的比喻来表达非机械的恐惧。电影《站在我旁边》（*Stand By Me*）和《银色子弹》（*Silver Bullet*）中，火车直接从我们眼前呼啸而过，反驳了金的严正声明。在金和詹姆斯童年的游戏背后都存在着突然的毁灭性的死亡。他们的恐惧记忆也是有意或无意的为他们成年的游戏设置了这些主题——他们的写作。

一个孩子讲述他对一个恐怖事件的长期的记忆时发生扭曲的因素之一是，威胁到生命的危险事实上离这个孩子有多近。罗伯特·皮诺斯和凯瑟琳·纳德[11]，是加州大学洛杉矶分校的同事，对洛杉矶一些孩子的自由记忆进行了研究，这些孩子在小学的操场上遭到了狙击手的袭击。那个男人向他们发起了几轮扫射。一个小女孩被杀害了。当时离这个死去的小女孩越近的孩子，在描述当时的情况时越会出现删减或完全遗漏事实的情况。这些孩子可能对于近在眼前被杀感到太恐惧使得他们无法自发地回忆起当时的事情经过。另一方面，一个安全地待在学校里的孩子更有可能夸大风险。对于他来说对当时的情况夸大一些，他仍是安全的。这个研究反映出空间感知是没有问题的，在创伤性的记忆中往往也是相当完好。它反映了孩子会选择哪些信息来描述他的恐怖记忆。另外一个原因是，必须对孩子提出一定数量的特定的问题，使得他们能够获取完整的记忆。这些问题未必是强烈的引导性或误导性的问题。对孩子的访谈必须要非常小心地沿着自由和暗示性的提取回忆之间的线路进行。

“我经常会想，警察正在富兰克林生活大厦监视着，搜索那些从塔楼上投掷燃烧的模型飞机的孩子。”詹姆斯看上去一脸悔恨，陷入他不值得庆祝的比弗利布尔瓦街上恶性事件的游戏中。但是，警察几乎不可避免地令年轻的詹姆斯失望。洛杉矶警署从未查出杀害他妈妈的凶手，他们也从未把他锁定为富兰克林塔楼上的少年恐怖分子。他们也从未找到杀害他的爱人——黑色大丽花的凶手。至少詹姆斯认为，这些警察什么也查不到。

高中生活丝毫没有改善这位悲伤的男孩的生活。他和他唯一的朋友——一个把自己定义为一名纳粹的犹太男孩——在弗吉尼亚高中组织了弗吉尼亚纳粹组织。这两个伙伴没有参加过任何正式的纳粹党派活动，但是他们事实上百分之百地冒犯了他们的犹太人同伴，通过在学校的公共广播台宣布他们所谓的纳粹党派集会以及在他们的教室里进行组织活动。男孩们的行为已经远远超出了学校的容忍度。在詹姆斯毕业前，他就被校长开除了。詹姆斯很快就应征入伍，通过取得他父亲的同意，避免了他这个年龄会引发的问题。

阿尔芒·李·艾尔罗伊在这个时期遭受了一连串的中风，并且不久就在洛杉矶的医院里去世了。詹姆斯在17岁时成了孤儿。几个月后，他假装有精神障碍使得他免除了兵役。由于生活散漫，确切地说是在洛杉矶无依无靠，他开始一步步地滑向堕落。他在好莱坞的色情商店工作，他在洛杉矶高档的高尔夫俱乐部以捡球球童的身份卖毒品。他多次闯入别人的家中，有时他会自慰并且偷走那些不认识的女人的内衣。他因为各种各样的罪行被逮捕了30次，最终洛杉矶警察局介入正式逮捕了他。他们对詹姆斯的笔录是盗窃，对他的指控是非法入侵，他被判处45天的监禁。詹姆斯从来就没有想过，从他10岁的视角来看，警察会抓捕任何人。或许这个经历帮助他作为一个作家认识到有朝一日他们会这么做。

尽管如此，这种意识对改变他的行为没有任何作用。被释放后，他有七年多的时间都是在怪异的加利福尼亚南部地区的俱乐部和色情商店度过的。他在当高尔夫球童的过程中创作了《布朗的安魂曲》。毒品、酒精和搞恶作剧仍然是他的专长。尽管如此，他说他时常都很清楚他会成为一名作家，并且他也知道他的风格是犯罪小说。[12]

在他30岁出头的时候，他追求了一个女人，她提出让他去看精神科医生。他同意了，并且在一位女精神科医生那里看了10个月。“我想，医生对我很感兴趣”，詹姆斯告诉我，这再一次表明他无法接受他的“退缩”。他可能把他早年对妈妈的性的兴趣转移到了精神科医生身上，然后把他自己的感受投射进了她的想法。接下来又一次，可能精神科医生被他激起了兴趣。现在很难获知是这样还是那样的一种方式。

詹姆斯离开了心理治疗，但是他加入了匿名戒酒会团体。他决定，现在正是写作的时间。同时，搬到东海岸远离他的那些成瘾朋友的时间到了。在他参加了几年的匿名戒酒会团体之后，搬家和写作帮助了詹姆斯。一旦他开始了稳定的工作，詹姆斯完成了他的第十本书——《白色爵士乐》（*White Jazz*），当我在洛杉矶采访他的时候，这本书刚刚完稿。（“你会读这本书吗？”他问，用一种解除敌意的缺乏自信的语气。）

在我们结束探索他的早年生活之前我必须再讲一个关于詹姆斯青年时期的故事，这是与他痴迷于《黑色大丽花》的一段故事。从他 11 岁起，年轻的詹姆斯就对大丽花欲罢不能。他感到已经完全被她征服，完全“坠入爱河”。她或许是詹姆斯生活中的爱。在他妈妈死后，詹姆斯把他全部的精力都转到大丽花身上。他保留着她的相片，而不是他妈妈的照片。他拜访的是诺顿 39 号，而不是他妈妈的坟墓。

通过把注意力集中在一个丰满的黑头发女孩身上，詹姆斯避免去想他丰满的红头发的妈妈。通过把他的关注点放在更年轻的女性的死亡上，这个男孩可以避免去思考更有意义的那位年纪较大的女性的死亡。他可以沉湎于雄心勃勃的女演员，而不是注册护士。（我发现在艾尔罗伊的书中只有两个护士，而“大丽花”却有 8 位）他可以把这个年轻女性的照片钉在一起，他可以阅读他能够找到的关于她的一切，保存剪贴簿，甚至对着他新的痴迷对象自慰。这种绝对的移除，或是从一个客体转移到另一个之上，使得这个男孩可以不去想“她”。这正是替代的防御机制的实质。

所有防御的目的可能都是为了忘记，[13] 但是替代是用一种有些不寻常的方式，把记忆放在意识之外，如果与更为直接和常见的压抑及解离的方式相比较的话。在黑色大丽花的案例中，她作为杰妮娃・艾尔罗伊的替代者，詹姆斯可以思考、思考、再思考，关于大丽花在遭受身体上的虐待之前和之后的情节，并且这样一来，他就可以忘记有人曾经这样折磨过她的妈妈。

伊丽莎白・肖特是杰妮娃・希利克・艾尔罗伊的完美化身，因为她与她是如此的相似。两个女人都是对男人轻浮的，都是来自某个比洛杉矶更冷的、更干净的、更远的地方（大丽花来自马萨诸塞州；她来自一个与珍所在的威斯康星州别无二致的地区），两个女人都在深夜的人群中自由地穿梭，她们两个都一直是囊中羞涩，两个人都热切地希望得到更好的东西，并且两个人都认为自己知道如何获得。

在他学会自己旅行后，詹姆斯一次又一次参观了伊丽莎白·肖特被抛尸的地点，直到他第一次见我的一周前他都没有去过他妈妈被抛尸的地点，当时一个来自滚石的杂志编辑请他一起去那个地方，因为他们要拍摄那里的照片。[14]詹姆斯沿着他筑的墙追踪大丽花。“照片保持着女人的青春，”他在《白色爵士乐》的开篇写道。把注意力投注在一个永远年轻的黑色头发的女人的照片上为的是防御对那个红色头发女人的记忆。10岁之后，詹姆斯努力做到不去想念他的妈妈。

“当我只有10岁的时候凶手拜访了我的生活，”詹姆斯在那个烤焦的、枫树林的加利福尼亚峡谷回忆道，“太令人震惊了。这种极为恐怖的方式让我可能无法对那一天做出完整的评价，所以我不得不沿着他走向我的读者。”那也是一个防御，“被动到主动”，其中那些被动经历的事件被转化为针对其他人的主动的行为。[14]

如果防御是抵御记忆的，它们并不一定会阻断所有的记忆。它们有时是在某个小的部分发挥作用——经历中最痛苦的或是最冲突的部分。压抑，这一防御机制在如今关于错误记忆的争论中常常被提到，指的是某些记忆完全消失，但是也能引起某个小片段的消失，那个最糟糕的片段。我曾经有好几个月的时间与一位四岁半的男孩工作，他被单独困在电梯里20小时。没有人知道小威廉姆在哪里，并且他想不出如何寻求帮助。从事件的一开始到他被解救威廉姆无法忍受黑暗——这一行为表明电梯里的灯灭了。尽管如此，当我在事故发生后的48小时第一次见到他的时候，威廉姆坚持对我说灯是亮着的，他的行为与他的话不符。当他说到灯的时候，他看上去非常害怕。当我后续见他时，威廉姆有时候说灯是亮着的，有时候灯是熄灭的，但是他经常把我的玩具汽车藏在黑暗的地方——在我的长椅下面或是我的书桌后面。这一行为显示出在他被困住的时候灯光是熄灭的，并且当他想到这个主题时他是感到焦虑的。

在威廉姆 8 岁时我又一次见了他，为他再次评估。他完全无法记起电梯里的灯是开着还是关着的，尽管他努力尝试去回忆。现在黑暗在有意识的记忆中已经消失了，但是很明显威廉姆不喜欢在黑暗的房间里睡觉或是待在封闭的空间里。黑暗或许成为了他最恐惧的部分，这个部分与威廉姆的无助感及与他爱的人失去联系的感觉紧紧联系在一起。

黑色大丽花的替代在詹姆斯的记忆中发挥着几乎完全相同的作用，就像小威廉姆交替的"开和关"的记忆一样。它在记忆中创造出一个小洞，一个关键的位置所在。对于詹姆斯最痛苦的是与他妈妈的身体有关——那个丰满的身体是如此开放地呈现在还是孩子的他的面前。

"如果我对你的看法是，对于一个还是孩子的你来说痴迷于对妈妈的记忆是非常具有威胁性的，所以你找了黑色大丽花来代替她，你对此怎么看？"我问。

詹姆斯点点头，停顿了片刻，说道："我想你是对的。"他回答道。

当然，詹姆斯作为一个充满渴望的观察者、学生、读者和对谋杀案的思考者，从谋杀者拜访他的生活那刻起，就为他母亲的被杀提供了一个解决办法。

"这就是我认为的所发生的事情，"他说。"我是一个有天赋的业余的犯罪学家。"我们在他伊斯特切斯特的工作室慢慢地品着茶，我们的第一次访谈似乎已经接近尾声了。

"我认为那天夜里我妈妈出去喝酒了，她可能有点儿喝多了。你知道，她是一个酒精依赖者，她在性关系上是随便的人。她是和这个男人（黑头发男人）及这个女人（梳着金色的马尾辫）一起去的。我妈妈是一个随意的女人，一个容易被人看穿、善于表达的女人。这个男人走向她，她拒绝了他，但是事态已失去控制。他不是一个因性杀人的惯犯，也不是连环杀手。这是一起单个的谋杀案，这并非任何一种形式的连环犯案。”

詹姆斯迅速地转向我，似乎他认为我并不会同意他说的这一点。“作为一名精神科医生所感兴趣的犯罪，你想必知道，那些连环杀手最近已经消失殆尽了，与《沉默的羔羊》相去甚远。”他继续与我辩论，即使我一言不发。“目前在美国可能有不到四十位真正的连环杀手，这些吸引你变成一个疯狂的爱好者的怪异事件比现实要好很多。”

我必须要周密考虑我将会如何被杀掉吗？如果詹姆斯是我的病人，我会向他展示他又一次发生了替换，这一次是从杰妮娃·艾尔罗伊转向了我。这是一种非常特别的替换，在心理治疗或者精神分析中被定义为“移情”。这一种替代是从童年时期爱的客体——父母和早年的重要他人转移到了治疗师。

很多专业人士，对于正在接受心理治疗的成年的孩子轻率地起诉家庭成员的现象表示担忧，声称在病人不准确的记忆之上发生了移情。“对于过去的回忆是移情的抵押品，”[15]精神分析师唐纳德·斯宾塞写道。他的意思是移情可以是非常强烈的，以致病人可能会调整他们对过去的记忆，以对他们的治疗师产生好感或厌恶，治疗师必须仔细地考虑这些，以及病人的回忆有多少是通过线索被提取的，有多少是根据自由的回忆提取的。在当今的心理治疗中出现的一个问题是如何处理病人记忆中的空泡，重要的是由病人而不是治疗师来填补它，或者是它们都被一起保留着不去填补。偶尔来的病人要求做异戊巴比妥访谈或是催眠，但是这些技术是非常强烈的线索，并且必须要极其谨慎地来执行。完全相反的做法是完全没有方向和指导的治疗，这样一来几乎不会提供任何线索。在这样的治疗中，对于有创伤体验的人来说没有表达痛苦片段的机会，这些碎片仍然留存在童年的记忆中。治疗师不做回应可能无意中传达了这样的信息，这些记忆是不重要的，或者太令人厌恶以致无法就此讨论。

詹姆斯尽力告诉我对于他的妈妈被谋杀他的意识层面的解决方式，而不需要任何我的协助或线索。“我想那个男人是个埃尔蒙特人，但不是那个酒吧的常客，或者他已经被确认了身份。”他说，“我认为他确切地知道阿罗约高中在什么地方，因为他住在附近。我想他是把我妈妈的尸体搬了出来然后抛尸，接着惊慌失措地回到家，出了一身冷汗，然后就装作什么事也没发生过。我想这就是错误的男人和错误的女人以及错误的环境构成的精密的组合。然而那个与他们一起出现在酒吧里金发女人，她知道发生的一切，她所做的是捂着她的嘴。”

在埃勒里·奎因神秘事件中，埃勒里并不十分敏捷的爸爸——侦查员奎因，在他有机会采取自己的方案之前，经常向埃勒里提供错误的解决方法。侦查员奎因总是会提出显而易见的解决方法，我们很清楚这种方法并不符合真相。然后埃勒里这个男孩的好奇心揭开了破案的钥匙。我想詹姆斯有着男孩般的好奇心，即使他已经40多岁了。但是正如这个能力有限的侦查员奎因，他总是想出错误的解决方案，这与他的记忆并不相符，也不适合他的写作。

无论你读詹姆斯的哪一本小说，你都不会发现答案是关于一个黑头发的男人和一个金发女人一起把酒吧里的一个女人接出来然后杀害了她。这种两人游戏在《秘密》一书中的酒吧里略有提及，但也只是作为错误的线索。如果詹姆斯真的相信这个黑发男人和金发女人的真相，为什么在他的小说中从来没有出现过这样的结论，但是他的过去经历中的其他事件却频频出现。

詹姆斯真正相信的杀害他妈妈的凶手是谁?

詹姆斯认为是他的爸爸。此外，他认为是他自己。他在他的想象中承担了责任。他知道他没有杀他的妈妈，但是他仍然会因此打自己。詹姆斯周六的夜里在睡觉，他的妈妈被杀害了，并且他永远无法真的知道阿尔芒·李·艾尔罗伊做了什么或是没做什么。事实上，詹姆斯想出一种通过他来证明爸爸不在犯罪现场的方式，并且他在《秘密》一书中已经做了解释，书中那个提供不在犯罪现场证词的人被下了药，而且整个谋杀过程都在那里。

如果爸爸如此渴望詹姆斯的监护权并且他那么勇敢地在墨西哥追捕潘丘·维拉，他也可能杀死妈妈。如果詹姆斯可能发誓“她永远也别想再扇我耳光”，他自己就不得不做那个凶手，不是在现实中，而是在他的头脑中。

《秘密》是詹姆斯关于他自己童年的小说，凶手是他的爸爸。在《黑色大丽花》和《洛杉矶秘密》中，凶手是亲生的但未被承认的父亲。在詹姆斯的其他 4 本小说中，凶手是一个父亲的形象：三次是一位上年纪的腐败的警察身边有一群年轻的跟班；一次是一位父亲般的邪恶的精神科医生。

詹姆斯对卡斯卡特的描述——《布朗的安魂曲》中那位腐败的老警察，一个杀人凶手——与他对他的父亲的描述吻合。“他是一个长相可怕的男人，”写道，“铁灰色的浅色头发，棱角分明的特征，55 岁，身体像运动员一样强壮。”詹姆斯并没有写，“他是我妈妈见过的最英俊的男人。”但是他在《秘密》一书中对凶手的描述与其父亲极为相似。唐·哈里斯——父亲和凶手，被如此地描述：“他与我面对面坐在破旧的咖啡桌边，他是我见过的长得最让人难忘的男人之一，1.8 米高，接近 60 岁，满头白发，运动员一样健壮的身体，一张轮廓分明的脸。”那是爸爸。

在詹姆斯的六本书中，包括一些有“父亲”特征的人也是凶手，有缺陷的年轻男人也杀人，他们是“儿子”。在他的记忆中，詹姆斯明显是把他妈妈的死归罪于自己，因为他的起誓。虽然当时他只有 10 岁，他的发誓让他感觉自己很有力量。

所以几乎詹姆斯小说中的所有人都是他自己，甚至是他的体型超大、性欲过度的狗，当你发现那些警察也是詹姆斯时也不足为奇。劳埃德·霍普金斯这名警察是三部小说的主人公，詹姆斯对他的描述是：“大约 40 岁，个头很大，深灰色的眼睛和蓬乱的深色头发。红润的面色，他的穿着过时。他是有趣的、傲慢的和爱讽刺的人。”詹姆斯大部分的主人公具有詹姆斯一样的缺点。他们作为一名警察已经失败了或是正在经历失败，就像他没能从高中毕业并且成长经历中有案底。詹姆斯年少时最严重的错误是他无声的誓言，迫使他的小说中的主人公反复地跨越那条助人的警察和杀人的警察之间看不见的线。

大卫·克莱因，一个心狠手辣的警察——《白色爵士乐》（*White Jazz*）中的主角，在小说中从头到尾都在杀人，他既为犯罪团伙杀人，又为洛杉矶警察局内部的杀手团伙杀人。巴兹·米克斯是《重要的无名之地》（*The Big Nowhere*）中的角色，在杀人方面堪称大卫·克莱因第二，他还尽力保持读者们的同情心。显然在塑造年轻的主人公时，詹姆斯知道如何让他变得有缺陷，并且在创造一个年轻的杀人凶手时，詹姆斯通常知道如何去激发读者的一些共鸣。“与当代的其他作者不同，詹姆斯更能感知虐待狂的心理，进入到他们的脑袋里，”心理学家和神秘小说作家乔纳森·凯勒曼曾如此评价詹姆斯的作品[16]。的确，詹姆斯可以使得读者认同一个杀人犯的狂热。这是因为《月亮上的血》（*Blood on the Moon*）和《路上的杀手》（*Killer on the Road*）中那个年轻的疯狂的连环杀手正是詹姆斯自己。像詹姆斯一样，这些对性疯狂的年轻男人向女人的窗子里偷看，把关于性和死亡的照片贴在墙上，并且一边回忆着谋杀的过程一边自慰。

很重要的是要认识到詹姆斯年少时与他妈妈在一起的不幸生活并没有把他变成一个杀手，这让他感觉到他就是一个杀手。“我在干着我不得不干的事，你也是如此，肥狗也是如此，”詹姆斯写道，以弗里茨·布朗为化身（《布朗的安魂曲》)。“我们（好人）和肥狗（一个纵火犯，勒索犯和杀人犯）之间的唯一区别是我们的环境条件由于一些爱和温柔而被调和，他的并非如此”，詹姆斯是被爱的。

当我对詹姆斯指出，所有他描写的杀人凶手不是父亲就是儿子时，他表示同意，他说到他之前从来没有认真地想过这些。在詹姆斯所有的小说中只有两个女性的杀手——雷蒙娜·斯普雷格和她的女儿玛德琳，出现在《黑色大丽花》一书中。但是这两个女人并非真正的强大而有控制力的人，幕后的主使实际上是男人。詹姆斯笔下典型的女性全都是勾引男人的女人，天真无知的人，是一个受害者，只有男人才是真正有能力杀人的人。

关于这一点，在神秘故事中，埃勒里·奎因经常会排除无关紧要的议题。在詹姆斯的生活中，他倾向于替代的是什么？这是一种忘记的方式。我在詹姆斯的神秘故事中也找到这个倾向了吗？是的，确实是。在詹姆斯的小说中侦探们总是会对被肢解的尸体很痴迷，他们必须就此展开调查。他们常常会“爱上”这些尸体。有一个侦探——丹尼·乌普肖，对一组尸体过于痴迷以致他指控自己是性变态并且割开了他自己的喉咙。劳埃德·霍普金斯太过沉迷于那些他所调查案件中被害的女性以致他失去了他的妻子。巴克·布莱切特在调查伊丽莎白·肖特被害案时，出轨玛德琳·斯普雷格，她是一个长得像大丽花的女人。泰迪·温兰克——《月亮上的血》中的疯狂杀手——他为凯希纵火——从他儿时起就认识但不敢靠近的女孩。为了处理他的损失，他想象自己爱上其他的女人，然后“为了凯希”把她们杀害。

詹姆斯笔下的尸体通常都是在被杀害之后任意摆弄。他安排的虐尸的方式五花八门，从简单地移动到奸尸，挖出内脏，鞭尸，剥皮，焚烧，锯碎，枪击，冰冻，剥去头皮，砍剁，甚至通过加热来迫使虐尸的变化迅速发生。这些并不能被称作杰出的技艺，因为珍的尸体被任意摆弄并且被拖到了阿罗约高级中学附近，这使得她的作家儿子在他的书中对这些恶行进行加工创造。除了其他的单独的特点，虐尸是被詹姆斯写进小说的特征性的对尸体的描写。

男孩通过用伊丽莎白·肖特替代珍帮助他忘记有人曾经亵渎他妈妈的尸体。当我和詹姆斯谈论他妈妈的尸体的时候，我们仍旧是在伊斯特切斯特，巴尔克待在我们脚边——我可以感受到他的记忆找回时“砰”的声音，就像是撞击在空气上，就像是写在喜剧板上的大大的“砰”字。詹姆斯这样来总结他对谋杀的看法：“让我们来随便说说，他们在晚上 11 点一起离开了酒吧，他们一起去了某个地方，性的感应下降了或者性的感应没有下降，骚动发生了。他对着尸体感到烦躁不安。你知道，尸体就在那里。我完全可以想象杀害黑色大丽花的凶手也对尸体感到烦躁不安：‘我们怎么处置它？’”

“我们”是谁？马尾辫的金发女人和黑头发男人，还是詹姆斯和他的爸爸？还是那个不为人知的杀害大丽花的凶手？“是的，”我说，我确定他会说黑头发的男人和金发的女人。

“所以一个人开车到了诺顿39号，并抛尸，”“是的”，我重复道，迅速地把我的焦点转移到大丽花，并且我想知道詹姆斯是否会把她放在一旁——“在它被极为凶残地肢解后，并且一个男人，你知道，脱掉了她的衣服，他可能很想看到她的裸体。”

“嗯”，现在我们或许可以回到珍。

“然后他用外套盖在她身上，把她的尸体抛在高中附近的灌木丛里。”啊，是的，这是珍。

詹姆斯没有提到过任何关于他妈妈的尸体被虐待的情节——关于断了的珍珠项链，找不到的鞋子，从她腿上脱下的丝袜并放在了她的脖子上。这个长筒袜有没有可能是凶手用来防止手被紧绷的棉绳勒伤，在他用棉绳勒死珍的时候。我想知道，它有没有可能是放在那里用来把警察的视线从真正的凶器上转移开？它是否被留在珍的颈部，作为最后一个离奇的无法解释的姿势？

“有一只长筒袜缠在你妈妈的脖子上，”我说。“这只长筒袜并不是杀她的凶器，但是它被留在现场，是吗？”

“上帝啊，你知道——这么多年我都没有想过这一点，”他大声说道，显得很吃惊。“你是对的！确实如此！”

“你不记得这些了吗？”我问。《黑色大丽花》中那些被肢解毁坏的尸体对我喊叫着让我寻找答案。这些尸体与珍的尸体类似，但是他们的作者并没有意识到他已经重复了他的童年中那些由于太痛苦而无法提取的内容。不久我发现任意摆弄尸体在詹姆斯的小说中是个普遍的元素。有些人告诉我他们无法忍受去读完他的这本或那本小说，因为所有那些极其恐怖的虐尸情节。但是这些尸体有它们存在的理由——一个幸存下来的男孩不需要记起他自己的妈妈的尸体被如此对待过。我不知道我提起长筒袜是否伤害到了他。

“我是否在我的哪本书里提到过长筒袜？”他问。

“目前我读过的书里没有提到过，”我说（事实上，在詹姆斯的小说里没有出现过长筒袜。）

“这可能是她的一只长筒袜，”詹姆斯说。他仍然在与之做着思想斗争，他并不想记起。

“那是她的长筒袜，”我说。我衷心地希望詹姆斯知道这些对他更好。这可能会引起他暂时的痛苦，但是从长远来看他将会更好地处理创伤。

“这里”，詹姆斯说。“这是第一个令人恐惧之处，这是我从这次访谈中感受到的第一个让我恐惧的地方，然而当我上周和滚石杂志社的人一起去看我妈妈被谋杀的现场时，我并没有感到任何恐惧。”

“但是这个——关于长筒袜——你忘记了吗？我的意思是你不记得了吗？”

“现在你告诉了我，是的。我现在记住了，我知道这是真的。”

詹姆斯的防御机制是替代。他用大丽花替代了珍并且因此忘记了关于他的妈妈被谋杀的记忆中的一个关键点。这个无法被记起的情节在他的小说中一次又一次地被他毫无意识地重复着。这里没有丝袜，但是其他任何一件可以在死后对尸体做的事都被做了。这些虐尸行为是一个男孩用来替代一只长筒袜的。詹姆斯还是个小男孩的时候没有发生解离，也没有严重的压抑，就像他的凶手主人公约翰·哈维兰德博士在《因为夜色》(*Because the Night*)中做的那样（哈维兰德记不起任何在1957年发生的当他还是一个孩子时候的事情）。詹姆斯也告诉我，他从来没有出现分裂——虽然他的《路上的杀手》中的连环杀手主人公马丁·普伦克特认为他自己既是“其貌不扬的马丁”，又是“用裹尸布包着的移动装置”，一个邪恶的喜剧小说中的人物。詹姆斯说作家很容易发生分裂：“这是一个古老的把戏——分身。”

詹姆斯告诉我最近他热切地希望写出更多的关于历史的小说，少写犯罪小说。事实上，在短短的一年里，1991 年，他离婚了，又再婚，换了出版商，并且签了三本书的合同。我们的两次见面是我们双方都需要的。我知道我需要一个关于男孩记忆的好的故事，而詹姆斯可能需要一个震惊把他从老套中拉出来。填补一个 10 岁男孩记忆中的微小的洞，让詹姆斯暂时感到恐惧，但是这些情节也可以提供一种完成的感觉。从我们的童年记忆中提取信息常常具有帮助我们从陈旧的、固化的模式中解脱出来的力量。就像詹姆斯，可能我们可以向一个新的冒险出发了。

注释

1. J. Ellroy's first nine crime books are: *Brown's Requiem* (New York: Avon Books, 1981); *Clandestine* (New York: Avon Books, 1982); *Blood on the Moon* (New York: Mysterious Press, 1984); *Because the Night* (New York: Mysterious Press, 1984); *Suicide Hill* (New York: Mysterious Press, 1986); *Killer on the Road* (originally published as *Silent Terror)* (New York: Avon Books, 1986); *The Black Dahlia* (New York: Mysterious Press, 1987); *The Big Nowhere* (New York: Mysterious Press, 1988); *L.A. Confidential* (New York: Mysterious Press, 1990). A year after my interviews with Ellroy, *White Jazz* was published (New York: Knopf, 1992).
2. On multiple versions of the self, see R. Schafer, *Retelling a Life* (New York: Basic Books, 1992).
3. Donald Spence's book on therapeutic influences on memory— *Narrative Truth and Historical Truth* (New York: W. W. Norton, 1982)—is a psychoanalytic classic. It takes issue with Freud's metaphor of the analyst

as archaeologist, suggesting that what "really happened" in a person' s childhood is probably beyond reach of the ordinary psychoanalytic situation.

4. Studies on the amount, accuracy, and consistency of children' s memories are reviewed in R. Fivush, "Developmental Perspectives on Autobiographical Recall," in G. S. Goodman and B. L. Bottoms, eds., *Child Victims, Child Witnesses: Understanding and Improving Testimony* (New York: Guilford, 1993). Two of Fivush' s own studies of children' s memories are N. R. Hamond and R. Fivush, "Memories of Mickey Mouse: Young Children Recount Their Trip to Disneyworld," *Cognitive Development* 6 (1990): 433-48; and J. A. Hudson and R. Fivush, "As Time Goes By: Sixth Graders Remember a Kindergarten Experience," *Emory Cognition Project Report #135* (Atlanta: Emory University, 1987).

5. On omens, see L. Terr, "Children of Chowchilla: A Study of Psychic Trauma," *Psychoanalytic Study of the Child* 34 (1979): 547-623.

6. For a review of Robert Pynoos' thinking on childhood trauma, including the idea of cognitive appraisals and reappraisals, see R. Pynoos, "Traumatic Stress and Developmental Psychopathology in Children," in J. M. Oldham, M. B. Riba, and A. Tasman, eds., *Review of Psychiatry* 12 (Washington, D.C.: American Psychiatric Press, 1993).

   The psychoanalyst Ernst Kris offers an oft-cited instance of condensation in a preschooler' s memory in his paper "The Recovery of Childhood Memories in Psychoanalysis," *Psychoanalytic Study of the Child* 11 (1956): 54-88. This paper takes the position that the therapist should not expect to find the real truth in an early childhood memory.

7. Paranormal experiences connected with the *Challenger* explosion are in the yet unpublished portions of L. Terr, D. Bloch, B. Michel, J. Reinhart, and S.

Matayer, "Children' s Responses to the *Challenger* Spacecraft Disaster."

The occurrence of paranormal experience linked to trauma is explained and exemplified in L. Terr, "Remembered Images in Psychic Trauma: One Explanation for the Supernatural," *Psychoanalytic Study of the Child* 40 (1985): 493-533; and "Time and Trauma," *Psychoanalytic Study of the Child* 39 (1984): 633-66.

8. On time sense connected with traumatic events, see chapter 8 in L. Terr, *Too Scared to Cry* (New York: Harper & Row, 1990; paper ed., Basic Books, 1992).

9. The time problems that children exhibited four to five years after the Chowchilla kidnapping can be found in I. Terr, "Chowchilla Revisited," *American Journal of Psychiatry* 140 (1983): 1543-50; and L. Terr, "Time Sense Following Psychic Trauma: A Clinical Study of Ten Adults and Twenty Children," *American Journal of Orthopsychiatry* 53 (1983): 244-61.

10. On the gist of a real memory staying true while details go off, see L. Terr, "What Happens to the Memories of Early Trauma? A Study of Twenty Children Under Age Five at the Time of Documented Traumatic Events," *Journal of the American Academy of Child and Adolescent Psychiatry* 27 (1988): 96-104; and L. Terr, "Childhood Traumas: An Outline and Overview," *American Journal of Psychiatry* 148 (1991): 10-20. There is also considerable foundation for this statement in the Chowchilla studies.

11. On the railroad incident in Stephen King' s childhood, see his *Danse Macabre* (New York: Everest House, 1981), pp. 84-85.

The study correlating children' s closeness to violence with their free recollections of the violence is R. Pynoos and K. Nader, Children' s Memory and Proximity to Violence, *"Journal of the American Academy of Child and*

Adolescent Psychiatry 28 (1989): 236-41.

12. James Ellroy detailed his youthful career as a criminal for me in my second interview with him, in August 1991.

13. On all the defenses as means of forgetting, see G. Vaillant, ed., *Ego Mechanisms of Defense: A Guide for Clinicians and Researchers* (Washington, D.C.: American Psychiatric Press, 1992).

14. On James Ellroy' s trip with the *Rolling Stone* crew to the place his mother' s body was found: the piece about Ellroy, by M. Gilmore, was published in *Men*' s *Journal,* one of the publications affiliated with *Rolling Stone,* Fall 1992, p. 164.

    On "passive into active," see S. Freud, "Beyond the Pleasure Principle" [1920], *Standard Edition,* vol. 18, trans. and ed. J. Strachey (London: Hogarth Press, 1955), pp. 15-17; and A. Freud, *The Ego and the Mechanisms of Defense* [1937] (New York: International Universities Press, 1946), pp. 121-22.

15. "The recall of the past is hostage to the transference" : *Narrative Truth and Historical Truth,* p. 95.

16. Jonathan Kellerman' s quote is taken from the front cover of the Avon paperback edition of *Because the Night.*

8

寻找科尔基

早晨，我的邮箱里收到一封邮件，来自田纳西州孟菲斯一位电台脱口秀的主持人。然而他不是想采访我，他想告诉我一个关于他在寻找的东西——他自己的记忆。

罗斯·哈里曼 35 岁，妻子是苏珊娜，他们有两个儿子——大儿子彼特 5 岁，小儿子乔纳森 1 岁半。他的脱口秀节目在包括孟菲斯在内的 4 个州播放，时间是工作日的下午。

他写道，他读了两遍《吓到哭不出来》(*Too Scarced to cry*)。用了三天时间通读了一遍之后，他决定采取一些措施去探索他的过去。他有一大片记忆都丢失了，他几乎不记得他的哥哥。

"当我 4 岁的时候，"罗斯在邮件中继续写道，"我 6 岁的哥哥科尔基被一个醉汉司机撞死。我没有看到当时的事故，但是当我爸爸将这个消息告诉妈妈的时候，我听到了。科尔基死后的很多天、很多周的事，我都记不清了。关于科尔基，我也基本上没有记忆……但是我仍然能清晰地听到，当妈妈知道科尔基已经不在了的消息时，她难以置信的抗议声。科尔基同班同学叔叔的车子从他身上碾过去，当时爸爸在等候线后面等待。那天爸爸早回家，所以他去接科尔基放学。那个醉汉去接他的侄子，他把油门错当成刹车。看到车子开过来的时候，所有的孩子都跑开了，除了科尔基。科尔基背对着车子，被撞死了。我爸爸用衣服把科尔基的身体盖起来，然后回家来告诉妈妈。”

肯特和卢西尔·哈里曼通过体验“上帝的平安”来处理灾难，罗斯写道：“这并没有花很长时间。在葬礼上，他们有了‘上帝的平安’。当他们见到那个孩子的叔叔，告诉他，他被原谅了，他们就有了‘上帝的平安’。多年后我的祖父告诉我，他以为我父母服用了药物，他们在科尔基的葬礼上非常冷静，但是上帝并不是唯一帮助他们的人。虽然，我也在尽我所能。”

哥哥去世后，罗斯长大了，他说。他过去一直是个愤怒的孩子，现在他拿起哥哥的风衣。他变得合作，负责任，他会确保他的弟弟斯科特远离伤害。有几次当他谈到科尔基时，他会告诉别人，他曾经有一个哥哥被杀害了。他从未细说，从不悲伤。

罗斯的悲伤，本质上是对他长期被埋没的情感的回忆，当他开始养育自己的儿子，特别是大儿子的时候，这种悲伤回到了他身边。“我从来不知道我那么悲伤，”他写道。当罗斯的记忆重现，这种情感完全与事件分离。记忆有时候就是这样重现，虽然比脱离情感的事件出现的频率要低。

“我的大儿子彼特在他 4 岁生日时开始不讲话，那时候我才有意识地直视我的悲伤，”他的信中继续写道。“现在，这对我来说很疯狂，但是很多年以来我一直相信，4 岁的我还太小，对科尔基不了解，跟他不够亲密，不能对他的死亡哀悼。在彼特 4 岁时花时间陪伴他，看到他对我和我的妻子的依恋，对他弟弟、对邻居小朋友的依恋，让我对自己那个年龄段的信仰简直难以置信。”

罗斯知道彼特会记得他的弟弟乔纳森。他自己对于科尔基的遗忘在他身上留下一个黑洞。罗斯不仅为他的哥哥哭泣，也为失去了自己的一部分感到沮丧，因为他对科尔基的特征缺乏了解，对与科尔基有关的事件缺乏了解。简而言之，罗斯知道他已经丢失了一部分回忆。

在信的结尾，罗斯写道他已经开始寻找。他说他一直在给知道科尔基的人写信，他把这封信寄给了我。他参加了一个每周一次的男子团体治疗，在一次团体会议上，他对科尔基公开地表示悲伤。“但是我花时间悲伤，”他写道，“就像法老的军队在红海沐浴着一段时光。有一刻我在干燥的地面上，下一刻又被海洋吞没。他告诉我，他打算和他的父母谈谈。罗斯说：“我想复活我和科尔基一起埋葬的那部分自己。”罗斯希望自己复活。

罗斯的信提示我，失去自我记忆的碎片困扰着我们的生活。失去一段人生是怎样的感觉？如何开始找到这些记忆？在这些追问结束时，“完整”或“康复”会产生什么样的结果？也许我会直接从罗斯身上得到答案。我也会参考犹他州大学心理学家玛丽戈尔德·林顿的著作，她是一位寻找自己回忆的专家。我还会寻找自己早期的几段回忆，观察它们是怎样出现和消失的，即使它们不是特别的创伤。

五六岁的那段时间，我的照片看起来很严肃，卷发让人联想起雪莉寺庙，但是在我心里，我看不到自己。我的视角在普通成年人的腰部以下。我握着某人的手——肯定是我母亲的手。我看着一种牢笼，就是那种我从一个走廊的黑暗中看到的辉煌明亮的房间。我看着这个房间，就像看着饲养狮子和老虎的 200 个室内隔间。

在“笼子”中站立着一位年轻女子。她有齐肩的黑发，穿着一件心形领口的红色天鹅绒裙子。裙边是白色的，面料非常多，从她苗条的身体往外突出许多。她被人们围着，那些人对她的演奏赞不绝口。我刚刚听了这位年轻女子与克利夫兰交响乐团一起演奏小调中的《格里格》钢琴协奏曲。当我盯着这个“笼子”，我决定也要做一位音乐会钢琴家。

在我非常年轻的生活中，我还有两次看到类似的“笼子”，但是这些场合对我来说意义不大。我的叔叔们结婚，他们的新娘也站在辉煌明亮的房间里，穿着白色漂亮的裙子，被美好的祝福和吹毛求疵的人们包围着（礼服，面纱，是否选的合适？）。我没有进入这些房间。对于我来说，它们在那里只是被注视着，不是要进去的，但是我不以这些门槛对自己做出承诺，只有在钢琴家的“笼子”门口，我告诉自己，有一天这将是我。

在我二十岁之前，我遵守承诺并在几场音乐会上弹奏钢琴。我也穿漂亮的衣服，之后朋友来给我祝贺。然而，这些记忆不符合五六岁的人。这些是美好的时刻，也许是伟大的时刻，但都不是第一次那样的体验。现在我想起来，当我记住我的“笼子”的时候，我一定已经成为钢琴演奏者，否则，为什么要这么关心？我从五岁开始上钢琴课，所以这段记忆一定是在六岁，但这是推理，我不记得了。

我想到这个记忆的频率是多少？有时候，当我在克利夫兰时，记忆来到我脑海，特别是我遇到了一位钢琴家，她的名字是尤妮思・波蒂斯。长大后我们成为朋友，加入她所属的同一个专业音乐团。尤妮思偶尔还会与克利夫兰交响乐团举办室内独奏音乐会；她的钢琴生涯很非凡。听到《格里格》A小调协奏曲，是我以前的记忆在提示，虽然没有任何演奏听起来像我五六岁的“头脑”听到的那样好。也许这就是为什么在那段记忆中从来不是我亲自在演奏。

在20世纪初，弗洛伊德提出了“无知健忘症”这个概念，这个概念是为了解释许多患者掩盖了六七岁前的记忆。他还假定我们早期的回忆实际上是“影像回忆”，隐藏着琐事背后的重大情绪事件，例如，如果罗斯写信给我，他清楚地记得当他七岁的时候埋葬了一条小鱼，而不是以前他的哥哥埋的，这个关于鱼的记忆本来是一个“影像记忆”，代表着他对哥哥的葬礼的遗忘。[1]

这不是一个个例。科尔基的葬礼是关于科尔基的几件事之一，而这些事是罗斯记得的。“我记得科尔基死了。”当我见到他的时候，他才告诉我，“我记得葬礼，拥挤的人群，还有棺材，一个打开的棺材。我记得我向里看了一眼，看到他的脸，他躺在棺材里。他苍白的面孔，金色的头发，让我感觉很压抑，真的压抑，我感到害怕。我看到科尔基的尸体躺在那里。他穿着教会的衣服，他看起来好像睡着了。我觉得棺材里有花，他脸上没有表情……在我的脑海中已经看到过这一场景，我知道他在我的记忆中死了，我有一个鞋子的影像，他穿着黑色的鞋子，在我的脑海里我也能看到。

心理学家通过询问学生他们的第一次记忆，或者在一定年龄之前记住的任何东西，来研究早期记忆缺失的现象。[2] 这两种方法揭示了最早的可以被自然回忆的年龄大约在 3 岁半。罗斯 4 岁的时候，他哥哥被杀了。他本应该有关于活着的科尔基的记忆。

心理学家通过询问一些特定的东西，例如更小的同胞的诞生这样的问题，使检索早期记忆的任务更容易。当大多数人给予一个特定的搜索类别的年份时，他们可以回忆四岁半以前的事。在 1982 年的一项研究中，例如，女大学生能记得自己兄弟姐妹诞生的最早年龄竟然是 3 岁。当一个不同的心理学小组要求高中和大学生回忆肯尼迪总统的暗杀时，出现了这样一个现象，当这些学生在 1~7 岁之间经历这件事时，当时年龄在 3 岁以下的学生几乎不能报告关于事件的任何信息。当时 3 岁的受试者中有 1/3 的人可以回忆出那个事件，当时 5 岁的被试里有 3/5 的人能回忆起这件事。当时 7 岁以上的被试里超过九成的人能报告出记得这件事。

有时 3 岁以前人们就可以记住个人创伤，如绑架、虐待或同胞的死亡。在 28 个月之前有过创伤经历的年轻人中，我已经发现了一些口头记忆作为证据，这个年龄正是我的研究中记录在案的 20 个遭受创伤的儿童口头记忆发展的年龄分界。[3] 一个 5 岁的女孩告诉她的母亲，当她两岁去幼儿园时，“一个大男孩把他的生殖器刺向我的脸。”这个有嫌疑的年轻人在女孩说出真相之前就已经因为在同一幼儿园强迫很多孩子口交而被判定有罪。没有人曾经告诉过她有关虐待的行为，希望她能够幸免。一个 11 岁的女孩唯一可以记得的是她掉进了父亲轮船的马达里，被割伤了脸，后来被带进洗手间把血液洗掉了。当时她已经 23 个月了。

这些早期的记忆碎片不足以展现完整的记忆，以此来充分叙述发生过的故事，它们并没有诠释出发生事件中的关键点。事实上，在第一次听到一个“棍子在脸上”或一个洗脸的声音，这就和弗洛伊德的屏幕回忆一样微不足道。然而，这些片段是创伤的一部分。他们是与事件同时留下的创伤事件的回忆。大多数人可以在28个月之前发表恐怖记忆，只有在口头上才是双语或短语。当然，人们可以用文字图片来描述他们十分早期的视觉记忆。但是，如果不能建构任何一种叙事方式，事情将变得更困难，直到孩子们能够构建有意义的短语，他们才会形成叙述记忆。早期创伤的记忆在他们的头脑中采取替代形式。青少年发现这些记忆，他们担心与创伤相关的刺激。如果科西在罗斯两岁半之前就被杀死了，或许，罗斯可能会以行为而不是言语来显示他的记忆。孩子们活跃的回应他们隐含记忆中的可怕的事情。一个小男孩在20个月大时经历了母亲的割喉，他3岁时当看到一名急诊室的护士拿起橡胶手套“玩耍”时，他的反应是疯狂的尖叫。小男孩是因为他的腿需要一些缝合而在急诊室，他在看到吹起的手套时尖叫，其实反映了非语言但生动的视觉记忆，曾经另一名护士用了相同的手套，当时严重受伤的男孩太小还无法形成完整的口头回忆。当他来到我的办公室时，这个小男孩已经3岁了。他挑选了两个木偶，一只兔子给他自己，一只狮子给我。甚至在我们正式开始玩之前，一架玩具飞机猛地从我的陈列室伸出来，飞机的翅膀横过我的狮子的颈部。飞机“记得”这个男孩的非言语记忆。

人类中最有可能的两种记忆系统，一种是正在等待发展的婴儿词汇，而另一种已经发展得可以使用，因为婴儿会聚焦于他的眼睛，领会、感觉情感，并对其他人类做出反应。研究婴幼儿精神生活的精神病学家丹尼尔·斯特恩通过对婴儿傀儡剧院的实验表明，婴儿保留了几天的华丽木偶的心理图像，并在重新引入时立即以微笑回应他们。相对的，婴儿在没有更多的镇静作用的木偶的实验中不会这样做。[4]

当然，在后来的生活中，罗斯失去了科尔基，语言和非语言记忆系统都在工作。我们可以将3岁左右的口头系统称为明确的或有意识的系统。它通过导致海马和内侧丘脑的感觉途径运行，然后到大脑皮层进行协调和长期加工。隐性记忆较早出现，在解剖学上不尽相同，非常可靠。这就是为什么，虽然我们的父母与婴儿的关系没有任何话语，但是我们幼儿和幼儿阶段的这些旧的非语言备忘录通常预示着我们随着年龄的增长与他人的联系的力量。

在许多方面，弗洛伊德对他的婴儿健忘症假说是正确的。在3岁以前我们几乎没有叙事记忆。但是3岁之后，许多回忆都被保留下来，特别是如果他们反映了创伤或顿悟。同时，弗洛伊德关于6岁以上的遗忘症的想法是不正确的。他认识到，6岁以前的许多回忆都是如此大的冲突，因为从俄狄浦斯期起，他们通常是通过被压制而让意识受到保护。婴儿健忘症的这个方面得到了无数个儿童精神分析家和精神分析病例报告的支持。罗斯去了对科尔基的回忆，但是不符合俄狄浦斯情节。相反，这些记忆受到了科尔基死亡的伤害，他们本来可以记住，他们不会被婴儿遗忘症所覆盖。

有些回忆是无论孩子年龄多大都会被“忘记”的，因为他们一再经历无助的击打。在这项研究中，我做了二十次单独反复创伤的学龄前儿童的调查，其中创伤事件被外部来源所腐蚀，那些在其重复创伤发生时完全口语的儿童只保留了部分记忆。另一方面，在达到使用言语能力之后忍受创伤的那些单次受伤的孩子们能够全面地讲述自己的故事。

但是，罗斯并不是一个反复遭受创伤的孩子。因此，我认为科尔基有一个很好的机会在他脑海里重新出现。罗斯会给科尔基一些明确的回忆，也许罗斯思想中的回忆已经失去了与科尔基的联系。我相信罗斯可以找回他的回忆，他本能地知道如何去做。

玛丽戈尔德·林顿博士和罗斯·哈里曼有一个长的开端，[5]她多年来一直想弄清楚如何唤醒记忆。她是一位心理学家，研究自己的记忆过程。她的日常工作是用简短的文字记录下每天的故事、个人事件和人类事件。然后，她以特定的时间间隔对事件的记忆进行测试。当回忆出现在意识层面，她也试图记录她的回忆。她等待自然而然出现的想法，以及经过提示后出现的回忆。

林顿博士用很多方法观察她自己的回忆。她试图携带一个笔记本或磁带录音机，每当记忆被找回，可以把详细的内容和其他特性记录下来。她发现这种“记忆观察”不理想：如果她限制记录的记忆主题，她就会创造一个更容易的任务，但是损失了素材；如果她决定记录回忆起来的所有事情，保证自己不错过任何事，警惕性就会下降。警惕可能会产生自己的回忆，例如，“今天我花了一天的时间观察记忆”。

一般“记忆观察”根本做不好。心理学家写道：“经过一段时间，我简直忘了做记录。”然后她决定只做记录，“自动出现的想法。”当内心平静的时候，自动化的回忆就会出现，是作为其他信息的内部搜索的副产品，或选择主题，然后精神上“浮动”而不是仔细搜索。林顿博士自动化的记忆是相对简单的，嵌入在“类似于结晶的情绪”中。

林顿博士接近自由联想的精神分析技术，这是弗洛伊德在职业生涯早期发展起来的技术，帮助患者检索以前无法回忆的记忆和情绪。沙发，这件家具，让来访者远离他的分析师，让他的想法浮出水面，对于自由联想来说这不是绝对必要的。想法可以在摇椅上或长着仙人掌的沙漠中漫游。其实，一个人的想法会漫游，随着眼睛看着另一个人的手指来回晃动而漫游。这些思想的漫游，对于重新找回旧记忆，寻到梦的意义，重新发现强烈的早期情绪都非常有用。注视自己的创造性作品，例如，一首诗或一幅画，可能会有同样的效果。自由联想将一些片段带入意识层面，旧的感觉和旧的记忆的片段。

玛丽戈尔德·林顿还使用三种类型的提示来检索记忆：“时间提示”、“直接提示”和“线索提示”。当她给出时间提示进行记忆搜索时，她问自己：“去年 1 月份我在做什么？”或者“去年发生了什么，从年头到年尾？”实际上，林顿博士已经要求自己记住一年中她能想到的一切。她问自己一个月的所有记忆内容。在与孩子的工作中，我注意到他们使用假期、学年的特别时间以及他们自己的生日来帮助他们记住重要的事件。通常早期的记忆被标记为“我生日之前的几天”，或者“当我们去肯塔基州旅行时”。大概从5岁开始，孩子们喜欢自己的个人日历。个人日历可以帮助组合他们的记忆。

林顿博士发现，超过两年的成年记忆直接提示比时间提示更容易被召回。她指出，当她搜索较旧的记忆时，她经常会用一个日期来表达某种类型的工作。在对一个人的童年时期进行个人记忆搜索时，可能会问的问题是：“记得一年级以来的老师吗？班上发生了什么事？”或者“记得亚当斯大街上的邻居吗？”当涉及类别和时间顺序的问题一起被问到时，搜索就变得更加容易被管理。

线索回忆通常来自个人以外。去你曾经做过某些事情的地方，会带回一些记忆。品尝某种小甜点，可以回味起初次品尝甜品的日子。健谈的人以同样的方式带回记忆，通过线索。“记得古老的医学院的那些陡峭的露天剧场吗？”查理·达文波特是我密西根大学的一位朋友，他问道。突然之间，记忆出现在意识层面，有一位同学在走道上睡着了，从台阶上一路跌倒在教授脚下，我们都笑了。

线索回忆是玛丽戈尔德·林顿最简单的记忆检索方法。看她去年画的一幅画，或者从她的笔记中阅读一个简短的小插图，常常带来插曲本身有效的识别。虽然事情没有存储在海滩的快照中，甚至没有存储在家庭婚礼的录像中，但是图片经常释放出一段回忆。这就是为什么人们经常在失去家庭照片和纪念品时表现出痛苦，例如1993年中西部地区的洪灾之后。我们需要这些识别刺激来帮助我们找回我们的旧回忆。没有老回忆，我们莫名其妙的不完整。罗斯有什么老照片吗？他到父母的房子去看过吗？我有兴趣了解更多。

我去拜访在孟菲斯的罗斯。我去那儿，是因为我希望见到给我写这封动人信件的人走出忧郁。而且我去，是因为我被他自己寻找科尔基的举动而吸引。一个人如何试图了解一个已经死了31年的人？

我们在附近一家安静的餐厅二楼见面吃午饭，没有人与我们在一起。当罗斯和他广播电台的同事们想在电台外采访时，就会使用这个地方。但是今天角色转换了。我是脱口秀主持人，罗斯是受访者。我们点了意大利千层面、冰茶和山核桃派。罗斯说，这里的食物很棒。

在我作为作家的职业生涯中，罗斯是我遇到的看起来很像电台名人的人。不如电视新闻记者那么帅，他们看起来总是和蔼可亲，蓝色休闲牛仔裤，没有人必须在电台节目中打领带，他们也是愉快和容易交谈的。罗斯看起来就是这样：红头发，长着雀斑，很瘦。他看起来很年轻，脸蛋光滑大概两三天刮一次胡子就可以了。我们吃了一会，他明亮的蓝眼睛充满了泪水，可以“淹死法老的军队”。罗斯打开了一个旧伤口。关于科尔基的话题，谈话节目的主持人几乎没什么话说。

罗斯在华盛顿特区长大，先是在乔治城，然后在马里兰州的银泉城。他的父亲为华盛顿报撰稿。罗斯记得第一次因为科尔基哭是20岁那年，在威廉姆斯学院读二年级。他回到银泉城过周末，听说他的弟弟斯科特在泰国陷入了邪教。家庭教会——浸信会圣会，为斯科特举行了一个祷告会。“你知道，”罗斯说，“真正的宗教信仰是可以的，但不是那种邪教信仰。教会里的每一个人都为我的兄弟能够重新回来而祈祷。我被情绪压垮了，所以我站起来出去散步，但是当我到外面的时候我就哭了起来。”

罗斯在为谁哭泣？为斯科特还是科尔基？还是在为自己哭泣？显然，他哭的第一个人是斯科特，但罗斯也放开了，同样也因为科尔基。第二个兄弟的损失替代了第一个的部分，而且它也代表着罗斯本人的重要但未被承认的丧失。

哈里曼夫人聘请了一名侦探去找斯科特。他们一起前往泰国，在美国大使馆的帮助下，把他带回家。科尔基生命的回音在罗斯心中安静下来。但那一年，在威廉姆斯他变得越来越不舒服。他开始信仰佛教，留着长长的头发。因为对自己的身份感到困惑，在大学咨询中心寻求帮助。四次会谈之后，治疗师告诉罗斯，他准备搬到哈特福德，罗斯需要转介给另一位治疗师。当罗斯准备离开时（又一次因意外的损失而变得脆弱），咨询师对他说："你哥哥的死亡对你的影响，比你觉察到的要多得多。"

"他那样说的时候我记得我哭了，"罗斯咽下第一口意大利千层面时说。"然后，就噗的一声走了。我没有再回去接受治疗，就这样。但是，让我惊讶的是当我哭泣的时候我再次感受到了科尔基。我对于哭泣的感觉感到惊讶。"

罗斯受到了另一种如同洪水一样的情绪的冲击——不仅是因为他失去了治疗师和一个兄弟，而且还丧失了一部分自己。在大学二年级结束时，他通知了他的教授，他要离开学院——"我真的对那里没有兴趣了"。他空出来之后的一年，去亚洲旅行了几个月，在家里画奇怪的画，还有工作。第二年他转学到明尼苏达州的一所小学校——圣奥拉夫学院，在那里他遇到了苏珊娜。他毕业于 1979 年，之后在杜克完成了两年的通信研究生学习。他和苏珊娜于 1981 年结婚，他在佛罗里达州迈尔斯堡的一个电台做点播秀的工作。四年后，他在孟菲斯建立了自己的谈话节目，他的孩子们也出生了。当彼得到了要上幼儿园的年龄时，罗斯突然意识到他丢失了什么。彼得几乎每天都讲述朋友们的日常事件，也会跟保姆闲聊。一次，乔纳森从后院跑到街上，彼得把他带回来。年长的男孩说了很多次，彼得记得他的同胞死亡的事情，罗斯意识到，他一定是在自己的童年时期出了一些问题。

拥有自己的孩子是一种可以唤起自己童年回忆的有力线索。在国家地理杂志的照片中，阿富汗的一名婴儿正在吮吸母亲的乳房，反过来，这个母亲又在吮吸着一条搭在肩上和头上的毯子。母亲生动地"回忆起"做一个婴儿应该是什么样子，真正体验到自己的婴儿，能帮助她触碰到她自己遥远的童年，哪怕只是一部分。

在罗斯决定寻找他对科尔基的回忆不久之后，一些记忆的碎片出现了，当时他坐在孟菲斯的书房里。"有一个简单的影像，我像一个小孩一样坐在床上，"他告诉我，"这是我们在乔治敦的房子，一定是科尔基死亡的那晚，或者是第二天晚上。我记得看着一张空的床，感觉特别地悲伤。"

“最近我打电话到查塔努加——我父母退休的地方。”他继续说，“我问妈妈床在房间里怎么摆放的：你还记得是什么样的吗？然后妈妈的描述基本上跟我记忆中看到的一模一样。两张平行的单人床，她说，‘是的，有一张床在那里空了几个晚上。’……妈妈说，在葬礼上，我们的一个亲戚来了，不知怎么的他们开始谈论睡觉的情况和空着的床，这个亲戚很愤怒说，你知道吗，‘你怎么能让罗斯睡在这个空的床上呢？’我妈妈也立刻注意到这一点，‘当然，当然，’当天我被搬去了我弟弟斯科特的托儿所。最终他们把科尔基的床搬走了，然后我搬回了我的房间。”

罗斯知道他已经恢复了真实的记忆；他的母亲肯定了这一点。两张床的记忆不是屏蔽记忆，代表着儿童内部冲突的相关内容。相反，它是一个真正的创伤经验的片段——科尔基的死亡。

玛丽格尔德·林顿不使用家具定位作为自己记住过去的策略，但这是有帮助的。我发现，让我的病人画出老房间、旧的后院或者教室的地图，会带回他们的许多记忆——特别是创伤的记忆。一个人画了一幅他一直记得的场景，当他是一个小孩时，他的父亲威胁要把他从公寓的阳台上扔出去。当他画的时候，他第一次回忆起，他的母亲在场。他可以看到她脸上的恐惧。她一直在那里，而他爸爸没有意识到。他发现关于母亲反应的想法有安慰作用。罗斯也是通过绘制他 4 岁时睡觉的卧室，捕获了他过去的一些东西。这是一个非常有效的技术。

空间记忆是对我们以往回忆的最佳切入点，不仅仅是对冲突事件的回忆，也是对童年时期更多平常故事的回忆。在心中重建以前的房间，让我们“看到”旁边那张空着的床，那扇敞开的门，还有那个站着的人。哥本哈根大学的神经科学家本特·古斯塔夫森和霍格尔·威格斯特鲁发现，海马体通过相对简单的突触前和突触后连接来处理空间记忆。[6]空间记忆可能被处理过，实际上，是被处理情景记忆的相似海马细胞处理的。我们可以在纸上绘制地图或者在心里跟随童年的自己，比如我们沿着小路前行，走进一个地方，上学，回到我们的老厨房，可以从我们自己的记忆中重新发现许多真实的回忆和真实的感觉。

例如我可以对自己说，“画出 5~12 岁之间睡觉的卧室”，我可以看到我的单人床靠在房间的左侧墙边。当我躺在枕头上，我看到一个粉红色的卧室，樱桃木家具。我妹妹鲍比的床和我的床中间有一个小床头柜。我可以记得我的脚滑进床和墙壁之间的黑暗裂缝的感觉。我可以看到鲍比和我把床当作蹦床跳来跳去。我可以看到我的弟弟罗伯特，那时他还不到 1 岁，在鲍比和我的“帮助”下在床上玩“杂技”：“超级宝贝，嘿！超级宝贝。”我仍然可以听到那个反复欢唱的节奏。我记得，几乎就像协会一样倒向一边，鲍比和我，我们的头碰在一起，身体碰到墙上，并发明一种我们两个人都不能理解的神秘语言。

我的卧室回忆是普通的童年回忆。但是，作为珍妮·司马欧 1991 年小说《千亩》（*A Thousand Acres*）的叙述者和主演，金妮躺在她长大的爱荷华州的卧室里休息一会儿，在她脑海中突然出现的回忆绝不普通。金妮已经进入了她生命的中间阶段，她让读者感到惊讶。“在这里，我知道他在我身边，父亲和我躺在那张床上，我看着他的头顶，棕色的灰白头发有些秃顶，我感觉到他吸着我的乳房，这是我哭着从床上跳起来之前的唯一记忆。”这些记忆隐藏在一个地方——在这个案例中，在童年的床上。我们许多好的或坏的回忆都隐藏在这样的地方。

1967 年，小说家弗兰克·康罗伊写了一本名为《停止时间》（*Stop-time*）的自传，描述了自己的困难和创伤的青春期。像珍妮·司马欧的金妮一样，康罗伊使用定位线索和可视化来重新发现他的童年。《停止时间》里有一个场景，康罗伊让“这个男孩”（他自己）去看望一个以打渔为生的表弟。1992 年 2 月，我听说康罗伊在美国旧金山举行的“记忆保持的会议”上描述了这一幕，这个会议由美国精神病学家学会主办。[7]“你想带这个男孩去他表弟正在玩耍的海堤。”他说。“男孩骑自行车到那里——今天我仍然记得的那个房子和海堤，所以我写了这个场景。我不知道还能做什么。很突然，我还是要完成这一章……所以，我心里关注着这幅画面，视觉的心理表象，我让男孩们从海堤回到房子里，好像我身后有一个照相机，我看着男孩们走向房子。然后，我心里的关注点实际上是门的上半部分。门打开了，没有人通过它！然后相机平移到门的底部，一只黑色可卡犬把门推开了。'上帝呀，'" 我对自己说，"没错，他们有一只可卡犬，黑色的，它的名字叫影子。"

弗兰克·康托在门和狗的地方结束了《停止时间》章节。但是，这两幅图像也完成了作者自己记忆之书的一个小章节。他说，"这是我能信赖的记忆，就像看经典事件。" 康罗伊还说，在写《停止时间》之前，他的过去对他来说已经"很模糊"了。他说，"这个年表全是错误的。回忆是分散的，但是专心致志地写作将过去带了回来。"

将回忆记录下来增加了恢复记忆的可能性。玛丽戈尔德·林顿生活中保存了对这些事件有详细记录的期刊。一组新的记忆通过书写或录音带创建。第二组——书写，讲述，检查——加强了原来的认知（并且有时会改变它们）。那些持续阅读学术期刊或速记本的人比不看的人有更好的记忆能力。记忆形成过程中涉及的功能越多，表示这个记忆的大脑中的区域越多。

平原印第安人[8]——我希望还有——传统的记录和保持他们记忆的方法称为冬季计数。每年冬天，一个人会在一张大水牛皮上涂上一些象征着他认为是今年最引人注目的事件的东西。随着年数的增加，冬季计数增长。每年在冬季计数的基础上被命名，例如"多牛之年"或"少水之年"，但来自大平原人也可以通过按时间顺序和明确的方式看他的冬季计数，记住自己的生活事件。

当彼得 4 岁的时候，罗斯去了查塔努加外面的卢考特山，去远足和思考。他决定去拜访他的父母，他的父亲退休后从西尔维娅搬到了查塔努加。几个月以来，罗斯因为科尔基心事重重。他为什么没有更了解他？他们如何一起行动？他在一些家庭相册中看到自己和科尔基还是孩子时候的照片，但这些照片似乎没有唤起任何叙述的回忆。这个时候他会说出来，不是看照片，他跟自己说话。

“我坐在一块石头上，晒黑了自己。”我们吃意大利千层面时，罗斯对我们说。“我想着可以对朋友们说些什么。我可以告诉他们，我要去徒步旅行，然后在回家之前去看望他们。在树林里，我的头脑总能慢下来，我可以听到水声和风声……当我从卢考特山下来的时候，我知道我想做什么，但我的父母不知道，这对他们来说是一个真正的计划。”

罗斯需要让父母回忆他。他渴望回忆，甚至是别人的回忆。“我们开始闲聊，”他说，“然后我们开始谈话，就是一般的谈话，当科尔基还在时，关于我们一家人的回忆。妈妈开始谈到她的回忆，科尔基死亡那段时间。”罗斯问妈妈，她印象中他和科尔基的关系怎样？她说，他和他的哥哥并没有分开，罗斯总是紧紧地跟着。

“他们有一个大的老餐桌，妈妈坐一端，”他说，“爸爸坐另一端，我在中间。妈妈提到一点，科尔基死时我没有哭——她一直很惊讶，我没有哭。她回忆说，我只在第一个晚上说想念科尔基，以后再也没有说过。然后她说我可能年纪太小，不了解他的死亡。因为这个，我立刻跳了起来，我刚刚走神了？‘不，不，我想对于他的死我一定很震惊。’对我来说这是一件大事，对她来说这也是一件大事。而且你知道，她没有反抗，如果她不喜欢一些事，她会反抗。妈妈没想到我会感谢科尔基的死，而且我的一生，每一件事，都是围绕着它而建立的。我特别感谢！”

这是两个独立的故事——妈妈的故事和罗斯的故事。两者都是真实的回忆，但直到那一刻，大家才听到别人的想法和感受。在听到哈里曼家的这些餐厅小插曲，我几乎可以感受到激动的情绪。这是三个聪明人，没有什么可隐藏——没有乱伦，没有残忍，没有酗酒，没有打架——但罗斯回家让大家一同回忆，扰动起特别的情绪。罗斯意识到他的父母在讨论科尔基时潜在的情绪消耗，但是他要了解科尔基的需要，超过了保护自己和父母从远离痛苦场景的需要。

他说，罗斯和他的母亲“泪眼模糊”，科尔基的死对他影响很大。“我的爸爸也在聊天。他谈到，当科尔基被撞时，他有强烈冲动要立即回家，告诉我母亲发生了什么。他说他上了车，把科尔基的尸体留在学校，回到了家中。我记得，这是我一直以来的记忆——站在起居室的远端，就像冻结了一样，听他们说。”

在查塔努加的餐桌上，当父亲开始分享痛苦的时候，他看到他的儿子被压碎的身体，罗斯觉得自己的情绪好起来。“我可以感觉到这一滴泪从我的脸颊滑落。”他说，“我想知道爸爸会做什么——因为这是一个新开始，我哭了，但爸爸一直在说话，不久，我真的哭的很伤心，然后就变得荒谬了，他去拿了一些纸巾。那是爸爸，总是很实际。不久之后，我面前有像小山一样有一小堆湿透的纸巾。”

当他的儿子哭泣时，罗斯的父亲说话越来越快。罗斯的母亲来到桌边，把手放在罗斯的肩膀上。但是那一刻，哈里曼家的记忆全都跑出来了。他们放弃他们习惯性地让他们感到舒适的想法——有了新的想法，科尔基活在其他的地方，在上帝的手中。罗斯终于从眼泪中抬起头来，意识到他的父亲已经不见了。“爸爸没有什么可说的，”罗斯说。“他不能再跟我们在一起了。”

像查塔努加餐桌上发生的情境，在家庭生活中并不常常发生。罗斯在年老的父母身上扰动了强烈的情绪，听到他们每个人的故事，并将他们与他自己的比较。他发现每个人都有一个不同的故事，但这些故事很好地融合在一起，他们证实了罗斯自己的记忆片段。罗斯发现，对于父母的回忆版本，他能够开始修饰自己的反应。他曾经对科尔基很关心，他告诉父母。当他还是孩子时，关心改变了他的一生。几乎一夜之间，科尔基的一个坚韧的小竞争对手已经成为斯科特的小父亲。对罗斯来说，一切都改变了，现在他的父母知道了，他们更了解罗斯了，他知道他们知道。

虽然分享记忆的经验可以强烈地让人感动，但是它具有外部确认的可能性，并有机会重构我们的记忆——寻找新的重点和理解。这就是为什么一些治疗团体——特别是那些具有特定方向的治疗组织，例如创伤疗愈的越南退伍军人团体或乱伦幸存者的团体——为其许多成员工作得如此之好。

当罗斯在查塔努加时，他告诉他的父母，他正在用各种各样的方法寻找对科尔基的记忆。他告诉他们他的信件和他的男子团体，他们觉得这些可能有帮助，他们给了他几张科尔基的老照片，这些也许有帮助。当专业记忆搜索者玛丽戈尔德·林顿寻找她的记忆时，她使用了层次结构。这与罗斯正在做的很不一样。林顿博士的想法从情绪色彩（她将其称为“负面”或“正面”）到不同主题（工作记忆、社会记忆、亲密关系记忆），以及所谓的“扩张”，或标签（“我在犹他州工作时”，“我在研究生院时”或“我的亲密的朋友”）。林顿认为，这个标签是她最有效的刺激方法，从成人生活开始自由联想。最后，她专注于回忆的细节——颜色、声音、纹理和确切位置的细微差别。

当然，玛丽戈尔德·林顿也不是寻找创伤性的童年记忆，她只寻找作为成年人发生的事情。但罗斯也不是在寻找创伤性的记忆，他已经有了创伤记忆。他在客厅里无意中听到的可怕谈话，他对空的床的记忆，科尔基的打开的棺材——这些都是创伤性的记忆。罗斯正在寻找关于科尔基的简单记忆，每一天普通的事情，这是玛丽戈尔德·林顿发现的，要做一个林顿式的搜索，罗斯必须想到关于科尔基的积极的事情，就是“玩”主题，例如当他们从乔治城的哈特韦尔学院返回时（罗斯去了学前班，科尔基去了学校）或周末。那么他就不得不转移到细节——谁，什么，在哪里和其他定义的内容。

在 1986 年的一篇文章中，林顿博士解释说，她如何测试自己在 1971—1983 年之间写的长篇自传体记忆记录，在此期间，她把每件发生在自己身上重要的事情都用两三行字写在提示卡上，她每个月检查自己的记忆一次，她将卡片打乱，尝试回想事件并尽可能详细地描述。[9] 十二年后，她用十二年来所发生的事件测试自己。林顿发现，只有大约 1/10 自由联想的记忆是消极事件，其余的不是中性的就是积极的。自由联想中最有可能被忽略的记忆是她所认为的“日常事件，比如与亲人的争吵，与同事的分歧，对负面评价的第一个痛苦的回应，一个破碎的珍宝”。她也忘记了某些负面工作事件。然而，负面回忆并没有完全从犹他州研究人员的想法中消失，通过提示卡的回忆线索，她可以很容易地重新获得负面回忆的日期和独特的特征，就像回忆积极事件一样容易。换句话说，自由联想阻止了意识中的许多负面信息，心理动力学的临床医生会说林顿博士的负面回忆被防御所阻抗。在某种意义上，林顿对自己回忆的研究非常接近“证明”压抑。

当然，像罗斯这样的创伤也是一种非常特殊的记忆。在十二年时间里，玛丽戈尔德·林顿的记忆清单不存在任何个人的创伤事件：她 1986 年的论文摘要中没有提到任何相关内容。在林博士的记忆中，创伤——特别是单次无重复发作的创伤，比“日常生活中的琐事（比如争吵）”更不容易发生，创伤突破了普通防御。罗斯的创伤确实如此，但他想要的是剩下的——日常的东西。这就好像创伤这颗炸弹炸出的弹坑并不是在炸弹落地的地方，而是在一公里以外。

罗斯对科尔基的回忆是否会因为时间久远而消失？圣地亚哥退伍军人管理医学中心的拉里·斯威尔博士，在有机遗忘的人中，非常远的记忆可能会持续存在，而最近的记忆被抹去。以前的回忆显然在形成后多年“重写”了，罗斯对科尔基的回忆，即使在科尔基去世后被罗斯压抑，被重新处理，但是他们不会被丢弃或遗忘。

玛丽戈尔德·林顿观察到一旦她的记忆超过两三年就会改变。“重写”记忆就会出现。她发现在她原有的记忆中出现了“重点转移和批量删除”。根据她自身生活的持续延展，这些记忆有的变得越来越重要，有的越来越不重要。一个事件的显著性（当时多么的具有情感冲击力或多么的重要，或者多常被谈及），开始决定人能否自如地回忆起其过程。消极记忆被扫到一边，混合事件两年后开始分裂，经常不占主导的项目完全脱离了自由回忆的范围，元素和细节都丢失了。林顿博士的案例中，开始不重要的事情——与一位害羞的学者见面，在几年后变得十分重要，因此她和他结婚了。

但是，一些长期没有被想起的事情会自发地出现在脑海中，玛丽戈尔德·林顿发现。而这就是罗斯可能可以重新找回科尔基的希望。

女服务员端走了意大利千层面，并端来了山核桃派。罗斯告诉我，他记得回忆科尔基的最大突破是他收到的一封信，回应他要了解信息的请求，这封信来自科尔基幼儿园老师德安娜·伍德。“显然，科尔基是真正的宗教信仰，”他说，“我想我的家伙说他是虔诚的，现在我想到了，但德安娜告诉了我细节。科尔基去世的那一天，他们开了一门公开的艺术课。她已经提供了稻草、剪刀和胶水，并告诉孩子们可以做任何想要的东西。科尔基做了三个十字架，并把它们放在一个小山上。他说中间的那个是耶稣。那天，德安娜也走过去，问孩子长大后想做什么，科尔基说他想成为一名牧师，他将要当一名牧师。”

这是罗斯从来都不认识的科尔基的一面。在这里他的哥哥还活着，没有死，做着十字架，想着耶稣。老师还报告说，在科尔基去世前的一周，哈里曼太太已经有了一个醒目的愿景。她看见耶稣来到她身边，除了在墙上打开一扇门，什么也没说。

罗斯说不下去了，他被强烈的情感拉走。这个比喻用得很好的男人明白什么是“开了的门”，他眼泪滴落，“这是所有处理方法的一部分，”他终于开口说，他也评论了他的家人如何用宗教作为替代品，替换了对科尔基更现实的缅怀。如果他将母亲的故事与他弟弟的幼儿园老师的故事相结合，他可能会创造一个混合物，使科尔基的死成为基督故事的一部分。但他感激这些简单的故事：科尔基就在这里，在德安娜的记忆中还活着。

“德安娜还告诉我，科尔基去世前一周，那个班的同学们去了华盛顿动物园。妈妈在那个星期生了斯科特，正在恢复，所以她一直没有精力照顾我。我跟着一同参加了班级旅行，德安娜说。她在信中写道，妈妈对我们去动物园感到特别焦虑，害怕。”

罗斯突然停下来。“这很有趣，”他说。“当我说的时候，我有一个记忆。我看到了那个动物园！我能记得一只大象，他的象鼻伸出来了，而且吸到我的头还是什么其他部位。我记得我感觉很害怕，但是我不知道这和德安娜信中写的旅程是否是同一次。“记忆就发生在我们吃午饭的房间里，这让我们有点吃惊。”

罗斯吃了一些山核桃派，喝了几口冰咖啡。我想，他橙红色的头发也许很容易吸引大象。他拿出一张他和科尔基的黑白老照片，默默地给我看。两个可爱的小男孩，穿着黑领的条纹保罗衫。两人都有上翘的鼻子、光泽的短发和灿烂的笑容。他们站在一幢漂亮的乔治城的老房子前。科尔基的头发很白，看起来就像一个光环。

罗斯告诉我，他也给福特一家写了信，他们的父亲在华盛顿做新闻记者时就是朋友。“紧接着福特写了一封回信，他们谈到了一次海滩之旅。是什么海滩呢？也许是弗吉尼亚海滩。他们谈到科尔基和我在沙丘上玩耍的情景，脖子里绑着毛巾，从沙丘上跳下来。回忆再次触动了我的心弦。”罗斯笑了。“我可以通过某种方式看到这幅景象，”他说，“但在我的脑海里，我没看到科尔基，也没有看到福特家的孩子们。这个沙丘很有趣，我喜欢从沙丘上跳下来，我反复地跳上跳下。你知道特拉弗斯城附近的睡熊沙丘吗，在西密歇根州？如果沙丘足够陡峭，你可以飞起来。”

现在罗斯回忆起他玩的一些简单的性游戏，在乔治城房子的地下室里，与几个稍大的邻居女孩（也许是五六岁的孩子）。

“在你的记忆中感觉如何？”我问。

“不好，”他说。“我感到内疚。”

罗斯的这段记忆从来没有丢失，但在这一刻，他能记得上楼去吃晚饭，

“我猜想，是否我会被训斥，是否我会被抓住，我向自己保证，永远不会再做这样的事。我的家人在厨房里，还有其他人也在那里，似乎是一个孩子。那里没有高的椅子，所以不是斯科特。那感觉绝对是我的家人，你知道的，只有我的家人。”

我告诉罗斯，肯定是科尔基，科尔基还活着。

罗斯看起来很激动。是的，就是科尔基。对于记忆来说，足够了吗？有人在那里的感觉？

当然是。对于记忆来说足够了。我告诉他，记忆存储器遍布整个大脑——不仅是在前额叶皮层，而是遍布整个大脑。一个人出现的感觉如同脑海中的图像一样，是一段美好的记忆。

罗斯找回记忆的尝试并不都是成功的。他尽可能地让头脑记住——“全神贯注，全神贯注”，他会说。但是他越努力，越多的记忆离他而去。而当我们“侧身思考”时，记忆便会浮现。如果一个人放松，让思想随意漂移，这些记忆更有可能浮现。与催眠一样，放松思考，视觉化和自由联想对于恢复记忆普遍有效。除了广泛性遗忘的情况外，比起自由联想，阿米妥钠影响下的提问通常没那么有效。

铅笔和纸（或计算机）对记忆帮助巨大，无论是记忆的存储还是输出。罗斯给迪安娜·伍德、福特一家和我的信就是一个这样的方法。日记则是另一种。写自传可能是最好的一种方法——尽管在这样的工作中，常常强调戏剧性用来制造兴趣，当然它也会改变记忆。如果一部自传本身的节奏就是生活本身的步调，就没有人会读它。马塞尔·普鲁斯特的《追忆逝水年华》来自某些特定的记忆，用大量的篇幅介绍它们。普鲁斯特花了整整30秒吃掉一个玛德琳蛋糕，并且，对于玛德琳蛋糕的记忆使得小说中的人物——斯旺，多年不变地喜爱这种蛋糕。时间和重点的弹性是故事讲述者的特权。当我们讲述我们自己的回忆时，我们被授予相同的特权。但是，正如我所指出的，这个故事在诉说的过程中失去了准确性。甚至当我们把故事讲给自己时，它也会失去准确性的。

许多记忆始终以碎片的形式在我们脑海中保存，除非我们通过讲故事扩展它们。罗斯·哈里曼突然看到一只大象，是在告诉我一次动物园之旅的片段。他感觉到他哥哥在厨房里，是在告诉我他与几个小女孩早期的性遭遇。就这一点而言，我记得几年前与保罗·威尔逊的一次对话，在新奥尔良奥斯堡的一个酒吧，这位老朋友是来自华盛顿特区的精神病学家。我们每个人都从叙述儿童早期的一段记忆开始，为了说明它们真的很重要，我们详细阐述了这些记忆。我记得当时我躺在祖母的怀里，她试图将热的液体强行往我的嘴里送。保罗记得当他穿过一座桥时，他被某人抱在怀里，盯着天空。这是我们真实记得的部分。但是随后，我们告诉对方扩展后的故事，我们的家人提供的故事，这个故事是当我们年纪足够大，我们告诉家人我们的记忆时，家人提供的故事。正是这些扩展的部分给实际记忆带来了意义。

我 11 个月大的时候，我们家从纽约搬到了克利夫兰。我的父亲，一位在经济大萧条时期苦苦挣扎的艺术家，他不能再负担我们的生活了，我母亲在我祖母的陪同下带着我乘火车去了克利夫兰，在那里她的家人将暂时为我们提供住所和食物。我听说，那时我在火车上表现得非常糟糕，一直哭。我的母亲认为我感觉要离开我的父亲，那时我很爱他。为了让我平静下来，俄罗斯出生的奶奶拿出一勺茶放进我的嘴里——这件事我的母亲也记得。“小宝贝，喝茶，”她说。那时我听得懂这些话吗？我听不懂，但我仍然听到一个声音在说这些话，这与记忆有关。

保罗·威尔逊的记忆更加奇异。像我一样，在记忆中保罗只有 11 个月大，保罗与他的传教士父母带着他们所有的财产跨过了一座桥，逃到中国一个安全的地方。当时是 1937 年，日本人来了，保罗一家人为了保命而逃离。然而，他的实际记忆是——被抱着，盯着天空的片段，与我被祖母拥在怀抱中的记忆相近。这两个回忆都涉及离开家园，都涉及深刻的婴儿的不适感。一个涉及很大的危险，一个涉及父亲的暂时缺失。因为一个婴儿的大脑还未充分发育并且语言功能差，表面上看，这是无关紧要的片段——两个婴儿在别人的怀抱中抬头看着天空。

我们最早的记忆方式就像保罗的和我的那样，罗斯的也是。它们只是一点点。通常我们必须告诉别人，才能看到它们的意义。而且我们也必须对记忆进行联想——围绕这个想法，思想随意漂移。我们分享彼此的故事，吃了牡蛎，保罗和我更多地了解彼此。（事实上，如果可以的话，那天我决定去研究婴儿的创伤记忆。）罗斯和我谈着话，吃着烤意大利千层面和山核桃派，他开始看在他活跃的早期记忆中科尔基存在的意义。科尔基一直就在那里，在动物园里。科尔基也一直坐在厨房的桌子上。罗斯在科尔基死后就把他从自己的记忆中删除了，就像拉姆西斯二世在纪念碑中删除了其他法老的装饰圈那样。

罗斯已经储存了他曾经以为他一直记得但最近又开始疑问的事件。

"这是关于我哥哥和邻居马克斯·蔡斯骑自行车爬山的记忆。"他说，"我在后面（什么？我小两岁？）我在自行车上朝着他们大喊，'等一下！等等！等等！'这是一段生动的记忆，从我记事起我就一直记得它，但是我和我的妻子说起这段记忆，几个月后，确实是。我再一次回忆我自己组合起来的科尔基。苏珊娜有点滑稽地看着我，说：'你知道吗，你母亲在我们刚结婚时就告诉我们这个故事了。'我很震惊！我不记得我妈妈讲过这个故事。"

记忆的确表明了科尔基和罗斯之间的关系，证实了一个爱出风头的小弟弟在追赶他的哥哥的影像。但罗斯并不确定他是否能记起他之前已经遗忘的这段记忆。我对他说，"你妈妈讲的故事并不一定说明你的记忆是错误，也许你妈妈看到你做了同样的事情。"

罗斯看起来充满疑惑。

"你能记得你在记忆中的位置吗？"我继续说道。

"我在山脚，"他说。"他们在山顶。我知道这条街，它在乔治城的老城区。我们三个人在三轮脚踏车上。这座山不大，但是，我知道的。"

“你能看到他们穿什么吗？

“可以，一个人穿着条纹衬衫。”

“你能看到谁在左边，谁在右边吗？”

“嗯，我从来没有碰到过关于记忆的这类问题，在我记忆中科尔基在左边，叫蔡斯的孩子，他穿着条纹衬衫。”

“你知道是哪一年吗？”我问，最后一个问题进入我的脑海。

“不，不，我不知道，”罗斯耸耸肩。“我也看不到我的母亲。在她的故事中，她在那里。”

“你在请求两个男孩等等你。为什么你的妈妈会在你的记忆中？”

罗斯笑了。

罗斯几乎立刻变得相信他对科尔基、马克斯和三轮车的记忆，完全不同于科尔基的死亡。这是一个真实时刻的记忆——但更重要的是一段真实存在的关系。创伤之前罗斯是谁，他的创伤让他如此渴望开心，又如此悲伤。罗斯母亲的记忆并不能否定罗斯的记忆，尽管她的观点是不一样的。事实上，她证实了一点，她确实在那里。但在这个记忆中最重要的是罗斯发现了自己，他知道他是谁，最后他认出了自己。

访问一周后，我收到了罗斯的信。他说他拥有了一个新的记忆——另一个健康的、充满欢乐和兄弟情谊的记忆。他写道：

亲爱的勒诺，

这是星期天的晚上，我们刚把男孩们送到床上睡觉，我正在听老鹰乐队的《快车道的生活》。孟菲斯的天气一直很热，今天是闷热的周六，报纸说很多山区也有相同的情况。只有在20世纪70年代中期，在卢考特山的山顶附近会有不同的美好周末。

我写信来感谢你的午餐和谈话。我们的谈话对我来说是一个很好的推动，让我为此继续努力。我预计我们谈话的时候我会流泪；我认为我不会给情意大利千层面撒盐……

昨天，我在想我和那些女孩在附近厮混时，晚饭时谁在厨房的餐桌旁，我有了另一段的记忆。这不是新的，我以前也有过。但距离我上次想起来也有一段时间了。现在的记忆不同了。记忆是关于我们在乔治城的客厅，爸爸正在给我们当马骑。我们啊啊的叫，我记得感到很开心。

真正意外的是在这个记忆中我一直想到的只是爸爸和我，但妈妈也在那里。她在笑……我正在描绘这个空白，我想知道我们当时穿着什么，但我只看到红色的大椅子，爸爸在地板上转圈。当然还有很多笑声。我记得爸爸像一匹马一样弓起背，把我们摔下来，我们跳到他的身上，他一直抱怨他有多辛苦，充满了温暖的幸福感。当我意识到科尔基也在那里时，我的感觉几乎立即变为悲伤。现在当我坐在电脑前时，同样的事情也发生了。

我一直注视着窗口，迷失在幻想之中，突然我在老乔治城的地址和电话号码都回忆起来了。它们那么容易的就浮现了，我相信其他的回忆也会回来的。

你亲爱的

罗斯

我打电话给尤妮思·波蒂斯时正是严冬，我在克利夫兰拜访家人。我告诉了尤妮思我的记忆。她有一条白裙子吗？红色的天鹅绒，鸡心领口的白裙子？她会弹奏《格里格》吗？和克利夫兰交响乐团一起？我向她坦白，这一刻有多么重要，尽管从长远来看我并没有把钢琴作为一种职业，我是从记忆中获得了灵感。

尤妮思记得。“你可以先不挂吗，勒诺？”她说。“我完整地保留着与我职业生涯有关的全部剪贴簿。”

我等了一两分钟，然后她回到了电话中。“当我弹奏《格里格》时我19岁，”她说。“是和克利夫兰流行音乐乐队一起，在公共礼堂，夏天。这是我与流行乐队的第二次演出。前一年，我弹奏柴可夫斯基的作品。你确定是《格里格》吗？”

“我确信是《格里格》，这是我脑海里听到的。当你弹奏《格里格》时你穿了什么，有任何的记录吗？”我问。“这是早期记忆——大概是我6岁那一年的夏天。你还记得一件上面是红色的连衣裙吗？白色的裙子？”

“现在我想起来了，”尤妮思说。“当我和鲍勃结婚的时候，我穿着长长的婚纱。婚礼后我们不想浪费这件礼服。所以那个夏天我弹奏了《格里格》，我母亲在领口缝了一圈红色的亮片——是的，是鸡心领口——她在裙子上缝了一朵花。让我的演出礼服看起来不像婚纱礼服。”

她告诉我，她结婚的那一年我刚刚6岁。关于天鹅绒我错了，但红色是正确的。我所羡慕的那个鸡心领口周围都是红色亮片，今天我的脑海中仍然保留着这个颜色。突然那朵花闪了一下，它是一朵含苞待放的玫瑰。我的记忆已经扩展了，突然我确信记忆呈现的内容。

“裙子上的花是一朵巨大的红玫瑰吗？长长的茎和几片叶子？”我问。

“是的，”她说。

6岁时的记忆通过电话得到了确认。我的一些细节是错误的，但是，6岁的我又怎能知道克利夫兰交响乐团与流行音乐乐队有何不同呢？6岁的孩子对时尚会保持关注吗？令人兴奋的是，从小就对我有意义的事情是真实和正确的。令人兴奋的是，重新发现了这个被埋没的但非常大的亮片玫瑰。

当我在孟菲斯和罗斯见面吃午饭时，我刚刚开始收集这本书的素材。在我快完成手稿时，我打电话给他，想了解他的记忆搜索进行得怎么样。

罗斯听上去很好，更加自信。他对活着的科尔基的真实记忆为他的个性增加了一个新维度。他的脱口秀节目现在已经扩展到电视台了，他在星期天早上有一个小时的节目，采访南方的各位政治家和文化领袖。

罗斯说他不再为科尔基哭泣。事实上，他已经停止了对回忆的搜寻。他对父母的感觉更加亲近——“我们在客厅里的谈话产生了神奇的效果。”

斯科特已经从芝加哥搬到了阿拉巴马州的伯明翰。他和罗斯很亲近，彼此经常见面。罗斯仍然会去参加男子团体，但只是讨论他的日常生活中的关系和政治工作，而不是谈论科尔基，但这并不意味着罗斯不再想到科尔基。如果他想，他可以在乔治城的一座小山上“看到”科尔基，或者在爸爸的后背上。

直到他刻意的寻找之前，罗斯对科尔基的记忆几乎完全是创伤性的——一个死在棺木里的男孩，一个父亲令人恐惧的讣告，以及一个母亲不相信的抗议。不好的回忆把好的回忆推到了一边。那些轻微的愤怒消失了，甚至是关于自己的。当罗斯感觉到科尔基在乔治城的厨房里，当他接受“在山上的三轮车”的记忆，并重新获得“骑马”游戏的记忆，他再次回忆起了关于科尔基的鲜活记忆。他可以在 35 年的生活中开始看到他的兄弟。我们大多数人只需要两三个片段来记住和理解学前教育的时光，罗斯现在有了他自己的。

今天数以百计的科学家——细胞生物学家，果蝇学家，猴子研究专家，化学家，神经药理学家，认知心理学家，解剖学家，神经科学家以及精神和心理学家——正在研究人类记忆系统的各个方面。他们将会发现许多关于记忆行为的普遍“规则”——我们现在可能无法想象的规则。但有一件事很清楚，那就是人们在寻找自己的记忆。它将永远是一个单独的搜索。每个案例都是单独的。虽然有些回忆是错误的，但更多的是真的。还有一些是完全正确的。即使我们从专家那里学到越来越多的知识，我们也不能对童年回忆的真假有一个普遍的立场。每个案例都必须由我们自己单独评估，并以开放的心态进行评估。

像罗斯一样，我们所有人都需要我们自己的记忆，并且有时候愿意去寻找它们。即使我们有很多的回忆，我们仍然可以寻找更多的东西。我们可以谈论它们，不仅要诉说它们，还要确认和扩展它们。我们需要通过我们的记忆来了解自己——我们是谁，我们相信什么。我们是我们的记忆。

注释

1. Freud' s concept of infantile amnesia is postulated in "The Psychopathology of Everyday Life" [1901] and "Three Essays on the Theory of Sexuality" [1905], *Standard Edition,* vols. 6 and 7, trans. and ed. J. Strachey (London: Hogarth Press, I960 and 1953). The theory of infantile amnesia is restated in "Introductory Lectures on Psychoanalysis" [1916-17], in *Standard Edition,* vols. 15-16, 1963.

   Freud' s concept of screen memories appears in the paper "Screen Memories" [1889], *Standard Edition,* vol. 3, 1962; and in "Leonardo da Vinci and a Memory of His Childhood" [1910], in *Standard Edition,* vol. 11, 1957.

2. The results of asking students for their earliest memories are given in G. J. Dudycha and M. M. Dudycha, "Adolescents' Memories of Preschool Experiences," *Journal of Genetic Psychology* 42 (1933): 468-80. The results of asking for all memories before age eight are found in S. Waldfogel' s "The Frequency and Affective Character of Childhood Memories," *Psychological Monographs* 62, no. 291 (1948).

   The study of memories of the birth of a sibling is K. Sheingold and Y. J. Tenney, "Memory for a Salient Childhood Event," in U. Neisser, ed., *Memory Observed* (San Francisco: W. H. Freeman, 1982).

   The John F. Kennedy assassination memory study is G. Winograd and W. A. Killinger, Jr., "Relating Age at Encoding in Early Childhood to Adult Recall: Development of Flashbulb Memories," *Journal of Experimental Psychology: General* 112 (1983): 413-22.

3. My study of documented preschool traumas is L. Terr, "What Happens to the

Memories of Early Trauma? A Study of Twenty Children Under Age Five at the Time of Documented Traumatic Events, " *Journal of the American Academy of Child and Adolescent Psychiatry* 27 (1988): 96-104. For a good review of the cognitive and developmental-psychology literature on early childhood memories, see D. Pillemer and S. White, "Childhood Events Recalled by Children and Adults," *Advances in Child Development and Behavior* 21 (1989): 297-340.

4. Daniel Stern' s puppet experiments are found in P. A. Nachman and D. N. Stern, "Affective Reactions to Stimuli and Infants' Preferences for Novelty and Familiarity," *Journal of the American Academy of Child Psychiatry* 25 (1986): 801—4; and D. N. Stern, *The Interpersonal World of the Infant:* A *View from Psychoanalysis and Developmental Psychology* (New York: Basic Books, 1985).

Re memory pathways: Mortimer Mishkin' s team at the National Institute of Mental Health has mapped out certain anatomical distributions for habit memories, as opposed to explicit memories, in monkeys. See M. Mishkin and T. Appenzeller, "The Anatomy of Memory," *Scientific American* 256 (June 1987): 80-89. These mappings help explain why things learned nonverbally by human infants remain nonverbal, though influential.

5. Dr. Marigold Linton, s studies of her memories of world events are presented in two professional papers and one magazine article: "Memory for Real-World Events," in D. A. Norman and D. E. Runelhart, eds., *Exploration in Cognition* (San Francisco: W. H. Freeman, 1975); "Real-World Memory After Six Years: An In- Vivo Study of Very Long-Term Memory," in M. M. Gruneberg, R E. Morris, and R. N. Sykes, eds., *Practical Aspects of Memory* (London: Academic Press, 1979); and "I Remember It Well," *Psy-*

chology Today, July 1979. She discusses her retrievals of personal memory in "Transformations of Memory in Everyday Life," in U. Neisser, ed., *Memory Observed: Remembering in Natural Contexts* (San Francisco: W. H. Freeman, 1982); and "Ways of Searching and the Contents of Memory," in D. C. Rubin, ed., *Autobiographical Memory* (New York: Cambridge University Press, 1986).

6. On processing of spatial memories: B. Gustafsson and H. Wigström proposed coincident pre- and postsynaptic activity as essential to long-term potentiation in the hippocampus in "Physiological Mechanisms Underlying Long-Term Potentiation," *Trends in Neuroscience* 11 (1988): 156-62. A recent review of their work and the work of others on the hippocampus and memory is B. Gustafsson and H. Wigstrom, "Long-term Potentiation in the Hippocampal CA1 Region," *Progress in Brain Research* 83 (1990): 223-32.

7. Frank Conroy spoke—along with the writers Diane Middlebrook, Linda Sexton, Robert Hass, and Tobias Wolff—at the American College of Psychiatrists Annual Meeting, in San Francisco, February 12-16, 1992. They spoke on their own memories, as they affect and are affected by their writings. For examples of their work, see Conroy' s *Stop-Time* (New York: Viking-Penguin, 1977); Middlebrook' s *Anne Sexton* (Boston: Houghton Mifflin, 1991); L. Sexton' s *Mirror Images* (New York: Doubleday, 1985); Hass' s *Human Wishes* (New York: Ecco Press, 1990), and *20th Century Pleasures* (New York: Ecco Press, 1984); and Wolff' s *This Boy' s Life: A Memoir* (New York: HarperCollins, 1990).

8. For the winter counts of the Plains Indians, "anchoring in memory an event to a particular winter," see W. E. Farr, *The Reservation Blackfeet, 1882-1945: A Photographic History of Cultural Survival* (Seattle: University of Washington

Press, 1984), p. ix. See also the Kiowa and Sioux calendars in O. La Farge, *A Pictorial History of the American Indian* (New York: Crown, 1906), pp. 152 and 164.

9. The techniques of Marigold Linton' s memory-retrieval experiments are discussed in M. Linton, "Ways of Searching and the Contents of Memory."